LOS
HOMBRES
DEL **REINO** SE
LEVANTAN

TONY EVANS

AUTOR DE ÉXITOS DE VENTA

LOS

HOMBRES

DEL REINO SE

LEVANTAN

UN LLAMADO AL CRECIMIENTO Y A UNA MAYOR INFLUENCIA

WHITAKER
HOUSE
Español

Traducido por:
Belmonte Traductores
Manuel de Falla, 2
28300 Aranjuez
Madrid, ESPAÑA
www.belmontetraductores.com

Editado por: Ofelia Pérez

Los hombres del reino se levantan
Un llamado al crecimiento y a una mayor influencia

ISBN: 978-1-64123-739-0
E-book ISBN: 978-1-64123-740-6
Impreso en los Estados Unidos de América.
© 2021 por Tony Evans

Whitaker House
1030 Hunt Valley Circle
New Kensington, PA 15068
www.whitakerhouseespanol.com

1 2 3 4 5 6 7 8 9 10 11 ⑭ 28 27 26 25 24 23 22 21

ÍNDICE

DEDICATORIA

Este libro está dedicado a mis yernos,
Jerry Shirer y Jessie Hurst, quienes continúan el proceso de
enseñar y modelar los principios de *Los hombres del Reino se
levantan* a mis hijas, nietos y bisnietos.

RECONOCIMIENTOS

Quiero dar las gracias a mis amigos de Baker Publishing Group por su interés y su colaboración para imprimir mis pensamientos, mi estudio y mis palabras sobre este valioso tema. Quiero dar las gracias particularmente a Andy McGuire por liderar la carga de este manuscrito con Baker Publishing Group. Ha sido un placer trabajar con Andy para ver este trabajo impreso. También quiero dar las gracias públicamente a Sharon Hodge y Hannah Ahlfield. Además, expresar todo mi aprecio a Heather Hair por sus habilidades y sus ideas a la hora de escribir y colaborar no solo en este manuscrito, sino también en mi libro *Un hombre del Reino*.

INTRODUCCIÓN

Cuando compras un juego de damas, observarás que encima de cada pieza está la insignia de una corona. Eso se debe a que cada pieza en las damas fue creada para convertirse en rey.

Una vez coronada por haber llegado con éxito al otro lado del tablero, tendrá el derecho y la autoridad de maniobrar y operar a un nivel mucho mayor que el que tenía antes de ser coronada. La realidad es, sin embargo, que la mayoría de las otras damas no llegarán con éxito al otro lado del tablero para ser coronadas, porque la oposición las saltará y las expulsará del juego. El hecho de que una pieza logre el objetivo para el que fue creada de ser coronada como rey depende totalmente de los movimientos que hace la mano del que la controla.

Cuando Dios creó a los hombres, los creó con una corona, porque cada hombre fue creado para reinar bajo la autoridad de Dios. Dios creó al hombre antes de crear a la mujer, como si estableciera primero unos cimientos, porque el éxito o el fracaso del propósito creado de Dios de edificar su reino en la historia estaría directamente vinculado con la relación de un hombre y su sumisión al reinado de Dios sobre su vida. Los cimientos no tienen que estar decorados ni ser bonitos, pero sí tienen que ser fuertes. Cuando unos cimientos son débiles, todo lo que descansa sobre ellos está en peligro. Dios hace al hombre el máximo responsable de mantener firme lo que Él ha entregado a su cuidado, al tiempo que avanza su programa del reino.

Sin embargo, como hizo con el primer hombre, Adán, Satanás está buscando "saltar" a los hombres para impedirnos cumplir los propósitos del reino que se nos han ordenado divinamente. Él se esfuerza por impedir que operemos alineados con Dios para que nuestras familias, iglesias, comunidades y naciones experimenten las consecuencias negativas y la confusión de cuando los hombres viven independientemente de Dios.

Es evidente que nuestra energía espiritual ha mantenido a muchos hombres en un ciclo de derrota, desánimo, confusión, rebelión, adicción y mil cosas más que han dado como resultado el caos espiritual, social, racial y político que estamos experimentando hoy. Demasiados hombres se han vuelto neutros y domesticados, o abusivos e irresponsables, lo que ha dado como resultado una sociedad que está rasgada, hecha jirones y profundamente disfuncional.

Sin embargo, al margen de todo lo que vemos a nuestro alrededor, todavía hay esperanza. Si Dios puede hacer que sus hombres se levanten como los hombres del reino que Él quiere que seamos, hombres que persiguen una relación íntima con Él y que simultáneamente lo representamos en todo lo que hacemos, Él revertirá la espiral descendente de la cultura. Dios está esperando a que sus hombres del reino nos levantemos de nuestro aturdimiento espiritual para aceptar la responsabilidad de revertir la decadencia y la falta de unidad que nos envuelve.

Así como el primer Adán trajo derrota a la raza humana, el último Adán, Jesucristo, vino para traer la victoria. Es el momento de que los hombres de Dios, bajo el señorío de Jesucristo, cambiemos la trayectoria de nuestra cultura al someternos a Él y a la agenda de su reino.

Es mi meta, en *Los hombres del reino se levantan*, desafiarte a ti y a todos nosotros como hombres a aceptar e implementar la responsabilidad que nos entregó nuestro Creador. Esta responsabilidad conlleva no solo levantarnos para aceptar los desafíos que enfrentamos, sino también influir a toda una generación de hombres y jóvenes para que hagan lo mismo. Si los hombres del reino de Dios decidimos levantarnos para cumplir nuestro llamado, podemos ver cómo Dios sana nuestros corazones, familias, iglesias y nuestra tierra.

Es tiempo de unirnos a un nuevo movimiento de hombres que anhelan ver lo que Dios hará con el despertar de los hombres de su reino que dirigen sus familias y se infiltran en la cultura como ciudadanos del reino. Hombres que llevan coronas con orgullo y victoria, y a los que Dios usa para coronar a la siguiente generación con valores del reino.

Dr. Tony Evans

Dallas, Texas

PARTE UNO

DESPERTAR LA HOMBRÍA BÍBLICA

UNO

ESCOGIDO PARA EL DESAFÍO

Un hombre del reino es el tipo de hombre que, cuando pone los pies en el piso cada mañana, el diablo dice: "¡Oh, no, ya se levantó!".

Cuando escribí por primera vez esa frase para comenzar mi libro *Un hombre del Reino* hace diez años atrás, no tenía ni idea de cuán profundamente sería probado para vivirla. Pero la víspera del día de Año Nuevo de 2019 estaba previsto que predicara, como siempre hago, para recibir el nuevo año. Esa noche fue distinta a otras vísperas de Año Nuevo anteriores.

Por lo general, estas reuniones están llenas de alegría, mucha música, risas y diversión. Tuvimos dos servicios para que miles y miles de personas pudieran asistir. Siempre terminamos el segundo servicio con una cuenta atrás hasta el Año Nuevo a medianoche, pero esa noche fue distinta. Esa noche me miró fijamente a la cara, retándome a no levantarme.

Había estado tumbado en la cama la mayor parte del día, así como el día anterior. Habían apagado todas las luces, las cortinas estaban cerradas, y me había tapado con las sábanas hasta la barbilla. Mi mirada vacía reflejaba el vacío dolor interior.

De vez en cuando, uno de mis hijos entraba en el cuarto para ver cómo estaba y por si necesitaba algo de comer o de beber. No era el caso. Me preguntaban si había podido dormir algo. Negativo. Me recordaban que tenía que intentarlo. Yo no estaba de acuerdo, porque lo único que necesitaba en ese momento era a mi esposa.

Pero Lois se había ido con el Señor la mañana anterior. Me había pedido que la dejara marchar semanas antes, ya que sabía que había llegado su momento de partir, y yo estaba sentado junto a ella en la cama llorando mientras le decía que no podía dejarla. Pero varias semanas más de ver su sufrimiento por los efectos del cáncer que asolaba una vida que había sido tan vibrante, me hizo arrodillarme. Así que cedí. Me rendí. Le dije a mi esposa durante cuarenta y nueve años y medio que esta vez la dejaría marchar.

Le dije que podía irse para estar con sus padres, a quienes, en la última etapa de su transición, había visto aparecer en nuestro cuarto de vez en cuando. Le dije que podía irse con Jesús, a quien amaba tanto que nos había pedido que escribiéramos su nombre porque le alegraba verlo. Le dije que se podía ir a recoger el premio que los ángeles, según pudo decirnos ella con mucho esfuerzo, le habían dicho que estaba a punto de recibir. "Un premio, un premio", dijo pocos días antes de morir. "Me van a dar un premio". Lois estaba lista, aunque yo no lo estaba.

Sin embargo, encontré consuelo en saber que se le había demostrado un amor tremendo, y que se gozaba mucho por cómo le había rodeado nuestra familia durante sus últimos meses en la tierra. Nunca se había quedado sola. En términos generales, mi agenda de trabajo se había reducido casi a cero durante todo un año para poder estar con ella en cada paso del camino. Cada tratamiento. Cada cita médica. Cada nueva comida con potencial para ayudarle a estar mejor. Cada oración. Cada día. Cada lágrima. Ella se convirtió en mi único enfoque. Ella se convirtió en nuestro único enfoque como familia. Pero ahora, ahí estaba yo, solo en un cuarto que había compartido con mi mejor amiga por décadas. Y, lo que es más, estaba programado que yo predicara.

Pero ¿cómo si no podía tan siquiera levantarme?

Sabía que todos lo entenderían si decidiera no predicar esa noche. Nadie me culparía por quedarme en casa haciendo duelo. Nadie excepto Lois. Su fe en Dios impulsaba todo lo que ella hizo a lo largo de nuestra vida juntos. Sabía que ella querría que yo estuviera allí. De hecho, ese mismo año, la misma noche que habíamos reunido a nuestros cuatro hijos para decirles que el cáncer había regresado, ella nos recordó a todos cómo enfrentar el reto.

Este golpe tan doloroso llegó la misma noche que yo recibí el prestigioso premio *National Religious Broadcasters Hall of Fame Award*. Nuestros hijos habían volado con nosotros a Los Ángeles para ser testigos de la entrega que me harían. Pero entonces, solo horas después del honor, nos sentamos en una habitación de hotel llorando como familia.

Tras permitir que cada uno tuviera un momento de expresar sus emociones al oír las noticias del doctor, Lois nos volvió a reunir donde ella estaba sentada y, con mucha calma, nos dijo: "Ustedes saben lo que es esto, ¿verdad?".

Todos escuchamos con mucha atención. "Esto es una guerra espiritual", dijo ella. "Ya hemos perdido a seis familiares cercanos en el último año y medio. El enemigo nos está atacando. Debe ser que estamos haciendo algo bien, porque el enemigo está tomando nota. Dios está permitiendo que sucedan estas cosas, así que recuerden esto: cuando llega la guerra contra la familia Evans, nosotros no metemos el rabo entre las piernas y huimos. No, nos preparamos para pelear".

Sus palabras retumbaron con fuerza en mi corazón como un redoble de tambor animándome a levantarme. "Si tu llamado es predicar", siguió diciendo, "predica. Si tu llamado es escribir, escribe. Si tu llamado es cantar, canta. Si tu llamado es dirigir un estudio bíblico, dirígelo". Como puedes ver, realmente yo no tenía muchas opciones más esa noche de Año Nuevo. Tenía que ir a predicar. Lois no quería que fuera de otra manera.

Así que aparecí, porque lo primero que hay que hacer cuando tienes que ser valiente es aparecer.

Había pensado predicar sobre el capítulo 4 de Santiago y cómo la vida es neblina. Ese versículo fue tan relevante para mí esa noche, a la luz de todo lo que había ocurrido, que fluyó fresco desde mi corazón. Había planeado retar a los miembros a someterse a la voluntad de Dios en sus vidas, cada día, pero ahora más que limitarme a decírselos, me di cuenta de que también se los estaba mostrando. Y al mirar atrás, con toda la incertidumbre y la destrucción que tantos hemos enfrentado en el año 2020, ahora sé que la gente necesitaba ver ese mensaje vivido. Necesitaban ver a alguien que tomara a Dios en serio cuando ha desaparecido toda esperanza. Necesitaban un testigo de lo que es honrar a Dios incluso cuando la vida duele más que nunca.

Además, como muchos de los miembros de nuestra iglesia habían recorrido este viaje con nosotros mediante oración, fe, tarjetas, visitas, alimentos, e incluso vigilias de oración diarias de una hora fuera de nuestro hogar durante los últimos meses de la vida de Lois, yo sabía que aparecer les ayudaba a saber que sus oraciones habían marcado la diferencia. Aún confiaba en Dios en medio de un dolor profundo. Esperaba que compartir esa realidad con aquellos a quien pastoreo también podría animarlos a continuar cuando la vida se torne difícil. Quería que ellos vieran que basar sus decisiones en la voluntad de Dios como la fuerza dominante en sus pensamientos es simplemente como debemos vivir como seguidores de Él.

Así, en la habitación oscura con las cortinas cerradas, ese día de víspera de Año Nuevo frío y solitario, puse mis pies en el piso, firmemente. Me levanté. Me puse en pie. Y estoy seguro de que el diablo dijo, "Oh no, se levantó".

ESTAMOS JUNTOS EN ESTO

El despertar de nuestra hombría bíblica requiere el compromiso y la disciplina de honrar a Dios en todo lo que hacemos, pero lo que olvidamos a menudo es que esta determinación se forma frecuentemente en nosotros durante el transcurso de nuestras vidas. No es algo que aparece de forma mágica.

Yo no fui capaz de levantarme tan solo en mis propias fuerzas aquella noche durante el tiempo más difícil que he experimentado nunca. No, cuando me levanté para ir a predicar, todos los que habían invertido su tiempo y su vida en mí por días, años y décadas estaban ahí para ayudarme a ponerme en pie. Sentí su fuerza. Me subí a caballito sobre su fe. Los oía animarme. Y es porque nada difícil de lo que superamos nunca descansa únicamente sobre nuestros hombros. Esa es una de las razones por la que Dios enfatiza la unidad y el poder de la convivencia y el discipulado a lo largo de la Escritura.

Cuando era niño, siempre tuve personas que invirtieron en mí de maneras que me permitieron desarrollarme y madurar hasta ser el hombre que soy ahora. Desde muy temprano, tuve personas que me enseñaron un camino mejor de lo que me permitía aprender la atmósfera urbana de Baltimore. Ellos me dieron una perspectiva divina y también un punto de vista más amplio, lo que me permitió ir más lejos de lo que pensaba que podía ir yo solo.

La mayoría de las personas que me vieron crecer en una casa adosada en Baltimore, en el punto más alto de la segregación racial contemporánea, quizá me habrían descartado. Pero como algunos no lo hicieron, y en lugar de eso decidieron invertir en mí mediante su propio desarrollo y madurez espiritual, pude elevarme por encima de las limitaciones que la sociedad quería imponer.

Dios comenzó este proceso usando el compromiso de mi papá con nosotros como familia, especialmente cuando las cosas se pusieron difíciles y el dinero era escaso. También vi en él una profunda dedicación a la Palabra de Dios a través de su estudio personal diario: la compartía en prisiones, repartía tratados en las esquinas de las calles, escuchaba a maestros de la Biblia en la radio todo el tiempo y todos los días en nuestro hogar, y después dirigía una iglesia.

Entonces, Dios trajo a mi vida a un mentor judío y amigo llamado Martin Resnick para ampliar aún más mi pensamiento. Desde los dieciséis años, recibí una visión más grande del mundo a través de esa relación y de la influencia que tuvo Martin sobre mi vida mientras trabajaba para él. Él hizo nacer esa visión mayor al permitirme obtener experiencia en muchas áreas. Hablaba sobre conceptos y sueños que me animaban a pensar más allá de mi limitado entendimiento en ese tiempo. Nunca había considerado ir a la universidad hasta que Martin sacó el tema y se ofreció a pagar mis estudios.

Otro hombre que dejó su sello indeleble en mi vida fue B. Sam Hart. Este hombre de Dios, reconocido nacionalmente por el evangelismo, me influenció desde muy temprano para salir de los círculos de mis entornos más inmediatos. Cuando tenía tan solo dieciocho años, él me dio mucha seguridad cuando tuvo tanta confianza en mí que me envió solo a Guyana, en Sudamérica. Me envió allí para realizar el trabajo previo de campo para una de sus cruzadas evangelísticas. Su confianza en mí hizo que creciera mi confianza en lo que yo podía hacer. No solo eso, sino el hecho de volar desde los barrios pobres de Baltimore, donde los afroamericanos estaban racialmente oprimidos a mitad de la década de 1960, hasta una nación donde los negros ocupaban todas las posiciones de poder, influencia y liderazgo, abrió mis ojos a lo que podría ser. Vi una nación bien gobernada por personas que se parecían a mí, y eso me dio una visión nueva y también esperanza.

Como resultado de la inversión que hicieron estos hombres en mí desde muy temprano, además de muchos otros que podría nombrar, como Tom Skinner, Charles Ryrie, Zane Hodges, John Perkins, Charles Briscoe, Gene Getz, Ruben Conner y Martin Hawkins, me convertí en una persona distinta a la cultura predominante. Comencé a ser modelado por una cosmovisión del reino que veía que toda la vida estaba bajo el gobierno de Dios global.

Aunque mi historia formativa es particularmente mía, es mi deseo que los principios que hay en ella no sean únicos para muchos, porque lo que necesitamos hoy son hombres del reino que estén dispuestos a invertir no solo en su propio crecimiento personal y sus oportunidades, sino también en otros. Necesitamos hombres que estén dispuestos a sacrificar el tiempo y el esfuerzo necesarios para priorizar la liberación del potencial de otros. Estamos juntos en esto llamado vida. Así es como lo hacemos. Así es como somos fuertes. Así es como cambiamos el mundo para Dios y para bien.

Para recordarte, o si no has leído *Un hombre del reino*, la definición de un hombre del reino es *un varón que se somete visible y constantemente a la relación y el reinado de Dios globales, bajo el señorío de Jesucristo, en cada área de la vida.*[1] Esa debe ser la mentalidad. Un hombre del reino acepta sus responsabilidades bajo Dios y las lleva a cabo fielmente. Cuando es fiel, Dios mueve incluso poderes paganos y otras fuerzas de la tierra para apoyarlo en realizar sus asuntos en el reino. Jesús es el ejemplo perfecto de un hombre del reino en su ministerio terrenal (ver Juan 17:4; 19:30; Filipenses 3:7-14; Éxodo 34:23-24; 1 Corintios 11:3 y Génesis 18:19).

Cuando un hombre del reino vive según su propósito designado, se une a otros hombres para influenciar la cultura, la política, el entretenimiento, y otros campos a través de un proceso de discipulado intencional. Este proceso produce discípulos del reino que después van y hacen lo mismo. El proceso se vuelve cíclico, y conduce a un impacto multigeneracional. Un discípulo del reino se puede definir como *un creyente que toma parte en el desarrollo espiritual de aprendizaje progresivo y aprende a vivir toda la vida bajo el señorío de Jesucristo, y después busca replicar ese proceso en otros.* Al hacer esto, la agenda del reino de Dios avanza en la tierra.

A menos que nos levantemos como hombres del reino y ayudemos a otros hombres a levantarse también, la cultura seguirá empeorando hasta el desastre al que está llegando rápidamente. La catástrofe de la hombría ha alcanzado cada segmento de nuestra sociedad. No necesito enumerar toda una plétora de estadísticas o de historias para convencerte de eso. Cualquiera que abra sus ojos puede reconocer fácilmente el precario estante sobre el que reposa ahora nuestra sociedad.

Si queremos revertir las tendencias y detener la marea, necesitaremos un esfuerzo de grupo. Como hombres del reino, debemos agarrar a los que necesitan que se les enseñe un camino mejor, en lugar de darlos por perdidos. Como dijo Pablo a Timoteo y a muchos otros bajo su influencia, ellos tenían que seguir su ejemplo, así como él seguía a Cristo (ver 1 Corintios 11:1 y Filipenses 3:17).

Ten en cuenta que tener un ejemplo a seguir significa tener a alguien que lo esté estableciendo, y eso requiere vivir de una manera espiritualmente madura y guiar a otros en cuanto a cómo hacer lo mismo. Se necesitan ambas cosas: una disciplina personal continua y una inversión intencional en otros.

POR QUÉ DEBEMOS LEVANTARNOS

Una y otra vez, Dios ha llamado a hombres a intervenir a favor de una tierra moribunda. Ezequiel 22:30 lo narra de esta forma: "Yo he buscado entre ellos alguien que se enfrente a mí e interceda en favor de la tierra, para que yo no la destruya. ¡Pero no he encontrado a nadie!". La tierra tenía infinidad de hombres, pero Dios no pudo encontrar a un hombre. Hay una gran diferencia entre ser un hombre y ser un hombre del reino. Puedes ser lo uno sin ser lo otro cuando rehúsas asumir tu responsabilidad ante Dios.

Mientras muchos estamos esperando a que Dios arregle lo que está mal, Él está esperando a que nosotros demos un paso al frente como hombres de fe y hagamos lo correcto. Él está esperando encontrar hombres que no solo hablen de la fe, sino que también la vivan. Estos son los hombres cuyas acciones demuestran que verdaderamente creen en el Dios al que afirman adorar.

> **Mientras muchos estamos esperando a que Dios arregle lo que está mal, Él está esperando a que nosotros demos un paso al frente como hombres de fe y hagamos lo correcto.**

Una manera de hacer eso es mediante inversiones intencionales en las relaciones, ejemplificadas en mi propia vida como acabo de compartir, así como el aprendizaje mutuo en un contexto espiritual. En Éxodo 34 vemos un modelo de esto cuando Dios llamó a los hombres a encontrarse con Él tres veces al año. En la terminología actual, podríamos referirnos a eso como una "Conferencia trimestral del reino". Él lo hizo porque quería enseñar a los hombres a vivir y pensar según sus estándares. Dios prometió a los hombres que, si se tomaban esas reuniones en serio, Él derramaría sobre sus vidas, sobre sus familias y sobre su nación las bendiciones del cielo de prosperidad espiritual y física (ver Éxodo 23:17-31).

Después de este tiempo colectivo de aprendizaje mutuo, volvieron con sus familias y la sociedad para liderarlas, defenderlas e influenciarlas para Dios y para bien.

Dios regularmente enseñaba a los hombres durante tiempos de convocatoria sobre la importancia crucial tanto de la rectitud como de la justicia. Veremos esto con más detalle en el capítulo 8, "Llévate bien", pero para nuestros propósitos ahora, quiero introducir el tema. La rectitud es el estándar moral que debería gobernar la vida y las decisiones de cada hombre. La justicia es la aplicación equitativa del estándar moral de Dios demostrado en la sociedad. Muchas personas se identifican y elogian la necesidad de rectitud, pero no tantos entienden por qué la justicia es igualmente tan vital. Esto ha provocado un enfoque condensado del discipulado y la influencia cultural de los creyentes hoy, dando como resultado un pequeño impacto social global.

Hombres, es nuestro papel buscar la manifestación de la justicia en la cultura en la que vivimos. Tenemos que levantarnos por los que no pueden hacerlo por sí mismos (ver Proverbios 31:8; Miqueas 6:8), y lo hacemos cuando aseguramos un trato justo e igualdad de oportunidades para suplir las necesidades humanas básicas como la educación y el empleo. Sin una oportunidad, muchas personas pierden la esperanza. Y uno de los principales problemas que estamos enfrentando hoy es un mayor sentimiento de desesperanza. Cuando un hombre pierde la esperanza, se le ha despojado de todo. Quitarle la esperanza a un hombre es como quitarle su hombría. Nos llega a lo más hondo de quiénes somos como hombres porque hemos sido diseñados para construir, defender, crear, cultivar y gobernar (ver Génesis 3).

Por eso necesitamos hombres que estén comprometidos no solo con evangelizar a personas para ir al cielo, sino también con mejorar la vida de las personas aquí en la tierra. El reino de Dios conlleva tanto el cielo como la tierra. Influenciamos el espectro de nuestra cultura en general cuando influenciamos a los individuos cercanos.

De muchas maneras, nuestro fallo a la hora de involucrarnos en la sociedad de forma estratégica y espiritual nos ha hecho ser la causa de nuestra propia división, descentralización y destrucción de nuestra tierra, porque no nos hemos tomado en serio este llamado al discipulado del reino. Pero como nosotros somos la causa, también podemos ser el remedio para el caos que experimentamos hoy. Cuando nos levantamos, si lo hacemos como hombres del reino, podemos introducir una nueva era de calma espiritual (ver Levítico 26:6; Jueces 3:11).

ESCOGIDOS PARA LA GRANDEZA

Tú has sido creado por Dios con un puesto específico que Él quiere que ocupes y un propósito que quiere que vivas. Él te ha buscado, te ha perseguido y te ha fichado para el equipo de su reino. Tienes una razón divinamente orquestada para tu hombría. Ahora bien, sé que la cultura quiere darte un montón más de razones para ser un hombre, pero Dios dice claramente que Él te creó para algo grande. Has sido fichado para los propósitos de Dios. Obtenemos perspectiva de estos propósitos cuando leemos la elección de Dios de Abraham en Génesis 18:19 (NVI):

> *Yo lo he elegido para que instruya a sus hijos y a su familia, a fin de que se mantengan en el camino del Señor y pongan en práctica lo que es justo y recto. Así el Señor cumplirá lo que le ha prometido.*

Así como Dios escogió a Abraham, también te ha escogido a ti. Si eres salvo y parte del cuerpo de Cristo, Dios tiene un diseño divino para tu vida. Este propósito producirá el avance de su gloria y la expansión de su reino.

Cierto, ese propósito puede parecer esquivo ahora mismo. Quizá tengas que buscarlo como los Vengadores buscaban las Gemas del Infinito, pero, si lo buscas, lo encontrarás. Te daré una pista de cómo hacerlo. Al acercarte más a Dios, Él te da a conocer sus propósitos y te ilumina con respecto al porqué estás aquí en la tierra y qué papel debes desempeñar. Proverbios 20:5 (NVI) lo dice así: *"Los pensamientos humanos son aguas profundas; el que es inteligente los capta fácilmente"*.

Dios ha puesto su propósito en ti, en forma de una semilla. Haz crecer esa semilla mediante una búsqueda intencional de Dios. Tu propósito te será revelado solo al conocer más a Dios. Cuando aprendas sus caminos como un deportista aprende las jugadas, los deseos y los instintos de un entrenador, te alinearás con todo lo necesario para maximizar tu potencial.

Cuando llegas a entender que Dios ya te ha escogido para el éxito, que te ha dado tu propio número, puedes tener confianza en la seguridad de que Él hará que suceda. Él te ha situado para que vivas de forma victoriosa como hombre del reino. Tu esfuerzo conlleva alinearte dentro de su esquema y con su diseño.

Dios producirá tu grandeza. No tienes que forzarla, manipular para conseguirla, ni trabajar obsesivamente para obtenerla. Dios mismo lo hará. Vemos este principio desarrollado en la última parte del versículo que acabamos de leer en Génesis 18:19 (NVI): *"Así el Señor cumplirá lo que le ha prometido"*.

Dios cumplirá lo que te ha prometido también a ti. Tu parte involucra alinearte y obedecer. Dios se ocupa del resto. Incluso de la grandeza.

Vemos esto al mirar de cerca lo que Dios le prometió a Abraham en los versículos 17-18: *"Pero el Señor estaba pensando: «¿Le ocultaré a Abraham lo que estoy por hacer? Es un hecho que Abraham se convertirá en una nación grande y poderosa, y en él serán bendecidas todas las naciones de la tierra»"*.

¿La promesa de Dios para Abraham en dos palabras? *Grandeza e influencia*. A través de la grandeza de Abraham, todas las naciones de la tierra serían bendecidas. Él se convirtió en un hombre de impacto multigeneracional. Dios no desea nada menos para nosotros también. En Cristo, somos todos receptores del propósito de Abraham realizado en su promesa. Leemos:

Ahora bien, las promesas se le hicieron a Abraham y a su descendencia. La Escritura no dice: «y a los descendientes», como refiriéndose a muchos, sino: «y a tu descendencia», dando a entender uno solo, que es Cristo.   Gálatas 3:16 (NVI)

Y, si ustedes pertenecen a Cristo, son la descendencia de Abraham y herederos según la promesa.   Gálatas 3:29 (NVI)

La promesa de grandeza e influencia hecha a Abraham también es nuestra. Es tuya. Aduéñate de ella. Ser grande ante Dios naturalmente incluye influenciar a los que te rodean. Cuando piensas en Tom Brady o Peyton Manning, no piensas solamente en alguien que jugó al fútbol americano. Piensas en alguien que influenció todo el juego del fútbol, y a su equipo. ¿Por qué? Porque dejaron su marca. Su mera presencia elevó a los jugadores que les rodeaban y, como resultado, todos fueron capaces de lograr más de forma individual y colectiva de lo que muchos pensaron que podrían.

Nosotros debemos hacer lo mismo.

Entiendo que muchos de ustedes que escogieron este libro quizá están en un lugar donde han cometido errores, viven con lamentos, o simplemente no han maximizado los dones y las habilidades que Dios les ha dado. Quizá la vida no ha sido justa. Leíste *Un hombre del reino*; entiendes el llamado a la grandeza, pero no sabes cómo podrías llegar hasta allí, no con todo lo que te falta o se ha enredado en tu vida.

Si ese eres tú, quiero recordarte que la grandeza tiene que ver más con el corazón que con las destrezas, así como el éxito en el fútbol tiene que ver más con el esfuerzo que con el talento. Quienes hacen el trabajo, llegan hasta lo más alto. Quienes llegan temprano y se quedan hasta tarde crean relatos históricos con sus partidos. Quienes no permiten que las desventajas personales se muestren como desventajas son los que después son recordados como leyendas.

Tom Brady no fue fichado hasta la sexta vuelta, pero ha ganado seis campeonatos del Súper Tazón (en el momento de escribir estas palabras). Brady no permitió que la gente le enseñara a determinar el esfuerzo que pondría en el juego que él considera su pasión.

Este principio debiera ser cierto también para los hombres del reino. Es tu disposición a aparecer en la vida cada día, a estar presente en las relaciones, esforzarte en el trabajo, comprometerte, dar, ser diligente, estudiar la Palabra, invertir en otros, y cosas así lo que moldeará tu propio legado de distinción.

Aparece.

Está presente.

Mantente constante.

Si haces estas tres cosas, dejarás un legado de excelencia. Después de todo, el legado es la culminación de un millón de momentos intermedios hechos bien. No se trata de ese Avemaría o ese regreso de la primera patada para hacer un ensayo. Son las cosas pequeñas. Las conversaciones coherentes. Las sabias decisiones que van sumando con el tiempo. Eso es lo que crea la herencia que dejas detrás de ti.

LLEGA LA GRANDEZA

Quizá no reconoces el nombre de Shaquem Griffin, pero imagino que lo reconocerías si le vieras jugar un partido de la NFL. Se debe a que Griffin fue el primer jugador en conseguir algo trascendental en la NFL, o en cualquier deporte profesional, al jugar sin una mano. Shaquem perdió su mano por amputación cuando solo tenía cuatro años.

Nació con síndrome de la banda amniótica, y su familia optó por eliminar toda su mano después de encontrarlo en la cocina una noche intentando cortarse sus dedos deformados y dolorosos con un cuchillo. Sin dudarlo un instante, su mamá lo llevó al hospital al día siguiente para una cirugía.[2]

Mientras aún estaba en el vientre, a sus padres les dieron la opción de que los médicos intentaran quitar el tejido fibroso que rodeaba su mano, pero ellos sabían que eso también podría conducir a que el tejido se enredara en el cuello de Shaquem o posiblemente en el de su hermano gemelo Shaquill. Ese era un riesgo que no estaban dispuestos a asumir.[3] Así que decidieron dejarlo ahí donde estaba y confiar en Dios.

Ambos padres tomaron otra decisión en ese tiempo. Como dijeron después, decidieron no tratar a Shaquem de forma distinta que a sus otros hijos. "Nunca dejarían que considerase que su condición era un impedimento".[4] Esa sabia decisión le fortaleció.

Sin embargo, si somos sinceros, pocos de nosotros hubiéramos sido capaces de tomar esa decisión que tomaron los padres de Shaquem sobre cómo criarlo. La mayoría hubiéramos buscado compensar de algún modo la falta de su mano. Y no le hubiéramos culpado por adoptar una mentalidad de víctima en la vida. De hecho, muchos padres en esa misma situación quizá habrían adoptado ellos mismos esa mentalidad de víctima.

¿Quién argumentaría que navegar por las demandas diarias de la vida sin una mano se consideraría como algo justificable para culpar a Dios, aunque solo fuera un poco? Sin embargo, ni Shaquem ni sus padres decidieron vivir con esa mentalidad. Como resultado, no solo se convirtió en un gran atleta capaz de jugar en la liga universitaria, sino que también hizo historia cuando fue seleccionado para jugar en la NFL.

El fichaje vino de los Seahawks mientras Shaquem estaba en el baño, algo muy apropiado. Digo que es apropiado porque el contexto de un baño es donde a muchos nos presentaron por primera vez a Shaquem y su inspiradora historia.

Quizá lo reconozcas por el anuncio muy popular e inspirador que hizo para Gillette después de ser fichado. Este anuncio ha producido muchas lágrimas en televidentes durante los años. Comenzaba con una escena en la que salía un Shaquem mucho más joven y su papá en el baño mientras su papá le enseñaba a afeitarse con una sola mano. El anuncio después mostraba otras escenas de su papá enseñándole a hacer otras cosas que necesitaba hacer para vencer y conseguir sus sueños, incluyendo jugar al fútbol. El título del anuncio también es apropiado: "Shaquem Griffin: Lo mejor de ti nunca llega fácilmente".[5]

Lo que el papá de Shaquem y los que tenía a su alrededor le enseñaron, obviamente funcionó, porque el entrenador Carroll después dijo esto sobre la decisión de los Seahawks de fichar al jugador al que le faltaba una mano:

"Prestamos mucha atención para intentar decidir si había algún factor que hiciera obvio que tal vez no debiéramos ficharlo.

Pensamos que superó todos los pronósticos y que era capaz de hacer las jugadas".[6]

Shaquem, contra todo pronóstico, había dominado un deporte que ve a menos del 1 por ciento de los jugadores de último año de secundaria llegar hasta la NFL.[7] Un deporte de destreza, movilidad y el uso obvio de las manos del jugador. Pero Shaquem sabía que el sueño por el que tanto había luchado estaba en las manos de Dios. Dijo esto a un reportero del canal ESPN cuando le preguntó sobre la espera justo antes de recibir la llamada:

"Fue difícil, no te voy a mentir… Ver cómo fichaban a todos delante de mí, y reclinarme y saber que… había hecho todo lo que tenía que hacer. Pero, ya sabes, todo estaba en manos de Dios".[8]

El reportero y el equipo de ESPN se habían reunido en la casa de Shaquem el día del fichaje para captar esta ocasión trascendental, algo que él decidió compartir con su hermano gemelo Shaquill, que ya era defensa lateral de los Seahawks.

"¿Qué te supone saber que ahora tienes la oportunidad de jugar con tu hermano Shaquill?", le preguntó el reportero.

"Será el cumplimiento de lo que siempre habíamos querido", respondió Shaquem con lágrimas en los ojos y, según él mismo admitió, apenas si podía hablar o respirar. Continuó: "Esto es por lo que oramos. Esto es por lo que trabajamos. Para esto nos mantuvimos fieles a quiénes somos. Y ahora que tengo la oportunidad de volver a estar con él, será la grandeza".

El reportero entonces se dirigió a su hermano gemelo para escucharlo. "Ver que ambos hemos llegado hasta aquí y ver dónde va y dónde va a llegar él es una experiencia aleccionadora, y definitivamente voy a disfrutar de ella", dijo Shaquill mientras estaba allí de pie llorando.

"¿Por qué es tan emotivo para ti?", preguntó el reportero. Él respondió:

"Muchas personas realmente no entienden por lo que hemos pasado, y bueno, oyes historias, recibes un breve resumen de lo que hablamos o de lo que ha podido pasar él, pero es mucho más, y ver cómo tu sueño se cumple... como se cumplió hoy. Tener la oportunidad de jugar el uno con el otro significa mucho para mí, y sé que significa mucho para él. Por eso estoy tan emocionado. Creo que no lloré así el día que me ficharon a mí, y no he podido evitarlo. Estoy emocionado".

Entonces el reportero hizo la pregunta dirigida a todos nosotros: "A todas las personas de quienes se duda en la vida, que les han dicho que sus sueños no se pueden cumplir, ¿qué les dirías a ellas?".

Shaquem respondió valientemente: "Que sigan trabajando... si sigues trabajando, tu sueño se hará realidad. Y este no es el final de mi camino; es solo el principio, y voy a seguir demostrando que muchos estaban equivocados".

Estoy seguro de que la mayoría estará de acuerdo conmigo si digo que Shaquem no tenía nada más que demostrar. Ya había demostrado mucho simplemente a través de este gran logro de superación. Al margen de ello, él sigue luchando contra pronóstico. Mirando de frente a la oposición. Levantándose como un campeón cada día y en cada partido. "Viene la grandeza", dijo Shaquem cuando la entrevista estaba a punto de terminar.[9]

Sí, viene la grandeza.

> **Cuando entiendes que la grandeza no es algo que está ahí afuera y que es inalcanzable, sino que se debe demostrar en las tareas diarias de tu vida, que debe ser tu rutina, llegarás a la zona de anotación de la ganancia eterna.**

Es una declaración fuerte que indica un éxito futuro. Pero no creo que esté metiendo la pata si digo que, para muchos de nosotros que nos hemos esforzado por saltar las vallas del dolor, la pérdida, los reproches y las desventajas en la vida, la frase también podría ser esta:

La grandeza ya ha llegado.

Está aquí. Está en él. Está en cada uno de nosotros. Ahora mismo. De hecho, Shaquem Griffin no solo fue escogido para la grandeza venidera, sino que lo fue porque ya exhibía la grandeza que había en su interior. La grandeza está en cada uno de ustedes que ha escogido este libro, al intentar hacer que su próxima decisión sea mejor que la última. Está en cada uno de los que se esfuerzan por aprender a vivir la vida con sabiduría mientras dejan un legado de fe. Está en cada uno que se despierta para levantarse en la capacidad que Dios le ha dado para influenciar el mundo que desesperadamente necesita esperanza. La grandeza es tuya ahora mismo.

Cada día, de todas las maneras, mientras pasas volando por la línea enemiga y avanzas entre la oposición, ya estás viviendo la grandeza. Cuando entiendes que la grandeza no es algo que está ahí afuera y que es inalcanzable, sino que se debe demostrar en las tareas diarias de tu vida, que debe ser tu rutina, llegarás a la zona de anotación de la ganancia eterna.

UN LLAMADO A QUE NUESTRA CULTURA SE LEVANTE

Mientras que mi libro *Un hombre del reino* se escribió para desafiar a los hombres a definir la hombría como Dios quería que fuera, estoy escribiendo este libro para equipar a hombres individualmente para vencer lo que les está impidiendo vivirlo y también para empoderar a los hombres colectivamente para un impacto multigeneracional.

Comenzaremos identificando y tratando problemas comunes que nos repremen o limitan la plena expresión de nuestro potencial. Pasaré tiempo viendo este tema en el resto de la Parte Uno y también en la Parte Dos. Después exploraremos cómo levantarnos colectivamente mediante principios de impacto de vida y la inversión mutua y rendición de cuentas, lo que veremos juntos en la Parte Tres.

He decidido enfocarme mucho en el discipulado y la transferencia de los valores auténticos en este libro, porque una de las formas en que

Satanás ha contenido con éxito el ímpetu de los guerreros del reino es manteniéndonos en un silo. Hemos aceptado una visión del cristianismo compartimentada, donde cada uno a menudo se enfoca más en su propia vida, sus planes, sus plataformas y sus deseos personales. Esto deja poco espacio para cualquier pensamiento sobre la agenda global del reino. Yo defino la agenda del reino como *la manifestación visible del reino completo de Dios sobre cada área de la vida*.[10]

Nunca se ganó ninguna guerra en la que los soldados lucharon separados con base en sus propias metas y estrategias. Hasta que no reconozcamos y tratemos esto, seguiremos atascados jugando defensivamente, sin avanzar nunca el balón hasta la zona de anotación del impacto eterno.

Estoy seguro de que eres consciente de las grandes zancadas que muchas entidades han dado en nuestra nación y en todo el mundo debido a que se han unido en un mensaje y una meta común. Una encuesta de Gallup de 2017 reportaba que solo el 4,5 por ciento de todos los estadounidenses se identificaron abiertamente como LGBT.[11] Y, sin embargo, ese 4,5 por ciento ha sido enormemente exitoso a la hora de forzar políticas, leyes, e incluso tendencias culturales globales y transmitir mensajes en las artes, el entretenimiento y la educción. Esta búsqueda intencional y altamente asociada de promover su agenda antibíblica ha avanzado su causa exponencialmente en un corto periodo de tiempo.

Comparemos eso con un estudio de 2019 de Pew Research, que reveló que aproximadamente el 65 por ciento de los estadounidenses se denomina cristiano.[12] Y a la vez, con un número tan alto, el cristianismo continúa enfrentando pérdidas en nuestra tierra con el paso del tiempo. Pérdidas de influencia, de derechos, y hasta de percepción.

Me parece alarmante que en América tengamos más libros cristianos de los que podríamos leer jamás, más televisión cristiana de la que podríamos ver, más estaciones de radio cristiana de las que podríamos oír, más redes sociales de las que jamás podríamos visitar, reuniones de iglesias los domingos y los miércoles, y sin embargo somos una nación de huesos secos (ver Ezequiel 37). Somos una nación en un valle. Somos una nación en caos, dormida, ineficaz y mirando desde la banda. La situación espiritual en nuestra cultura de hombres ha llevado a una gran desintegración social. Tenemos hombres secos que contribuyen a matrimonios secos que componen familias secas que asisten a iglesias secas mientras vivimos en una tierra seca.

Y esto es así porque una vida espiritual auténtica no se consigue mediante rituales, presupuestos, programas, edificios o incluso religión. La vida espiritual, el poder y la fuerza vienen del Espíritu. Mientras más cerca estamos del Espíritu, más vida abundante experimentamos y más influencia tenemos (ver Juan 10:10; 15:7). Mientras más lejos estamos del Espíritu de Cristo, más muerte y decadencia experimentamos.

Hombres, ya ha pasado el tiempo de aprender a identificar y sanar lo que sea que nos está manteniendo secos individualmente y segmentados en lo colectivo. Ambas cosas nos han dejado ineficaces para el reino de Dios. Debemos perseguir intencionalmente el crecimiento personal y el discipulado multirrelacional si queremos dejar algo de nuestra herencia cristiana como legado.

Es absolutamente crucial que nos adueñemos de los problemas que nos afectan en tantos frentes hoy. Como hombres del reino, debemos adueñarnos de nuestros papeles y señalarnos unos a otros al único Rey verdadero. Debemos adueñarnos de la responsabilidad de llamar a una cultura en declive a que regrese a Cristo. Es tiempo de despertarnos, no solo a nosotros mismos sino también a la cultura en general, para que vayamos al campo y superemos la oposición que tenemos delante.

Mi reto para ti mientras nos disponemos a seguir juntos por este libro y estos principios de vida es este: por muy profundo que sea el dolor o por difíciles que sean los retos, no cedas a la apatía, la desilusión o la desesperación. Abre las cortinas de tu alma. Deja que entre la luz. Reacomódate. Pon los pies en el piso, con firmeza. Y después, levántate. Hagamos que el diablo masculle en voz baja al ver a un ejército de hombres del reino que se levantan: "Oh no, se levantan".

DOS

LOS HUESOS SECOS PUEDEN BAILAR

Lunes en la noche. Estadio Paul Brown. El aire retumbaba con su propio trasfondo de guerra, amenazando con liberar un torrente de terror como vientos de tornado por debajo de un cielo húmedo en el medio oeste. Olvida los sesenta y cinco mil espectadores sedientos de la primera muestra de sangre en esta lucha de gladiadores moderna. La atmósfera misma elevaba su voz, indicando que podría explotar bajo el peso de esta historia de medio siglo de batallas sin final.

Eran los Steelers contra los Bengals. Está todo dicho. Deducir que estos dos equipos tienen quizá la rivalidad más feroz de toda la NFL conseguiría muy poca respuesta de nadie. Juegan agresivos. Ambas líneas se amenazan una enfrente de la otra como balas feroces. A veces, incluso se puede oler la insinuación de odio que rebosa de sus corazones. La determinación y la suciedad de un partido regular de fútbol no tienen nada que ver con esta puesta en guardia de pura ferocidad. Golpes violentos, agresivos, legales e ilegales, hacen que estos sesenta minutos de combate sean algo más que un ejercicio de brutalidad.

Ha habido mandíbulas rotas. Derribos que aplastan los huesos. Incluso un hombro dislocado, en un partido de ascenso —menos mal—; un rodillazo a un defensa ya abatido hizo justamente eso.[1]

Por eso, un placaje aparentemente inofensivo en los primeros minutos del partido apenas si consigue atraer la mirada de la multitud. Al principio, es así.

La cámara comenzó a alejarse, y después regresó rápidamente. Pero me estoy adelantando.

Si viste el partido, probablemente recuerdes esta jugada con claridad, o al menos recuerdas tu reacción a ella. Si no lo viste, te pondré en contexto:

Fútbol el lunes en la noche, 4 de diciembre de 2017. Los Bengals intimidaban una segunda y cinco con apenas once minutos para que acabara el primer cuarto. Partido sin anotaciones. El mariscal de campo Andy Dalton se quedó atrás para un pase rápido al novato Josh Malone. Nada inusual hasta ahora. Malone atrapó el balón y se preparó para lo que la mayoría pensaba que sería una anotación bastante normal. Corta ventaja para los Bengals, pero una enorme pérdida para los Steelers. Esta es la razón: en cuanto la corona del casco del defensa Ryan Shazier golpeó contra el receptor que estaba bastante abierto, todo cambió. Shazier cayó al suelo, echándose la mano de inmediato a la espalda. De algún modo, se las arregló para rodar sobre sí mismo y darse la vuelta, con su mano derecha asiéndose del aire como si fuera lo suficientemente grueso como para poder aferrarse a él. No movía las piernas, en ningún momento.

Los segundos se convirtieron en minutos. Los minutos pasaban como si fueran milenios. Uno a uno, los jugadores se agachaban. El entrenador Tomlin caminaba por la banda mirando más como un amigo que acababa de ver a un compañero del parque a quien habían golpeado. Pero mientras las oraciones continuaban elevándose al cielo, Shazier permanecía tumbado. Finalmente, el personal médico lo ató a una camilla y se lo llevaron en un carrito de emergencia que había cerca. No hubo dedo pulgar hacia arriba por parte de la antigua estrella de Ohio mientras lo sacaban fuera del campo. En cambio, enterró su cabeza entre las manos, abrumado por la magnitud del problema en el que estaba.

Según se dice, antes del partido, el mariscal de campo Ben Roethlisberger le había dicho a un comentarista de ESPN que esta rivalidad con los Bengals le preocupaba. "Me preocupa que los jugadores se lastimen en cualquiera de los bandos cuando jueguen este partido", dijo él, refiriéndose específicamente al estilo de juego de los Steelers-Bengals, "porque a veces se pasan de la raya".[2] El partido continuó con algunos jugadores más lesionados. Insultos. Golpes ilegales. Una pura enemistad llenaba cada jugada. Se puso tan feo, que el antiguo mariscal de campo de la NFL, Troy Aikman, puso un tweet casi al terminar el juego: "Este juego es difícil de ver por varias razones. Terrible para la NFL y el fútbol en general".[3]

Pero al margen del terror de una noche excesivamente violenta, también surgieron emociones más tiernas. A muchos de los jugadores curtidos y duros de los Steelers les costaba reprimir las lágrimas por su compañero de equipo Shazier. Hombres adultos lloraban en las bandas. De hecho, el safety Mike Mitchell dijo de Vince Williams: "Creo que no dejó de llorar hasta después de la mitad del juego, y él es uno de los tipos más pandilleros del equipo. Tuvieron que agarrarlo de la máscara de la cara y decirle: 'Ahora eres el defensa central. No puedes estar sollozando'".[4] Puedo ver a algunos jugadores del equipo contrario mirándolo antes de cada jugada como el entrenador de la película *Ellas dan el golpe*: "¡Vamos, hombre! ¡En el fútbol no se llora!". Pero esa noche sí hubo mucho llanto.

Los Steelers ganaron el partido, algo que no es sorprendente considerando su pasado. En el global, lideraban la rivalidad 65 a 35 en el momento de escribir estas palabras. Además, los Steelers han sido catalogados como el segundo equipo con más victorias de este siglo, mientras que los Bengals tienden a estar en torno al número veinte.[5] El partido Steelers-Bengals es en pocas ocasiones una competición para ver quién es el mejor. Las estadísticas y los números ya han asentado esa realidad a la larga. Pero, aun así, sigue siendo una batalla dura de pelear que se libra con abandono, por la razón que sea que motive a ambos equipos.

Shazier permaneció toda la noche en Cincinnati en un hospital para hacerle algunas pruebas antes de llevarlo de nuevo a Pittsburgh para una cirugía de estabilización de la columna. Esta operación lo dejó paralítico durante semanas. Los médicos asignados para cuidarlo le advirtieron que nunca se recuperaría del todo.[6] Le dijeron que lo más probable era que nunca más podría volver a caminar.

Pero Shazier nunca había sido de los que escuchan a los opositores o a una multitud negativa. Nacido con un raro trastorno autoinmune llamado alopecia, Shazier aprendió enseguida a desconectarse de la negatividad. Ha recorrido el camino menos transitado toda su vida. La alopecia es una enfermedad en la que el cuerpo ataca a los folículos pilosos de su propio cuerpo. Calvo casi desde su nacimiento, Shazier descubrió a una temprana edad que no debe dejar que lo que otras personas digan le afecte demasiado. Sus padres le enseñaron a responder a quienes lo criticaban, lo menospreciaban o lo señalaban. Le enseñaron a hacer oídos sordos mediante la risa.[7]

Como resultado, Shazier había desarrollado un sentido del humor sano durante sus veintiséis años de vida. Nada evidenció esto tan claramente como los comentarios del entrenador Tomlin a los noticieros tan solo horas después de verlo esa noche de diciembre. Shazier estaba "de muy buen humor", dijo Tomlin sin duda alguna, añadiendo que Shazier es un "tipo duro".[8] "Muy buen humor", no es lo que uno esperaría oír sobre un hombre al que le acaban de decir que probablemente se quedaría paralítico de por vida. Pero Shazier mantuvo una actitud positiva, lo que demostraría que le funcionó bien.

Durante el transcurso del año siguiente, Shazier pasó innumerables horas lleno de sudor en rehabilitación, desafiando el diagnóstico del médico de que nunca podría volver a ponerse en pie. Ponía regularmente en las redes sociales agradecimientos a sus seguidores y amigos por su apoyo. Shazier quería que todos fueran optimistas como él lo era, y que creyeran en su sanidad. Él conocía el poder de la oración. Él conocía el poder de la mente.

Después de tan solo seis meses, Shazier demostró los resultados de su dedicación junto a las oraciones de todos. Cruzó caminando la plataforma en la Selección de la NFL, de la mano de su novia, Michelle, que había demostrado ser una animadora constante y fuente de ánimo para él en su largo camino hacia la recuperación. Compartieron juntos la plataforma mientras él anunciaba el primer fichaje del año de los Steelers. Fue un momento emotivo para muchos, especialmente para Shazier y para el amor de su vida.

Y entonces, tras solo algo más de trescientos días después de su lesión de columna, Shazier hizo algo que dejó sorprendidos a todos sus seguidores y defensores. Caminó sin ayuda por la misma cancha donde había perdido la mayor parte de su libertad física en aquella terrible jugada.[9] Cada paso sobre ese césped en Cincinnati creaba un rugir de ánimos de la multitud como si fuera una atronadora ovación del mismo Dios. Incluso los seguidores de los Bengals aplaudieron.

Los médicos una vez le dijeron a este hombre que probablemente nunca volvería a caminar, pero Shazier caminó con su cabeza bien alta esa noche. De hecho, unos meses después haría algo más que caminar. Shazier volvería a bailar.

Solo un año y medio después de la lesión de columna que puso fin a su carrera, Shazier se casó con su mejor amiga y fiel animadora de rehabilitación, Michelle, en una gran celebración a la que asistieron celebridades y Steelers por igual. Después de los votos, Shazier cortó algo más que el pastel. Cortó una alfombra. Bailando con su nueva esposa, se rió más que nadie. Los titulares inundaron los periódicos la mañana siguiente con lo que parecía una celebración colectiva de anotación en lo que se había presentado en principio como una pérdida nacional.

Se casa Ryan Shazier, y es capaz de bailar (CBS Sports)
Ryan Shazier baila en su boda (ProFootballTalk)
Ryan Shazier baila en su boda… tras una grave lesión de columna vertebral (revista *People*)
El defensa de los Steelers baila con su esposa (ESPN)

Todo el país, incluso el mundo, se maravilló de los movimientos de este hombre. A fin de cuentas, bailar es lo que se hace en la zona de anotación cuando un equipo de fútbol anota. Shazier sin duda había anotado por él mismo y por su esposa mediante su recuperación. Anotó por todos nosotros. En la forma que retuvo su dignidad y deleite a pesar de la tragedia, nos recordó a todos los que alguna vez nos hemos enfrentado a un oponente insuperable que, aunque la vida pueda llegar a tumbarnos, nos podemos volver a levantar. Pocas cosas pueden ser más redentoras que levantarse de los restos de la pérdida personal para bailar al ritmo de un tambor mejor.

Si sigues a Shazier en las redes sociales, aún lo verás subiendo videos de él mismo bailando con su esposa y sus hijos. También le oirás alabar rutinariamente a Dios por el milagro de su recuperación y el gran valor de la vida. Es interesante que Shazier siguió siendo integrante de los Steelers durante un tiempo. La respetable directiva de uno de los equipos de fútbol más leales de la liga lo mantuvo como miembro de su plantilla como jugador retirado o inactivo por varios años. Se comprometieron a apoyar a Shazier mientras él buscaba su nuevo camino en la vida. Muchos seguidores lo vieron en las bandas o en el estadio en la mayoría de los partidos de los Steelers, un símbolo vivo de fortaleza para que sus compañeros guerreros pudieran ver e imitar.

La historia de Shazier quizá no refleje la propia de cada uno. La mayoría de nosotros no somos jugadores seleccionados por uno de los equipos de fútbol defensivos más respetados de la nación. La mayoría de nosotros no tenemos sesenta y cinco mil seguidores animándonos mientras entramos en un terreno de juego, o nos dirigimos al trabajo, o enfrentamos nuestras oposiciones personales. Ni tenemos tantas oraciones elevadas por nosotros cuando nos derriban o sufrimos reveses personales. Pero su historia sigue sirviendo como un recordatorio de lo que es posible cuando un hombre decide creer lo mejor en una situación sin esperanza.

Los escenarios desesperanzados rodean hoy a muchos hombres. Los encontramos en la Escritura también; sin embargo, no encontrarás uno mucho más desesperanzador que la historia bíblica que quiero que veamos en este capítulo. Es una historia sobre despertar la hombría, literalmente. Es un relato que tiene que ver con el levantamiento de guerreros que antes fueron fuertes y poderosos y que lo habían perdido todo.

EL VALLE DE LOS HUESOS SECOS[10]

La historia ocurre en el periodo conocido como el exilio babilónico. En el primer grupo de cautivos judíos que tomaron los babilonios (ver 2 Reyes 24:10-16) alrededor del año 597 a. C., nos encontramos a un hombre joven llamado Ezequiel. Ezequiel y sus compañeros deportados habían sido obligados a arrodillarse, incapacitados por un régimen enemigo opresor. No veían salida alguna. Quizá examinaron la historia de su propia nación y recordaban lo que había ocurrido con su reino hermano, Israel, el mismo que, cuando fue deportado más de un siglo antes, finalmente terminó en la desaparición. De hecho, perdió su identidad hasta el punto de ser conocido como las tribus perdidas de Israel.

Ezequiel y sus compatriotas en el exilio sufrieron la pérdida en muchos niveles: la pérdida de su ciudad, de su templo, de su identidad, de sus tradiciones, de sus rituales, y el antes elogiado reino davídico. Como resultado, varias personas incluso perdieron su fe. Se había producido un gran colapso, y nadie ofrecía ninguna solución real sobre cómo arreglarlo.

Los sueños habían sido interrumpidos. Se los llevaron a la trampa de la desesperación. Escondieron sus rostros entre sus manos mientras la desesperanza llenaba sus corazones, donde la pasión y la búsqueda antes habían latido con fuerza.

Por eso Dios envió un toque de atención llamado Ezequiel. Era el momento de que los hombres se incorporaran, se levantaran, volvieran a ponerse en pie. Y Dios estaba a punto de enseñarles cómo, a través de este joven al que algunos quizá llamaban Eze como abreviatura.

Primero, Dios lo llevó a un osario que los israelitas habían apartado como un lugar para juntar los huesos antes de enterrarlos. Ezequiel estaba de pie delante de este valle de huesos secos y desmembrados. No se puede ver una desesperanza mayor que esta. De hecho, durante bastante tiempo, esos huesos habían estado allí tirados cociéndose bajo el incesante sol. Según Ezequiel, había "muchísimos huesos en el valle" y estaban "*completamente secos*" (Ezequiel 37:2 NVI). Como estos huesos representaban el ejército de la nación (ver v. 10), también representaban una nación de hombres derrotados. De hecho, en este punto toda la nación estaba representada por el fracaso de su ejército.

Como sabes, un valle es un lugar bajo. Es ese lugar donde hay que mirar hacia arriba para ver el fondo. Estos huesos yacen en este valle todos revueltos como si fueran muchos cables amontonados en un cajón. Nada estaba conectado como debería estarlo. Nada estaba donde debía estar.

Los huesos seguían apilados unos sobre otros en un completo caos. ¿Te resulta familiar? Hasta cierto punto, debería resultarnos familiar a la mayoría.

No es que espere que alguien se identifique con unos huesos desmembrados, pero muchos hombres hoy viven vidas desmembradas. No ven esperanza, y se ahogan en un mar de desesperación rodeado de vacío. Los cielos siempre están nubosos, pero el sol abrasador de algún modo aún daña sus almas. No brilla ninguna luz al final del túnel a menos que sea la luz de un tren que se acerca.

Quizá ese eres tú. Quizá es la razón por la que escogiste este libro. Tal vez sientes que necesitas tu propia llamada de atención en la vida. Estás cansado, seco, estéril, y te has cerrado. El fuego y la pasión se han ido. La vida parece evaporarse día a día. Tu impulso, que en un tiempo era fuerte, ahora descansa sobre mero vapor. Tu "levántate y sal" se ha levantado y se ha ido.

> **Si queremos llegar a enderezar nuestras vidas, nuestros hogares, nuestras iglesias y nuestra nación, tenemos que tratar las causas espirituales que hay debajo del quebranto que estamos experimentando.**

A decir verdad, muchos de los hombres que están leyendo este libro ni siquiera saben si van a poder continuar mucho más lejos o por mucho más tiempo. Lo sé por el volumen de llamadas de teléfono, peticiones de consejería, cartas, correos electrónicos, comentarios en las redes sociales y mensajes directos que recibo. Cuando surgen preguntas sobre cómo curar la plaga de la hombría perdida en nuestra nación que conduce a tantas enfermedades sociales, la mayoría de las respuestas llegan con un encogimiento de hombros y las propias palabras de Ezequiel, las cuales parafraseo: "*Solo Dios lo sabe*" (Ezequiel 37:3). Esa una forma educada de decir: "Me rindo. No creo que ninguno de nosotros sepa resolver esto.

Para nada". Leemos el contexto de la frase de Ezequiel en los primeros versículos de Ezequiel 37:

> *La mano del Señor vino sobre mí, y su Espíritu me llevó y me colocó en medio de un valle que estaba lleno de huesos. Me hizo pasearme entre ellos, y pude observar que había muchísimos huesos en el valle, huesos que estaban completamente secos. Y me dijo: «Hijo de hombre, ¿podrán revivir estos huesos?» Y yo le contesté: «Señor omnipotente, tú lo sabes»* (vv. 1-3).

Ezequiel no tenía una respuesta para Dios aparte de que Dios mismo sabía si esta nación muerta de hombres podría levantarse. De igual forma, a muchos nos faltan las respuestas o la seguridad de creer que lo que parece muerto en nuestras vidas, nuestros hogares y nuestra nación, hoy pueda recuperarse algún día. Quizá es un matrimonio muerto. Podría ser una carrera muerta. Quizá es una mentalidad muerta. Sin duda, estamos viendo un marco moral muerto y una sociedad sofocada. Y sea lo que sea que haya causado que tantas personas estén tiradas en el piso, parece haberse tragado también la esperanza de una solución.

Yo diría que es porque es difícil arreglar un problema cuando desconoces, o decides ignorar, la causa. Siempre que buscas una cura, debes tratar la causa. Demasiados laicos, pastores y políticos están cosiendo retales sobre los síntomas en lugar de tratar las raíces sistémicas que han provocado la decadencia. Si queremos llegar a enderezar nuestras vidas, nuestros hogares, nuestras iglesias y nuestra nación, tenemos que tratar las causas espirituales que hay debajo del quebranto que estamos experimentando.

La buena noticia es que podemos entender nuestra propia cultura mirando lo que hizo que este valle se llenara de huesos secos. Se nos dice la causa en Ezequiel 36:16-21.

> *El Señor me dirigió otra vez la palabra: «Hijo de hombre, cuando los israelitas habitaban en su propia tierra, ellos mismos la contaminaron con su conducta y sus acciones. Su conducta ante mí era semejante a*

la impureza de una mujer en sus días de menstruación. Por eso, por haber derramado tanta sangre sobre la tierra y por haberla contaminado con sus ídolos, desaté mi furor contra ellos. Los dispersé entre las naciones, y quedaron esparcidos entre diversos pueblos. Los juzgué según su conducta y sus acciones. Pero, al llegar a las distintas naciones, ellos profanaban mi santo nombre, pues se decía de ellos: "Son el pueblo del Señor, pero han tenido que abandonar su tierra". Así que tuve que defender mi santo nombre, el cual los israelitas profanaban entre las naciones por donde iban».

Permíteme decirlo abiertamente: la razón por la que se secaron en un valle durante tanto tiempo fue porque su desobediencia había creado distancia. Esa distancia de Dios condujo a su sequedad. Habían comenzado en su propia tierra, pero decidieron rebelarse. Dios entonces los exilió a otras naciones y, como resultado, se separaron espiritualmente. Habían sido desprovistos de la comunión con Dios, y durante este tiempo de separación se habían convertido en una nación con un valle de huesos secos.

De forma similar, si estás seco (en lo espiritual, lo emocional, en tus relaciones o en cualquier otra manera) es muy probable que sea porque te has distanciado de Dios. Y la distancia es siempre un resultado de la desobediencia. Ahora bien, sé que todos tenemos momentos de sequedad o tiempos secos. Un hombre puede sufrir un desplome aquí o un revés allá, pero no estoy hablando de eso. Si te ves viviendo en un valle seco donde cada día te levantas sin motivación, sin pasión y sin fervor espiritual, es porque te has distanciado de Dios. Una cosa lleva a la distancia prolongada de Dios: no alinearse bajo el reinado del Rey.

Como dice el versículo 18 en el pasaje que acabamos de ver, los hombres de Israel se habían vuelto desobedientes por su adoración de ídolos. La idolatría es intimidad con una imagen. No es necesariamente postrarse ante una estatua tallada puesta en un poste. No, un ídolo es cualquier cosa que usurpe el legítimo reinado de Dios en tu vida. Los ídolos adoptan todas las formas y tamaños. Es más, incluso se pueden encontrar en la iglesia. Después de todo, los israelitas habían contaminado su tierra con los ídolos. Como dice el versículo 18, aún estaban en su tierra cuando acudieron a los ídolos.

La idolatría no es solo un concepto ahí afuera en una tierra lejana. Muchas personas adoran ídolos mientras asisten a una iglesia. Digo esto porque la idolatría se centra en el alineamiento: aquello bajo lo que tú alineas tus pensamientos, palabras y acciones es lo que más valoras.

¿Alguna vez te has preguntado cómo podemos tener tantas iglesias, todos esos libros y tantas canciones, programas, seminarios, grupos, estudios bíblicos, programas de radio, *podcasts* y mucho más, y a la vez tener todo este lío? Hay ídolos por todas partes; esa es la razón. Alguien, o algo, se ha introducido en la esfera del reinado de Dios, y no hay espacio para dos reyes en una tierra soberana.

Los israelitas habían acudido a otras fuentes para suplir sus necesidades, para entretenerlos, para resolver sus problemas y ofrecerles soluciones. Como resultado, la nación simbólicamente yacía muerta en un páramo de destinos desmembrados.

¿CUÁNTAS GANAS TIENES DE LEVANTARTE?

Estos huesos secos ahora yacen ahí representando la esperanza de Israel, o la falta de ella. En este momento del exilio, el pueblo se había rendido, habían arrojado la toalla. Ya no podían ver ninguna salida de la oscuridad que les envolvía. Habían ejercitado su pecado en su sociedad, lo que condujo a que los llevaran cautivos y vivieran como exiliados en Babilonia (ver Ezequiel 36:19-20). Los israelitas se encontraron en una situación sin solución. Su desconexión espiritual había dado como consecuencia una catástrofe social. Y peor aún era que se habían alejado tanto de Dios que ya no podían identificar claramente la causa del efecto.

Hombres, cuando no establecemos la conexión entre lo espiritual y lo social, no encontramos la solución que pueda producir un impacto real y duradero. Fallamos en tratar la raíz espiritual del tumulto físico que tenemos y, como resultado, seguimos en un valle de sequedad espiritual, emocional, relacional o incluso vocacional, incapaces de levantarnos.

Ese es también el problema relacionado con mucho de lo que enfrentamos como hombres en nuestra nación hoy día. Sin embargo, en medio del problema de Israel encontramos una promesa, una promesa que también podemos anticipar. Me estoy adelantando un poco, pero creo que es importante dar el desenlace para iluminar mejor el proceso hasta esa promesa. Dios dice claramente cuál es su meta en Ezequiel 37:12-13 (NVI) cuando le dice a Ezequiel:

Por eso, profetiza y adviérteles que así dice el Señor omnipotente: "Pueblo mío, abriré tus tumbas y te sacaré de ellas, y te haré regresar a la tierra de Israel. Y, cuando haya abierto tus tumbas y te haya sacado de allí, entonces, pueblo mío, sabrás que yo soy el Señor".

Dios dio la promesa de que solo Él abriría las tumbas y haría que la vida existiera donde antes había dominado la muerte. Ahora bien, según entiendo, si estás muerto y sales de una tumba, eso es un levantamiento sobrenatural. Eso es despertar de un sueño bastante sólido y largo. Así, la buena noticia que encontramos en esta promesa final que Dios hizo es que, por muy seco que estés o lo seca que sea tu situación, estos huesos pueden volver a vivir.

Si estás seco espiritualmente, puedes volver a vivir.

Si tu matrimonio se ha secado desde hace años, o incluso décadas, puede volver a florecer.

Si tus circunstancias están secas o tu carrera está en un páramo, pueden levantarse y prosperar otra vez.

Hombres, si Dios puede tomar un osario de huesos secos y hacer que vuelva a palpitar la vida, ¿cómo no podrá Él hacer algo en tu seca situación? La pregunta nunca es: *¿Puede Dios hacer algo?* La pregunta siempre es: *¿Con cuántas ganas lo deseas?*

EL PROCESO HACIA LA PROMESA

Volvamos unos versículos atrás para identificar el proceso que Dios usó para llevar a estos hombres a su promesa. En Ezequiel 37:4-5 (NVI), desenterramos el plan de dos partes de Dios para hacer que estos huesos volvieran a levantarse. Este plan incluía tanto su palabra como su Espíritu.

En primer lugar, leemos: *"Profetiza sobre estos huesos, y diles: "¡Huesos secos, escuchen la palabra del Señor!"* (v. 4).

En segundo lugar, dice: *"Así dice el Señor omnipotente a estos huesos: 'Yo les daré aliento de vida, y ustedes volverán a vivir"* (v. 5).

Para empezar, Dios le dijo a Ezequiel que declarara su Palabra a su situación muerta, y él dijo: "Escuchen la palabra del Señor". Dios no quería que Ezequiel les dijera lo que Ezequiel pensaba o que les diera ideas u opiniones humanas. No le pidió a Ezequiel que les diera el punto de vista popular de su tiempo, que atendiera a su bienestar emocional, que hiciera un análisis psicológico o que hiciera una encuesta Gallup. Ni siquiera le pidió a Ezequiel que les dijera algo pensado para hacerles sentir bien. Ezequiel no fue llamado a escribir algo que lo lanzara a la lista de éxito de ventas del *New York Times*, ni que reservara un asiento en un programa popular o terminara en la portada de una revista. En cambio, Dios le pidió a Ezequiel que diera a los huesos secos la verdad de su Palabra. Es la verdad lo que libera a un hombre. Y ahora que habían llegado a este punto abismal de parálisis colectiva, Dios sabía que estarían dispuestos a escuchar la verdad nuevamente.

Así, Dios inició su despertar con su Palabra y, como resultado, los huesos se juntaron. Pero, como sabes, unos huesos conectados moviéndose por todas partes sin vida en ellos son monstruos. Es una mala escena de una película de zombis clasificada como B. La promesa de Dios tenía dos partes, porque los huesos no solo tenían que juntarse, sino también necesitaban que les fuera restaurada la vida.

Por lo tanto, después de la verdad de su Palabra, Dios les dio el poder de su Espíritu. La palabra original hebrea traducida como "aliento" en el versículo 5 es la palabra que Dios usó para identificar su Espíritu al comienzo del proceso de creación en Génesis 1:2. Con su Espíritu, Dios *dio aliento* de nueva vida a los huesos secos. En biología, podríamos llamarlo avivamiento. En teología, lo llamamos del mismo modo.

Mediante esta combinación de la Palabra y el Espíritu, Dios provocó el comienzo de un despertar en la tierra. Introdujo un avivamiento, tanto literal como espiritual. En los versículos 7-8 y 10 de Ezequiel 37 (NVI), leemos sobre este despertar. Vemos cómo la Palabra de Dios y su Espíritu dieron nacimiento a un movimiento de un ejército de hombres del reino que se levantan (énfasis añadido):

> *Tal y como el Señor me lo había mandado, profeticé. Y mientras profetizaba, se escuchó un ruido que sacudió la tierra, y los huesos comenzaron a unirse entre sí. Yo me fijé, y vi que en ellos aparecían tendones, y les salía carne y se recubrían de piel... el aliento de vida entró en ellos; entonces los huesos revivieron y se pusieron de pie. ¡Era* **un ejército numeroso!**

¿Cuánto tiempo habían estado estos huesos secos en ese hoyo? Por años. La nación se había apartado de la voluntad de Dios durante mucho tiempo, pero Dios puede dar la vuelta a las cosas en un momento cuando es su tiempo. Cuando hayas llegado al final de ti mismo, estarás preparado para un levantar repentino y sobrenatural.

Probablemente tu automóvil se haya quedado sin batería alguna vez. Sé que el mío sí. Estar ahí de pie mirando la batería no servirá de mucho. Hablarle a la batería tampoco cambiará las cosas. Solo cuando vas por unos cables de carga para conectar tu batería muerta a la batería viva de otro es cuando consigues la chispa que necesitas para conducir. Esa batería se recarga mediante la transferencia de vida de otra.

De forma similar, la única forma de que, como hombres del reino, experimentemos un despertar personal y nos levantemos para cumplir nuestros destinos es conectándonos con la Palabra viva de Dios y su Espíritu. Ambas cosas son esenciales para poder experimentar la resurrección espiritual que Dios ofrece. Es mediante la transferencia de su vida a la nuestra como tendremos una influencia transformadora en nuestros hogares, nuestras comunidades, nuestra nación, incluso en el mundo.

A fin de cuentas, un valle de huesos secos es el último lugar al que nadie pensaría ir a buscar un ejército numeroso. Es difícil ser soldado y luchar para salvar a otro cuando ni siquiera puedes salvarte a ti mismo.

Sin embargo, del caos de huesos secos y esparcidos de los israelitas, Dios levantó un ejército para avanzar la agenda de su reino y llevar vida a otros en la tierra.

> **La única forma de que, como hombres del reino, experimentemos un despertar personal y nos levantemos para cumplir nuestros destinos es conectándonos con la Palabra viva de Dios y su Espíritu.**

Cosas que habían estado ahí tiradas pudriéndose y muertas, confundidas, desconectadas, como las piezas de un rompecabezas en su caja, comenzaron a conectarse y enseguida se convirtieron en un retrato vivo de un gran ejército. La Palabra de Dios unió las piezas ordenadamente, conectando hueso con hueso, músculo con músculo y tendón con tendón. Del mismo modo, la Palabra de Dios ordena nuestra vida cuando la leemos y la aplicamos.

Cuando los hombres dirigen familias que después viven alineadas con su verdad, y cuando los hombres sirven en iglesias que después operan alineadas con sus preceptos, la nación siente el efecto. Cuando los hombres del reino, como individuos, dueños de negocios, empleados, políticos, padres, trabajadores de la salud, predicadores y en otros entornos, se alinean todos ellos con Dios y su Palabra, es cuando experimentamos orden en la tierra.

Según avanzamos juntos en este viaje por este libro, quiero que te enfoques en la promesa. Aprende la lección de Ryan Shazier y mantén tu buen humor. Si tus huesos están en el valle y parece que no hay solución humana alguna, Dios tiene una promesa para ti. Esos huesos pueden volver a levantarse.

No tienes que rendirte, ceder, ni arrojar la toalla. No tienes que huir de tus responsabilidades. Sé que probablemente quieras hacerlo. Entiendo que los huesos con los que estás lidiando puede que lleven secos un largo periodo de tiempo y hayas perdido toda esperanza de recuperar tu fuego, tu pasión y tu impulso. Pero antes de que cuelgues las botas, recuerda lo que Dios le dijo al profeta: *"Abriré tus tumbas y te sacaré de ellas"* (Ezequiel 37:12 NVI).

Pero recuerda: solo el Espíritu de Dios mismo puede sacarte de ese ataúd. Eso significa que la principal prioridad en tu vida ahora mismo debería ser cultivar y hacer crecer tu relación con la Palabra de Dios y conocerlo mejor a Él. Cuando lo hagas, despertarás. Te pondrás de pie. Caminarás, sin ayuda.

Nada, ni nadie, está demasiado lejos de la poderosa mano de Dios. Él quiere que sepas eso. De hecho, por eso Dios hace lo sobrenatural. Él revive y restaura para que lo conozcas más. Dios no mide las palabras ni esconde sus motivaciones. Él nos dice claramente en el versículo 13: *"Y, cuando haya abierto tus tumbas y te haya sacado de allí, **entonces, pueblo mío, sabrás** que yo soy el Señor"* (énfasis añadido, NVI).

Cuando lo que sea que estés enfrentando se dé la vuelta, no habrá duda de quién lo hizo. Conocerás a Dios por ti mismo. Después de todo, una cosa es oír sobre una resurrección de una situación desesperanzada, y otra cosa muy distinta es experimentarla.

TRES

HISTORIA DE DOS HOMBRES

El río sinuoso recorre 1.375 kilómetros a través de tierras fértiles y laderas de gran envergadura, tras originarse en el Himalaya. La vida fluye de este río, surtiendo de agua potable a más de 50 millones de personas además de riego.[1] Aunque está bastante contaminado ahora, el río Yamuna sigue siendo una de las fuentes de agua más queridas y celebradas de toda la India.

Es decir, hasta que llega la temporada de lluvias. Desde junio hasta septiembre, la lluvia puede llegar repentinamente a esta región, provocando que los ríos aumenten y las orillas se expandan. El deleite puede convertirse de repente en desesperación cuando la gratitud por las refrescantes lluvias se olvida a medida que la gente se dispersa para encontrar cobijo de las calles inundadas. No es nada raro que las aguas aumenten hasta la altura de la cintura en las calles. En 2017, millones de personas fueron desplazadas y 1.200 murieron debido a una trágica serie de inundaciones.[2]

La época de lluvias no es para tomársela a la ligera. Hacer preparativos y tomar consciencia puede impedir la pérdida de la vida. Por desgracia, sin embargo, los preparativos a menudo son pocos. Por eso, en 2010, un edificio de varios pisos en la zona de Lalita Park en Nueva Delhi se derrumbó catastróficamente bajo el estrés de los corrimientos de tierra. Los cientos de personas que vivían allí salieron en desbandada buscando salvarse. Setenta y una personas perdieron la vida.[3]

Una investigación realizada tras el derrumbe de la estructura del edificio reveló que el propietario fue culpable de una construcción defectuosa. Fue arrestado.[4] Pero eso no sirvió de mucho para abordar el problema de los aproximadamente diez mil edificios en la misma región que hay sobre fundamentos inestables y terrenos poco sólidos. Quienes viven allí, lo hacen bajo su propia responsabilidad. Los cimientos débiles construidos sobre terreno de cuestionable fiabilidad dejan a los residentes de la zona muy vulnerables.

"Yo voy por el camino más largo hasta el mercado, pero no uso el callejón que está junto a este edificio porque cualquier día se puede hundir", dijo un vecino entrevistado en *Times of India*.[5]

Si te preguntas por qué hay tantos edificios construidos en terrenos inestables, la razón es el egoísmo. "Nadie se molesta en seguir las normas de seguridad estructural. Aquí, las casas se construyen muy rápido porque los dueños quieren rentarlas rápidamente. La mayoría de los dueños parecen ignorar las normas de construcción", dijo el secretario de Lalita Park, Sushil Kamur.[6]

"La seducción del dinero es el verdadero problema" es como lo resumió el oficial local Shakil Saifi.[7]

Los cimientos son importantes. El terreno sobre el que construyes es importante. Lo sé de primera mano tras haber vivido por mucho tiempo en Texas. El calor de Texas seca por completo el suelo, y es tristemente célebre por causar incluso que los mejores cimientos se muevan con el paso del tiempo. Hace varios años atrás, vi los resultados de eso manifestados en la pared de mi cuarto.

Al principio, Lois y yo notamos que aparecieron unas grietas aparentemente inofensivas en la pared. Al poco tiempo, esas pequeñas grietas dieron paso a más grietas, y se hizo algo parecido a un mapa de grietas que se entrecruzaban en la pintura. Así que hice lo que cualquiera haría: llamar a un pintor para que arreglara el yeso.

El pintor llegó, quitó el yeso antiguo y puso yeso nuevo. Después lo pintó, y le pagué. Él estaba feliz, y yo estaba feliz, al igual que Lois. Todo parecía estar bien.

Pero cerca de un mes más tarde, Lois se acercó y me dijo: "Tony, ¿esas pequeñas grietas en la pared son nuevas?".

Seguro que no, pensé yo. Pero al mirar con más detenimiento, vi que ella tenía razón. Habían aparecido más grietas en el yeso y la pintura nuevos. Así que hice lo que cualquiera habría hecho: volver a llamar al pintor y pedirle que volviera a arreglar el trabajo que había hecho. Obviamente, él lo había hecho mal.

El pintor llegó, quitó el yeso agrietado, añadió yeso nuevo, lo volvió a pintar, y esta vez no le pagué. Él no estaba tan feliz esta vez, y yo tampoco. Pero todo parecía estar arreglado.

Pasaron un par de meses, y esta vez cuando aparecieron las grietas, parecía como si hubieran traído consigo a todas sus tías, tíos y primos. Ahora tenía una familia de grietas por toda la pared del cuarto. Obviamente, necesitaba a otro pintor. Así que hice lo que cualquiera haría: llamé a otro pintor porque el anterior no estaba haciendo lo que había que hacer.

Llegó el nuevo pintor. Miró las grietas en la pared, y después me miró a mí. Pasó las manos por las grietas de la pared, y después me volvió a mirar. Siguió mirando fijamente las grietas de la pared en vez de sacar su espátula para quitar el yeso. Yo lo miraba a él.

Finalmente, después de lo que me pareció una cantidad exagerada de tiempo, se volvió a mí y me dijo: "Lo siento, Tony. No puedo ayudarte".

Yo lo miraba fijamente, un tanto sorprendido, y le pregunté: "Pero ¿no es esto a lo que tú te dedicas?".

"Sí, sí", respondió rápidamente. "Me dedico a esto. Soy pintor, pero no puedo ayudarte".

"¿Por qué no puedes ayudarme?", le pregunté, me quedé sin opciones.

"Porque tu problema no son las grietas de la pared", respondió él.

Yo miraba las grietas de la pared, con las que supuestamente no tenía ningún problema, y lo volví a mirar a él.

"Espera", le dije. "Yo veo una grieta. Tú ves una grieta. ¡El asunto es que todos los hijos de Dios vemos una grieta! ¡Hay grietas en la pared!". El tono de mi voz tenía una pincelada de superioridad mezclada con frustración, lo admito. Ahora estaba oficial y evangélicamente enojado. El nuevo pintor, al intentar calmar mi preocupación, siguió explicándome: "Sí, claro, hay grietas en la pared. Las grietas son reales. No estoy diciendo que no lo sean. Tan solo estoy diciendo que esas grietas no son el verdadero problema".

Yo lo miraba como si le dijera que continuara sin que se lo pidiera. Él estaba ahí de pie. Así que le pregunté, intentando parecer paciente y hablando despacio: "Entonces, ¿cuál es el problema?".

"El problema es que tienes unos cimientos inestables soportando la casa", respondió él. "Los cimientos se están moviendo. Lo que ves en la pared es solo un síntoma de un problema mucho más profundo". Después hizo una pausa como hace un pintor al esperar que se seque la primera capa antes de dar la segunda para dejar que yo asimilara lo que había dicho. "Hasta que no consolides los cimientos", prosiguió, "siempre estarás poniendo remiendos en la pared".

Hombres, hoy día hay muchas grietas a nuestro alrededor. Grietas en nuestras vidas, grietas en nuestras familias, grietas con nuestros hijos. Hay grietas en nuestra dirección, nuestra economía, nuestras relaciones, nuestra política y nuestras carreras. También hay grietas raciales, grietas de clase y, por supuesto, grietas de drogas. Las grietas han salido por todas partes, a nuestro alrededor y entre nosotros. Como resultado, dedicamos una gran cantidad de tiempo, dinero y energía a intentar remendar las grietas para que las cosas tengan un mejor aspecto. Se ven mejor por un tiempo, pero enseguida descubrimos que, si dejamos pasar el tiempo suficiente, las grietas vuelven a aparecer.

Esto es debido a que los cimientos se siguen moviendo. Los cimientos no se han consolidado. Cualquier estructura que se apoye sobre unos cimientos débiles tendrá grietas en la pared. Cualquier vida que esté sobre lo mismo se llenará también de su propio quebranto.

Esta información no es nueva. Todo deportista sabe que, para tener éxito, hay que fortalecer el corazón y el tronco. El tronco, tu cimiento, controla tu capacidad de movimiento. Un tronco más fuerte permite un mayor equilibrio, alcance y desempeño global. De forma similar, unos cimientos espirituales más fuertes permiten una vida de éxito. Los cimientos no están decorados, los cimientos no son bonitos, pero es necesario que sean sólidos.

Jesús nos dijo esto en su historia de dos hombres.

A cualquiera que me oye estas palabras, y las pone en práctica, lo compararé a un hombre prudente, que edificó su casa sobre la roca. Cayó la lluvia, vinieron los ríos, y soplaron los vientos, y azotaron aquella casa, pero ésta no se vino abajo, porque estaba fundada sobre la roca. Por otro lado, a cualquiera que me oye estas palabras y no las pone en práctica, lo compararé a un hombre insensato, que edificó su casa sobre la arena. Cayó la lluvia, vinieron los ríos, y soplaron los vientos, y azotaron aquella casa, y ésta se vino abajo, y su ruina fue estrepitosa. Mateo 7:24-27

En esta parábola, una casa soportó la tormenta. La otra casa se vino abajo. No solo se vino abajo, sino que Jesús enfatiza que "su ruina fue estrepitosa". No solo se vino abajo. No, esta casa se derrumbó, muy probablemente destrozando todo y a todos los que había cerca de ella.

La misma tormenta. Distintos resultados. Pero ¿por qué?

Una mirada a las vidas y las decisiones de estos dos hombres nos darán la respuesta. También nos dará una idea de lo que significa ser un hombre del reino levantándose alto. En definitiva, no se puede construir un rascacielos sobre los cimientos de un gallinero. Mientras más alto queramos construir, más profundos y anchos deben ser los cimientos. Nuestro problema hoy es que tenemos demasiado hombres apuntando alto sin tener los cimientos espirituales necesarios para mantener sus sueños. Un movimiento en falso, y todo se viene abajo como un juego de Jenga mal equilibrado.

Hombres, ustedes son los cimientos. Todo descansa sobre ustedes. Así, en este día de abandono, abuso, indiferencia e irresponsabilidad varoniles, tenemos un caos cultural. Dios declara con claridad que los hombres tienen la principal responsabilidad de establecer los cimientos para todo lo demás.

INFLUENCIA INDIVIDUAL, FAMILIAR, DE LA IGLESIA Y DE LA SOCIEDAD

Para empezar, estos dos hombres de la parábola de Jesús tenían algunos rasgos y valores comunes. Estaban en la misma página en cuanto a su sueño. Ambos querían construir una casa. Ambos tenían la visión de construir algo en donde vivir.

Ahora bien, antes de seguir avanzando, es importante notar que, en la Escritura, una casa puede referirse simbólicamente a una de cuatro cosas distintas. Una casa puede referirse a la vida personal de alguien, como es el caso en esta historia. Los dos hombres querían una vida de sustancia, importancia y estatus. Querían lograr algo. En pocas palabras, querían una vida que importara. No querían limitarse a pasar sus días en la tierra y no tener nada qué perseguir.

Individual: Los hombres del reino persiguen su propósito personal y buscan dejar un impacto duradero.

Además, una casa en la Biblia se puede referir a edificar una familia. Las familias aparecen frecuentemente en la Escritura como la "casa de" cierta persona. Leemos acerca de la *"casa de David"* (Isaías 22:22) o la *"casa de Isaac"* (Amós 7:16). Del mismo modo, ningún hombre del reino que sea serio camina por el pasillo para casarse y ya va planificando el divorcio. Ningún hombre del reino debería planificar nunca abandonar a sus hijos.

Familia: Los hombres del reino quieren impactar a sus hogares de tal forma que todo lo que tienen dentro crece para convertirse en creyentes en Cristo maduros y responsables.

En tercer lugar, construir una casa en la Biblia se puede referir a edificar un ministerio. Al templo en el Antiguo Testamento a veces se le llamaba la casa de Dios (ver Éxodo 34:26). A la iglesia en el Nuevo Testamento se le llama *"familia* [casa] *de la fe"* (Gálatas 6:10). Y Jesús se refirió al templo como la *"casa de oración"* (Mateo 21:13). El concepto de una casa a menudo está ligado a una influencia cultural con una base espiritual.

Iglesia: Los hombres del reino se interesan por la huella espiritual que están dejando con su vida.

Finalmente, edificar una casa puede significar enfocarse en construir una sociedad. A fin de cuentas, a Israel se le llamó la "casa de Israel". En nuestra historia contemporánea, hablamos del gobierno social que se lleva a cabo en la Casa Blanca o en la Cámara de Representantes. La casa denota lo que debe representar y supervisar la sociedad. Así, construir una casa es también edificar una comunidad que es íntegra y está unida y que beneficia a su ciudadanía.

Sociedad: Los hombres del reino se involucran en las entidades estructurales que gobiernan una tierra para influenciar la cultura para Cristo.

Los dos hombres de la parábola de Jesús soñaban con construir una casa. Por lo tanto, los dos hombres albergaban en sus corazones un deseo de desarrollo personal, influencia familiar, impacto ministerial y bien social. Querían una vida de importancia. Una familia que fuera fuerte. Un ministerio que fuera eficaz. Y una cultura que estuviera bien ordenada. Los hombres del reino no desean nada menos.

Lo segundo que estos dos hombres tenían en común era que vivían en el mismo barrio. Lo sabemos porque les afectó la misma tormenta. El pasaje nos dice que la lluvia cayó y las inundaciones llegaron, y el viento golpeó las dos casas.

Por razones de contexto, una tormenta en la Escritura se refiere a un conjunto de circunstancias adversas. Cuando la Biblia habla de una tormenta, el escritor quiere dar a entender eventos negativos que entran en una vida. Una tormenta connota problemas, tribulación y pruebas. Las tormentas quieren derribarte mental, emocional, física y espiritualmente. O bien estás en una tormenta, saliendo de una tormenta, o a punto de experimentar una tormenta. Esto se debe a que la vida está llena de problemas (ver Juan 16:33). Así son las cosas, y no estaría haciendo bien mi trabajo como maestro de la verdad si les dijera otra cosa.

Me encantaría escribir un libro, o tan solo un capítulo, y decir que seguir a Jesús significa que nunca lloverá. Sería estupendo predicar un sermón titulado "No hay tormentas para los que siguen al Salvador". Pero estaría mintiendo. Las tormentas arrasan ciudades, y por lo general, descargan lluvias, truenos y granizo, sobre todos y cada uno.

El otro día fui a mi buzón de correo y saqué las cartas. Al mirar la carta que había encima, me di cuenta de que simplemente estaba dirigida al "Residente". Traducción: "No nos importa quién viva ahí; tan solo queremos venderte algo". La última vez que lo revisé, las tormentas no venden nada, pero de forma similar no les importa quién viva en su camino de destrucción. No les importa cuánto ganas o lo que haces. El granizo es granizo, y dañará cualquier automóvil que se encuentre en su camino. El viento es viento, y destruirá cualquier edificio contra el que actúe su empuje ciclónico. La lluvia es lluvia, y cuando llueve torrencialmente no te pide permiso para hacerlo ni te pregunta cuál es tu nivel de relevancia.

Las tormentas nos afectan a todos, así como afectaron la visión compartida que tenían estos dos hombres de un mañana más brillante. Ambos hombres querían construir una casa, además de todo lo que representaba la casa. Ambos iban a hacerlo de dos formas distintas.

Lo tercero que los hombres compartían era que estaban escuchando la misma verdad bíblica. Como Jesús, la Palabra viva, estaba proclamando la Palabra escrita, estaban igualmente expuestos a la revelación divina. Así que no estaban siendo influenciados por información contradictoria.

DOS OPCIONES: TÚ DECIDES

La diferencia entre los enfoques de los hombres se nos cuenta en Mateo 7:24 y 26. Volvamos a leer estos dos versículos:

Un hombre prudente... edificó su casa sobre la roca.
Un hombre insensato... edificó su casa sobre la arena.

¿Captaste dónde está la diferencia? En los cimientos. El hombre prudente escogió el terreno sólido sobre el que edificar. El hombre insensato edificó su casa sobre la arena. Estos hombres escogieron cimientos drásticamente distintos sobre los que edificar el edificio de sus sueños, y obtuvieron con ello resultados totalmente distintos.

Nunca se empieza por la estructura. No se ponen primero las puertas y se colocan las ventanas. Siempre se empieza por los cimientos porque todo lo demás se edificará sobre su estabilidad. La capacidad de que todo se mantenga firme en medio de una tormenta descansa de lleno sobre la fortaleza de los cimientos.

Por lo tanto, ¿por qué edificaría el hombre insensato sobre la arena? Tenemos una pista en lo que leímos antes sobre las casas que se construyen cerca del río Yamuna. Leímos que los edificadores construyeron de forma rápida y barata para conseguir más beneficios. El insensato en esta historia de los dos hombres hizo lo mismo. Edificar sobre la arena es algo rápido porque no tienes que cavar en el suelo duro o la roca. No se tarda mucho en crear un castillo de arena, pero cuando edificas sobre la roca, tienes que excavar, trasladar y muchas más cosas. Todo eso aumenta tanto el tiempo como el costo.

Uno de los hombres estuvo dispuesto a invertir el tiempo y el gasto extra para edificar sobre unos cimientos sólidos. El otro no. Dejó que la avaricia hiciera el trabajo preparatorio, levantando su casa rápidamente y sin mucho costo. Por desgracia para él, se vino abajo con la misma rapidez que la había levantado, si no es que más rápido.

La historia de estos dos hombres de hace tanto tiempo atrás refleja una cacofonía de preguntas que muchos de nosotros también nos hacemos hoy. ¿Qué significa edificar una vida sobre unos cimientos sólidos? ¿Cómo creo algo duradero? ¿Cómo puedo impedir que se derrumbe? ¿Cuándo vendrá la tormenta? ¿Cuál es la furia de los vientos? ¿Debería construir muchos pisos? ¿Es mejor construir a lo ancho? ¿Debería ir en esta dirección o en aquella? ¿Esta carrera profesional o la otra? ¿Trabajar estas horas, o aquellas? Preguntas así aporrean la cabeza de los hombres como bolitas de granizo en una tormenta de verano. La carrera de locos nos tiene a todos corriendo en una rueda a veces, pero Jesús nos da la respuesta a todo esto y mucho más cuando nos dice que podemos decidir vivir como el hombre prudente o el insensato. Es sencillo:

A cualquiera que me oye estas palabras, y las pone en práctica, lo compararé a un hombre prudente.   (v. 24)

A cualquiera que me oye estas palabras y no las pone en práctica, lo compararé a un hombre insensato.   (v. 26)

Para empezar, Jesús asume una cosa. Asume que estás oyendo sus palabras. Pero oír nunca es exclusivamente la respuesta. Un corredor en el fútbol puede oír la jugada comunicada que marca que corra detrás del mariscal de campo para recibir el balón. Puede oírla claramente, pero si no la hace, si no ejecuta la jugada, esta probablemente será un fracaso. Nunca depende solamente de oír. Lo que engrandece a un hombre está siempre en el hacer (ver Santiago 1:22).

La diferencia entre unos cimientos fuertes y unos débiles no es la mera información. Tú puedes tener una licenciatura en información y seguir siendo un insensato. La diferencia reside en si sabes cómo aplicar y si estás aplicando la información que recibiste. Eso es sabiduría.

La Palabra de Dios no obra solo porque te emociones con ella cuando la lees. No funciona solo porque oíste un sermón o un *podcast* y te prendiste. Ni siquiera funciona porque pasaste algo de tiempo pensando en ello o escribiste un versículo en alguna red social. Todo eso está bien, pero si no se aplica, no experimentarás la plena manifestación de lo que se supone que debe hacer eso en tu vida. Escuchar la Palabra de Dios y no actuar con base en ella hace que un hombre haga poco más que malgastar su vida.

Cuando Dios hizo cosas espectaculares en la Biblia, siempre exigía a las personas mediante las cuales obraba que hicieran algo primero. Le dijo a Moisés que extendiera su vara y, cuando Moisés lo hizo, Él abrió el Mar Rojo. Le dijo a Josué que los sacerdotes entraran en el agua y, cuando los sacerdotes lo hicieron, entonces Dios retuvo las aguas del río para que no volvieran a su cauce. Jesús les dijo a quienes estaban ante la tumba de Lázaro que retiraran la piedra y, cuando lo hicieron, Él resucitó a Lázaro de los muertos. Les dijo a sus discípulos que llevaran lo que encontraran para comer. Cuando ellos lo hicieron, Él alimentó a los cinco mil con pan y sardinas (cinco panes y dos peces). Una y otra vez, Dios decía a una persona, o un grupo de personas, que hicieran algo que después activaría el poder de su Palabra.

La razón por la que muchos hombres no ven a Dios moverse milagrosamente en sus vidas es que Dios no los ve a ellos moverse y actuar en fe. Por cierto, asistir a la iglesia no cuenta como un acto de fe. Simplemente oír la Palabra nunca producirá la intervención sobrenatural de Dios en tus circunstancias. Hasta que Él detecte obediencia y alineación con lo que ha dicho, básicamente estás actuando por tu propia cuenta. La autoridad de Dios para superar obstáculos o hacerte avanzar en tus sueños se activa con la acción, no con la charla.

La sabiduría es tanto la capacidad como la responsabilidad de aplicar la verdad de Dios a las decisiones de la vida. Solo se puede identificar a un hombre prudente o a uno insensato por sus decisiones. No mediante las canciones que canta en la iglesia, ni tampoco mediante los versículos que cita. Muchos hombres saben cómo hablar en cristianés con fluidez, pero todo eso no significa absolutamente nada a menos que estés buscando resultados al alinear verdades espirituales con escenarios de la vida. La sabiduría bíblica es lo más práctico que puedes encontrar. Siempre está unida a las decisiones diarias basadas en lo que piensa una persona, dice y hace. Cuando te decides por Dios mediante tus acciones, activas la programación divina de la Palabra para que actúe por ti en cuanto a producir buenos resultados.

Por desgracia, demasiados hombres intentan mezclar la roca con la arena. Aplican un poco de verdad junto a un poco de mentira, pero mezclar roca y arena solo produce roca arenosa. No es algo sólido. Es lo que conocemos como "sabiduría humana". Es el punto de vista del hombre, que a menudo está basado en lo que tus padres o el sistema escolar te enseñaron, lo que tus amigos dicen, o incluso lo que pudieran decir los medios de comunicación; pero siempre que añades arena a la roca, obtienes el mismo resultado desastroso que obtendrías si añadieras un poco de arsénico a tu comida. Cuando haces eso, Mateo 15:6 dice que literalmente has cancelado el poder de la Palabra de Dios: *"Y así, por la tradición de ustedes, invalidan el mandamiento de Dios"*. Cuando llevas el punto de vista del hombre y lo adjuntas a Dios, y cuando contradices el punto de vista de Dios, invalidas el de Dios. Así, también puedes invalidar su fortaleza y su intervención divina en tu vida.

Por lo tanto, muchos de nosotros en verdad invalidamos eso que más necesitamos. Lo invalidamos al incluir una antítesis en la ecuación. La Escritura dice: *"Dios es siempre veraz, aunque todo hombre sea mentiroso"* (Romanos 3:4). Cuando Dios dice *A* y tú piensas *B*, Dios está diciendo: "No mezcles tu *B* con mi *A*". Cuando discrepas de Dios, la conversación que debes tener es contigo, no con Él. Tienes que decirte a ti mismo: "Oye, me estás mintiendo ahora, porque Dios dice esto y por lo tanto esto es cierto".

> **Cuando te decides por Dios mediante tus acciones, activas la programación divina de la Palabra para que actúe por ti en cuanto a producir buenos resultados.**

La manera más rápida de neutralizar tu llamado a la grandeza como hombre del reino es mediante la indecisión. Santiago 1:7-8 (NVI) no puede ser más claro: *"Quien es así no piense que va a recibir cosa alguna del Señor; es indeciso e inconstante en todo lo que hace"*. En otras palabras, que el hombre indeciso sepa que no conseguirá nada. Llevar la sabiduría humana a una revelación divina para tomar tus propias decisiones elimina la participación de Dios. Cuando mezclas las dos ideas mediante la indecisión, Dios da un paso atrás. Dependes ahora de ti mismo. De hecho, muchos hombres están anulando sus propias oraciones. Están negando la eficacia de sus oraciones al tomar decisiones edificadas sobre el terreno arenoso del pensamiento humano.

Esto me recuerda un desafío que enfrenté al aprender a montar a caballo. Lois y yo habíamos llevado a los niños a Pine Cove Camp en el este de Texas, y estábamos emocionados por montar a caballo. Yo imaginaba que sabía lo que se debía hacer. Había visto bastantes películas del Oeste, como *A sangre y fuego, Dos contra el destino* y *Bonanza*. Las había visto todas. Así que me subí al caballo e hice el *clic*, el sonido de *clic* con la boca, y después dije: "¡Arre, caballo!", y apreté con los talones.

El problema es que tenía un caballo afligido. Ese caballo no se movía. Cada vez que le daba con los talones, mi caballo daba unos pasos atrás y después unos pasos adelante. Así que llamé al adiestrador para pedirle otro caballo, porque eso obviamente tenía que ser culpa del caballo. Había visto películas del Oeste de sobra como para saber que eso no es lo que se supone que debe hacer un caballo. Pero el adiestrador sonrió y exclamó: "Este caballo no es perezoso, Tony".

Él le dio unos golpecitos al caballo y después volvió a mirarme. "No puedes decir: '¡Arre caballo!' y darle con los talones a la vez que tiras hacia atrás de las riendas. Estás confundiendo al caballo. Él no sabe si quieres que vaya hacia delante o hacia atrás, así que está haciendo las dos cosas".

En relación con lo anterior, muchos hombres asisten a la iglesia, o leen la Biblia, o asisten a un grupo pequeño, o incluso lo dirigen, y dicen: "¡Arre, Rey Jesús! ¡Avanza!", a la vez que están tirando hacia atrás de las riendas con el pensamiento humano. Después se preguntan por qué las cosas no van a ningún sitio en sus vidas. Es porque no se puede mezclar el hecho con la ficción y terminar con unos cimientos construidos sobre la sólida estabilidad de la verdad. Tus cimientos se vendrán abajo cuando llegue la tormenta o el tifón golpee contra ellos, infligirán daño sobre todo lo que haya alrededor. E incluso si evitas una o dos tormentas, tus débiles cimientos se mostrarán de otras maneras.

Al principio de nuestro matrimonio, Lois y yo hicimos un viaje a Italia y fuimos a ver la torre de Pisa. No había mucho que ver, para ser sinceros. Tan solo una pequeña torre inclinada, y mucha gente inclinándose también mientras miraban o sacaban fotos turísticas. Ya está. No me impresionó mucho. Supimos, eso sí, que se calcula que esa torre finalmente se desplomará a menos que se encuentre una forma de corregir la continua progresión de la inclinación.

También supimos por qué se inclina la torre. La razón está en el significado del nombre de la ciudad misma. *Pisa* significa "pantanoso". La torre se construyó sobre unos cimientos poco profundos de arena, barro y suelo pantanoso. Debido a las guerras y los conflictos militares, la construcción de esta torre tomó doscientos años, y desde entonces se ha estado inclinando. La ciudad alberga muchas torres, no tan altas ni tan famosas, que también sufren de inestabilidad de cimientos. El terreno arenoso hace eso. Te dejará con edificios inhabitables que solo valen para hacerles una foto.

Dios te creó para ser mucho más que una foto en las redes sociales. Él tiene un propósito para ti. Él tiene un sueño para que lo vivas, pero para despertar a todo tu potencial, tienes que comenzar sobre unos cimientos sólidos. Eso significa algo más que tan solo saber, estudiar o memorizar su Palabra. Tienes que ponerla en práctica. El poder de sus promesas permanece latente a menos que tu fe lo active mediante lo que haces. Tus cimientos determinan tu futuro.

Tus cimientos son la Palabra de Dios *aplicada*. No es solo la Palabra de Dios *conocida*. No verás la intervención de Dios a menos que Él vea tu obediencia a su verdad. Dios está esperando a que tomes tu lugar legítimo en este mundo. Está esperando que estés a la altura de la ocasión y asegures tu lugar de importancia en su reino manifestado en la tierra. Pero eso solo sucede cuando actúas plenamente, con fidelidad y sin indecisiones, según la dirección de su voluntad.

Ahora bien, no estoy sugiriendo que seguir a Dios te evite experimentar la tormenta. Algunas veces, si lo sigues como los discípulos que navegaron directos hacia la monstruosa tormenta en el Mar de Galilea, Él te llevará al ojo de la tormenta; lo que estoy diciendo es que, cuando decides vivir mediante su verdad, te involucrarás en la programación de su Palabra y serás testigo de su obra en medio de la tormenta. El hombre prudente de nuestra historia de dos hombres enfrentó la tormenta. No evitó el huracán que vino hacia él, pero lo aguantó. No sucumbió a él, porque había edificado su vida sobre los cimientos correctos.

Durante mi infancia en Baltimore, un año mi papá me regaló un saco de boxeo inflable para Navidad. Me encantaba ese saco de boxeo. Cada vez que lo golpeaba, se caía de inmediato al piso. Pero después, igual de rápido, se levantaba. Esa característica me permitía golpearlo una y otra vez, todas las veces que quisiera. Cada vez que golpeaba el saco de boxeo con todas mis fuerzas, tocaba el piso y volvía a ponerse en pie.

Una vez pensé que sería más listo y le daría una patada al saco. Solo quería ver lo que sucedería. Como te puedes imaginar, el saco de boxeo salió volando por la habitación. Primero, chocó con la pared, y después contra el techo; pero después regresó al piso. Y después de dar unos cuantos tumbos, volvió a su posición erguida original. No importaba lo que le hiciera a ese saco de boxeo, siempre volvía a recuperar su posición con esa sonrisa pintada en su cara. ¡Era como si la sonrisa se burlara de mí para que intentara derrumbarlo!

> **Dios está esperando a que tomes tu lugar legítimo en este mundo. Está esperando que estés a la altura de la ocasión y asegures tu lugar de importancia en su reino manifestado en la tierra.**

Pero la razón por la que nunca se quedaba tirado a pesar de mis esfuerzos por lograrlo era porque había un peso en el fondo del saco que era más pesado que la parte superior. Ese peso en la base hacía que el saco se pusiera erguido después de encajar los golpes que yo le daba.

Me gustaría concluir este capítulo diciéndote que nunca llegarán problemas a tu vida, pero no te estaría diciendo la verdad. Este mundo es un mundo caído. Vivimos en una atmósfera manchada por el pecado que nos afecta a todos. Quizá te golpeen. Quizá te derriben, y más de una vez. Satanás tiene un gancho bastante duro, pero lo que sí puedo decirte, a pesar de todo esto, es que, si edificas tu vida sobre el cimiento sólido de aplicar la Palabra de Dios a tus decisiones, te volverás a poner de pie. Vencerás. Mantendrás tu cabeza en alto. Sonreirás. Seguro que podría verse un poco torcida después de varios golpes, pero no pasa nada, porque cuando todo el infierno se desata, y a veces lo hace, lo sé de primera mano, si estás descansando sobre el cimiento adecuado, te mantendrás de pie.

CUATRO

EL SECRETO DEL ÉXITO

Estaba yo de pie rodeado de árboles gigantescos cuya existencia superaba la mía propia. Casi doscientos acres de extensas colinas, arroyos y pastos magníficamente cuidados se extendían delante de mí como el óleo puesto de forma impoluta sobre un lienzo. La imagen suscitaba emociones de asombro como pocas veces. Era como si hubiera entrado en otra tierra en una época distinta.

Mientras estaba allí de pie, el caos, el temor y la incertidumbre que afectaban nuestra cultura durante el inicio de la pandemia del coronavirus se desvanecían hasta casi desaparecer. Las dudas, el ruido y las charlas de que "el mundo se está terminando" se fundían a la deriva entre el claro cielo azul, como si la atmósfera misma los absorbiera.

Aquí, había paz. No había temor. No eran necesarias astutas maniobras o rápidos giros laterales para crear una distancia social. Los casi 160 acres nos aportaban mucho espacio a los que estábamos allí. Nadie tenía que esquivar a nadie. Ahora bien, no quiero decir con esto que nadie tuviera que esquivar ninguna bola.

Todos realizábamos nuestras actividades disfrutando de la energía renovada que viene de experimentar la naturaleza, una buena compañía, y un partido de golf estupendo.

Que yo estaba de pie a menos de quince kilómetros del corazón de la ciudad de Dallas nunca se me cruzó por la mente. La construcción, el ruido y los choques culturales de la ciudad no tenían efecto alguno aquí.

En este lugar, las cosas eran calmadas. Positivas. Prósperas. Poderosas. Yo respiraba todo eso profundamente. Necesitaba un descanso de las constantes demandas que la crisis me había echado encima.

Aunque no soy golfista, mis emociones enseguida se subieron a una especie de montaña rusa mientras me subía a un carrito para cruzar el horizonte. Primero, sentí una gran satisfacción al saber que la semilla que Dios había puesto en mi espíritu hacía casi veinte años atrás, ahora se desarrollaba delante de mis ojos. Sentí una sensación de plenitud al asimilar la realidad de que algo por lo que había estado orando y que le había pedido a Dios que me diera, había sido suplido. Finalmente habíamos comprado el Golf Club de Dallas como una iniciativa de desarrollo de negocios para mantener la comunidad fuerte alrededor de la iglesia, un sueño que había tenido desde hacía mucho tiempo. También sentía dignidad, reconocía que el gobierno del racismo ya no tenía impacto en este lugar.

El último campo diseñado por Perry Maxwell antes de su muerte, y terminado por su hijo Press a principios de 1950, tiene una dura historia. Los terrenos asombrosos y bien conservados, alineados con arroyos que fluyen, y puentes por debajo de una carpa de pasto atraían mucho la atención en su tiempo. Hoyos cuidadosamente diseñados consiguieron los aplausos de los amantes del golf en toda la nación al albergar el Byron Nelson Classic en el torneo PGA Tour durante muchos años.

Como mencioné, esta visita fue durante las primeras etapas de la pandemia global de COVID-19. Muchos de los campos privados de golf del corazón de Dallas han permanecido cerrados incluso después de que el condado de Dallas levantara la orden que declaraba los campos de golf como "actividades esenciales al aire libre". Pero este campo volvió a abrir y, como resultado, había varios individuos disfrutaban del ejercicio, la compañía y los rayos del sol, mientras permanecían estratégicamente espaciados.

Rápidamente observé mientras conducía que casi todas las personas que veía en el campo eran de raza blanca. Esto podía deberse a que los demás campos de golf en Dallas seguían cerrados un poco más de tiempo, con lo cual la gente que normalmente no vendría a este campo había venido. Este club por lo general tiene más diversidad. Pero, ese día, yo era prácticamente toda la diversidad étnica en cuanto a representación racial se trataba. Pintaba un dibujo que me trajo recuerdos de un pasado doloroso.

Me recordó cuando Lois y yo nos mudamos cerca de este campo hace más de treinta años atrás. Nos habíamos mudado a nuestro hogar más modesto en el sur de Dallas en un tiempo en el que a los afroamericanos no se les permitía jugar en el campo de golf. Aunque podíamos ver los greens desde la puerta de nuestra casa, sabíamos que no podíamos entrar. Ciertamente no podíamos comer en el restaurante o celebrar un evento en la decorada sede del club. De hecho, no fue hasta cerca de 1990 cuando este campo admitió a su primer miembro de color.[1] Sí, dije bien, 1990.

Bueno, 1990 fue mucho antes que el Dallas Country Club en el norte. Ellos no abrieron su membresía hasta 2014, e incluso cuando lo hicieron, incluyeron una cláusula que parecía más bien una condición para algunos. El presidente, Ray Nixon, dijo esto del afroamericano al que admitieron como nuevo miembro, lo describía como "un individuo y amigo excepcional".[2] Es casi como si fuera una necesidad sentida que tuviera que poner las manos en el fuego por él. No creo que otros miembros necesitaran etiquetas que les declararan como "excepcionales" para poder entrar. Pero este es el contexto de la cultura que tenemos entre las manos.

Debido a la naturaleza intrínseca del racismo y el efecto global que deja en los que quedan atrapados en su red, era difícil no tener esos pensamientos mientras recorría el campo aquella mañana. Mis emociones enseguida me imitaron, como una bola golpeada de manera perfecta hacia el hoyo. Lo que anteriormente habían sido sentimientos de satisfacción y éxito, ahora habían descendido a las oscuras sombras de la tristeza. Al instante me sentí herido. Roto. Solo. Incluso decepcionado.

Las lágrimas se formaron primero en mi corazón y después amenazaban a mis ojos. ¿Cuántas veces habíamos orado Lois y yo porque un día pudiéramos comprar este campo de golf para la comunidad y la estrategia de desarrollo económico del ministerio? Este campo rentable estaba programado para recuperar la inversión en solo unos años, lo que permitiría invertir las ganancias en futuros esfuerzos de alcance, como nuestro sueño de tener un centro de salud dirigido específicamente a tratar los riesgos y las necesidades de salud de las minorías.

Lois sabía que yo a menudo iba a sentarme en los escalones del Centro Cristiano de Educación de nuestra iglesia, que estaba solo a unos metros de la valla del campo de golf. Miraba el campo y oraba, pidiéndole a Dios que nos lo concediera. Debo haber ido a orar allí más de cien veces en la última década. Mi visión de preservar áreas urbanas como un modelo para el desarrollo comunitario en toda la nación se había cumplido en muchos aspectos y en muchos acres, pero este campo siempre había sido una parte escurridiza de ese plan. Hasta ahora.

El éxito espiritual a menudo requiere desarrollo, batallas espirituales, maduración, y épocas de desierto durante el camino.

Recordaba esas conversaciones que teníamos Lois y yo, hablando de que creíamos que Dios lo convertiría en realidad algún día. Sonreíamos al pensar que un campo de golf que antes negaba la participación de los negros fuera propiedad de un ministerio dirigido por personas de color. Pensaba en cómo Lois me había animado a avanzar para conseguir este campo solo unas semanas antes de su muerte. Con muy poca fuerza ya, me dijo: "Tony, Dios me dijo que deberías ir adelante con esta adquisición".

Ahora, mientras conducía solo en el carrito, recordaba ese momento. Recordaba su entusiasmo y sus lágrimas cuando lo decía. Y se me vino el mundo abajo. Quería que ella hubiera experimentado esto conmigo. Quería que ella hubiera visto esto. Quería que ella celebrara lo que Dios había hecho al cambiar lo que antes me parecía una deshonra social por un éxito espiritual.

Pero Dios no planeó las cosas así, y me tocaba a mí aceptar eso. Tenía que trabajar en mi dolor, sí, pero también aceptar que en esta vida se puede tener gozo y tristeza simultáneamente. De hecho, suele ser así, especialmente en tiempos de éxito. Muchas veces, el verdadero éxito espiritual viene enfatizado con una cláusula de dolor de vida. Se debe a que el éxito espiritual a menudo requiere desarrollo, batallas espirituales, maduración, y épocas de desierto durante el camino.

La razón por la que hablo de este aspecto crítico es porque siento que muchos hombres no visualizan el éxito como realmente es. Lo visualizan como algo que culmina en fuegos artificiales, pompa y un gran estadio resonando en aplausos. Por desgracia, esa expectativa hace que estos hombres se pierdan el éxito cuando llega. Como resultado de no reconocerlo, terminan persiguiendo la próxima gran cosa, y después la otra.

Muchos de los hitos de éxito en nuestras vidas pueden que sean agridulces, después de todo. Se debe a que vivimos en un mundo quebrado y manchado por el pecado y sus efectos, pero a menos que nos demos cuenta de cómo es el verdadero éxito y reconozcamos lo que es el éxito espiritual, puede que terminemos en una búsqueda interminable de algo que ya hemos obtenido en muchos aspectos.

DEFINIR EL ÉXITO

Antes de seguir avanzando, permíteme definir el éxito. En lo espiritual, éxito es cumplir el propósito de Dios para tu vida. La definición bíblica de éxito significa vivir el propósito dado por Dios. En la cultura de nuestro tiempo, hay varias descripciones erróneas de lo que significa tener éxito. Algunas personas suponen que el éxito está vinculado a cuánto dinero tiene una persona. Otros lo basan en lo alto que llegas en la escalera de tu carrera profesional. Cada vez más en nuestros días, el éxito se define por cuántos seguidores tienes en las redes sociales o cuántos *"likes"* recibes. Pero el problema con todas estas suposiciones es que no están basadas en el estándar de éxito de Dios.

Jesús nos dio la definición de éxito cuando le dijo a su Padre: *"Yo te he glorificado en la tierra; he acabado la obra que me diste que hiciera"* (Juan 17:4).

Pablo dijo lo mismo de un modo diferente cuando escribió estas palabras: *"He peleado la buena batalla, he acabado la carrera, he guardado la fe"* (2 Timoteo 4:7).

De hecho, Dios le dijo a Josué que su éxito estaba basado por completo en su meditación atenta de la Palabra de Dios, combinado con el alineamiento de sus decisiones y acciones con base en ella (ver Josué 1:8). El éxito conlleva cumplir lo que Dios te ha llamado a hacer.

Todos quieren ser un éxito. Nadie busca fracasar. Y aunque ninguno de nosotros puede volver atrás y deshacer los errores del ayer, cada uno de nosotros tiene la opción de llegar a ser exitoso partiendo de hoy. Podemos comenzar el viaje o continuar el viaje de cumplir el destino que Dios tiene para nosotros como hombres del reino.

Dios nos da el secreto para vivir una vida de éxito en Salmos 25:14 cuando comparte con nosotros a través de David: *"El Señor es amigo de quienes le temen, y confirma su pacto con ellos"*. Conocer el pacto de Dios es conocer su favor y sus bendiciones, porque el pacto de Dios está expresamente unido a su cobertura. Colócate bajo el gobierno de pacto y relacional de Dios y experimentarás el éxito espiritual. Pero hay una condición para el éxito, según revela este secreto. Solo puedes conocer el pacto de Dios si tienes temor de Él. Existe un escenario de causa y efecto para alcanzar el éxito espiritual.

Permíteme cambiar las palabras del Salmo 25:4 al invertir su orden para que quede más claro:

Si no temes al Señor, no confirmará su pacto contigo.

Temer a Dios te lleva a conocer los secretos del pacto. Los secretos del pacto conducen al éxito espiritual. Si no temes a Dios, el camino hacia el éxito personal seguirá siendo un secreto, pero revelar este secreto te da acceso al pacto, es como abrir una puerta para entrar a un tesoro.

Un pacto es una relación espiritualmente vinculante ordenada por Dios mediante la cual Él avanza su reino. Es el mecanismo mediante el que Él lleva a cabo sus propósitos, sus metas y su agenda. Es un arreglo de una relación, no meramente un contrato oficial.

Si estás casado, sabes lo que es tener secretos que solo compartes con tu cónyuge. Otras personas tienen cosas generales que discutir contigo, pero como pareja, a menudo comparten sus esperanzas y pensamientos más íntimos el uno con el otro. Estas son las cosas ocultas accesibles mediante la naturaleza de la relación matrimonial de pacto. De hecho, los secretos a menudo son tan valiosos y guardados que se dicen en susurros. Tienes que estar cerca, no solo relacionalmente sino también en lo físico para compartir secretos.

Hombres, tener acceso al pacto de Dios al temerlo a Él permite conocer sus secretos. Te hace estar lo suficientemente cerca de Dios como para oír sus susurros. Dios revela sus propósitos y promesas para tu vida cuando estás lo suficientemente cerca de Él.

En el fútbol todo se mide por la localización del balón. Un primer tiempo comienza donde se haya colocado el balón. Un ensayo depende de si el balón cruzó el plano de la línea de anotación. Una anotación de campo es cuando el balón pasa entre los dos postes. Una recepción se produce si el receptor atrapa el balón. Si el receptor intenta atrapar el balón y después se le cae, el equipo tiene que ir de nuevo donde estaba el balón al inicio de esa jugada. Todo se mide por la presencia y la relación que marca el balón. Esa realidad determina todo lo que ocurre en el juego, especialmente el resultado del partido.

De forma similar, tu relación con el pacto determinará cuánto experimentas de Dios, ya sea mucho o poco. Determinará cuán lejos y cuán rápido avanzas en la vida. Determinará si marcas o si tienes que seguir pateándole el balón a alguien. Lo más importante es que determinará tu nivel de éxito: si ganas o si pierdes. Tu nivel de éxito tiene que ver con tu conexión con el pacto.

A menudo cuando viajo por el ministerio, mi hijo Jonathan me acompaña. Como he volado con American Airlines por muchos años, me he ganado el privilegio de subir de categoría a primera clase gratis cuando hay asientos libres. No solo eso, sino que American Airlines hace que este beneficio sea también para la persona que viaja conmigo. Se llama una "actualización de acompañante". Como exjugador de futbol destacado y no precisamente pequeño de estatura, ¡Jonathan aprecia mucho esto! Por la relación que mantiene conmigo, consigue mucho espacio para las piernas en el avión.

Pero nos topamos con un problema en un viaje reciente cuando fui al mostrador para cambiar nuestros asientos. Pude actualizar mi asiento, pero no el de Jonathan. Le expliqué a la señorita del mostrador que era mi hijo, que viajaba conmigo; pero ella me dijo rápidamente que no importaba si volaba conmigo porque no había sacado su billete con el mío. En este viaje en concreto, Jonathan había sacado su billete en otro momento distinto a cuando yo saqué el mío. Una actualización de acompañante solo funciona cuando los billetes se compran a la vez y se procesan juntos.

Yo me quedé allí de pie sorprendido. A fin de cuentas, es mi hijo. Intenté ese enfoque otra vez, pero ella me dijo igual de rápido que, aunque fuera mi hijo legalmente, no es mi compañero relacionalmente en ese viaje en concreto. Así, no se le pudo conceder la actualización que yo quería darle. Como Jonathan no estaba vinculado a mí, tuvo que ir estresado en clase turista, incómodo cuando menos.

Hombres, quizá han aceptado a Jesucristo como su Salvador personal, y quizá se han convertido en hijos del Rey por el renacimiento espiritual, pero si no están conectados por la relación del pacto, mediante el temor de Dios, no reciben la actualización para conseguir todos los beneficios. El secreto del éxito está disponible mediante una conexión llamada santificación, no meramente mediante la justificación legal. Sí, aún vas de camino al cielo en virtud de tu nuevo nacimiento como hijo del Rey, pero a menos que estés íntimamente conectado con Dios relacionalmente, en la misma página del pacto mediante el temor de Dios, no conseguirás la actualización. Cuando esa cortina se cierra detrás de esa comida que huele tan bien en la primera clase, tú te quedarás con el resto en clase turista.

Sin estar conectado al pacto, la cortina sigue cerrada tan firme como una puerta con cerrojo. Dios está mirando para ver si lo tomas en serio antes de entregarte una llave. Es el temor del Señor lo que te da el privilegio y el acceso legítimo a las bendiciones que hay detrás de la cortina.

TESOROS DE MUCHOS TIPOS

Así que eso plantea una pregunta: ¿Cuáles son las bendiciones que hay detrás de la cortina? ¿Qué nos seduce que es tan penetrante y sustantivo que quisiéramos ir tras ello? Podemos vislumbrar un poco de lo que hay detrás para cada uno de nosotros en Isaías 33:6 (NVI): *"Él será la seguridad de tus tiempos, te dará en abundancia salvación, sabiduría y conocimiento; el temor del Señor será tu tesoro".*

Temer a Dios te da pleno acceso nada menos que al tesoro mismo. De hecho, vemos en el versículo que acabamos de leer que hay tesoros de muchos tipos. Por una parte, "la seguridad de tus tiempos". Este tesoro te ofrecerá fortaleza cuando las cosas deberían ser inestables. También te dará provisión en tiempos de sequía. En el tesoro del pacto de Dios tienes todo lo que necesitas para pasar por tiempos de sequedad.

Te puedo decir de primera mano que entiendo lo que significa tener a Dios mismo como mi seguridad. En los meses que siguieron a la pérdida de mi compañera de vida en el matrimonio, Lois, no siempre supe qué camino tomar. Una vez en particular entré a nuestra casa después de haber estado en la oficina todo el día y rompí a llorar en cuanto crucé el umbral de la puerta. La ocupada agenda del día me había permitido tener algo de respiro de mi dolor al estar distraído, pero cuando llegué a casa, la ausencia de Lois se me vino encima, aplastándome como una tonelada de ladrillos, derrumbándome en emociones lleno de soledad y pérdida. Lloré probablemente durante minutos, pero me parecieron horas. La extrañaba. Extrañaba su sonrisa y el sonido de su voz saludándome como lo había hecho durante casi cinco décadas de nuestro tiempo juntos.

Y, sin embargo, en medio de todas esas emociones y batallas de cada día (había muchos días que no quería levantarme de la cama), me apoyé en Dios y busqué su fuerza. Y Él me la daba sin fallar. Déjame darte un ejemplo. En mi primer viaje solo para filmar un estudio bíblico después de que Lois se había ido, las lágrimas amenazaban con recorrer mis mejillas mientras caminaba por los pasillos del aeropuerto yo solo. Habíamos ido juntos a estos viajes de producción de estudios bíblicos en el pasado. Era una manera fantástica para mí de trabajar mientras seguíamos juntos y veíamos la bonita naturaleza de Dios en varios lugares.

Pero este viaje era distinto. Lois había partido para estar con el Señor hacía solo seis semanas atrás. Yo accedí a ir al viaje a filmar el estudio porque sabía que Dios se encontraría conmigo en el camino y que la sanidad viene en los tiempos de búsqueda, no solo en tiempos de enojo. Sin embargo, mientras caminaba solo esa primera vez, con mi equipaje en mano, las lágrimas brotaban en mi alma. Suspiré, pero Dios se encontró conmigo allí mismo como solo Él podía hacerlo.

Resultó que una pareja en el aeropuerto, a quien no conocía, me reconoció y se acercaron para presentarse y saludarme. Habían oído de la pérdida de Lois y dijeron que solo querían darme un abrazo. Esto fue antes del coronavirus, ¡cuando los abrazos aún eran parte de nuestra vida! También dijeron que sintieron que el Señor les decía que oraran por mí. Así que allí mismo, en el aeropuerto, oraron.

Pude sentir al Espíritu de Dios levantando mi corazón y mi mente del pozo en el que me había metido. Cuando terminaron de orar, había recuperado mi vigor. Nada más había cambiado. Aún era mi primer viaje solo a filmar un estudio bíblico sin que el amor de mi vida estuviera conmigo, pero a pesar de los retos que me esperaban, Dios me estaba recordando que Él sabía cómo ayudarme. Y lo hizo.

Hombres, Dios puede ayudarlos en cualquier cosa que estén enfrentando, pero primero necesita despertarlos del sopor del yo para perseguir proactivamente una relación íntima con Él. Ese despertar de la hombría bíblica solo puede tener lugar cuando aprendemos a temer a Dios, lo cual nos lleva a una pregunta importante: *¿Qué significa temer a Dios?* Hablé un poco de ese tema en mi libro *Un hombre del reino*, pero quiero darte un recordatorio fundamental aquí, ya que gran parte de nuestro éxito como hombres reside en este principio.

PODER BAJO CONTROL

No voy a darte una definición teológica larga y extensa que podría sonar bien pero que no te aporte mucho entendimiento. Más bien, permíteme tan solo hablarte de hombre a hombre. Te daré el resumen: temer a Dios significa tomarlo en serio.

Temer a Dios funde dos conceptos. Uno conlleva tener miedo de algo, y el otro es asombrarte de ello. Temer a Dios no es o lo uno o lo otro, sino una convergencia de ambos. Cuando los mezclamos, tener miedo y asombrarte se traduce en una vida que toma a Dios en serio. Esto es lo opuesto a tomarse a Dios a la ligera, claro está.

Por desgracia, muchos hombres toman a Dios a la ligera. Lo que hacen es poner un poco de glaseado sobre su religión y lo dan por finalizado. Van a la iglesia, llevan su Biblia, hacen sus oraciones en público, hacen devocionales, tachan esa lista de cosas llamadas "espirituales" para dar la impresión de estar tomando a Dios en serio. Quizá incluso convencen a otros de que se están tomando a Dios en serio, pero Dios nunca mira de fuera hacia adentro. Dios mira tu corazón (ver 1 Samuel 16:7). Un hombre que teme a Dios entiende esto. Un hombre del reino se da cuenta de que a Dios no se le engaña. Hay que honrarlo desde el corazón. Honrar auténticamente a Dios es algo que se produce al alinear nuestras decisiones con su reinado extenso.

Otra forma de ilustrar la combinación de temor y asombro se produce en algo que hacemos todos: conducir. Conducir se ha convertido en una forma normal de desplazarnos, pero ¿alguna vez te has detenido a pensar en el poder que hay en un automóvil? Sin entrar en los detalles de la física, permíteme dar un ejemplo bastante simple. Se dice que si estrellas el automóvil mientras conduces a 100 km/h, es la misma fuerza que experimentarías si te tiras con el automóvil desde un edificio de doce pisos.[3]

Ahora bien, la mayoría de nosotros, si condujéramos un automóvil sobre un edificio de doce pisos, tendríamos una precaución extrema. Sin embargo, muchos de los que conducimos por la carretera distendidamente a 100 km/h dejamos vagar nuestra mente mientras lo hacemos. La razón por la que prestamos más atención cuando estamos encima del edificio es que podemos ver el resultado final si nos precipitamos al vacío; por consiguiente, nos tomamos nuestra conducción en serio. Pero como nos hemos acostumbrado tanto a conducir por las autopistas a 100 km/h, muchos no nos detenemos a considerar cuán peligroso es realmente. Los accidentes de tráfico son la octava causa de muerte a nivel global, superada solo por problemas graves relacionados con la salud.[4] Además, se dice que hasta el 50 por ciento de los accidentes se deben a despistes en la conducción.[5] En esencia, se deben a que la gente no se toma la conducción en serio. Distraerse mientras se conduce no es un juego al que deberíamos jugar. En cuanto apartas la atención de la carretera, donde debe de estar, un choque puede declarar en voz alta: "Juego terminado".

En otras palabras, hay límites en cuanto al uso de un vehículo muy potente, y esos límites se honran mediante lo que hacemos. De hecho, incluso les decimos a nuestros hijos y nietos cuando tienen la edad suficiente para conducir que tienen que honrar esos límites. Nos tomamos la conducción en serio.

Sin embargo, demasiados hombres entienden cómo tomarse la conducción en serio, pero no tienen ni idea de cómo hacer lo mismo con Dios. Quieren los beneficios de Dios sin los límites de un temor y reverencia adecuados de Él. Tratan a Dios como al policía que ven por el espejo retrovisor. Él afecta lo que hacen cuando se les acerca, quizá en la iglesia o en un grupo pequeño, pero al salir del cristianismo cultural, vuelven a pisar a fondo el acelerador.

Es fácil temer a Dios cuando estás en la iglesia, afectado por su presencia. Las canciones, la predicación y la comunión, todo ello contribuye a una cultura de reverencia. Pero cuando vas a tu mundo cotidiano, puede resultar algo más difícil. Parece entonces que muchos hombres ya no son influenciados por la perspectiva de Dios. La vida continúa de manera informal, con solo una visita a Dios de vez en cuando.

Temer a Dios conlleva algo más que sentimientos producidos por una visita rápida. Claro, los sentimientos pueden ser buenos y pueden surgir durante una reunión el domingo en la mañana o mientras lees un gran libro, pero los sentimientos no son la medida del compromiso de un hombre. La medida del corazón del hombre se revela mediante lo que hace. Un hombre del reino demuestra con sus pies que teme a Dios. Temer a Dios conlleva tu movimiento, no solo tus emociones.

Sin importar lo mucho que tu hijo o tu hija te diga que te ama, si hace lo contrario de lo que le pides, realmente no te está demostrando que te ama. No te está honrando al no tomarse tus peticiones y deseos en serio. Quizá tenga la emoción de una forma de amor, pero también tiene las acciones de la rebeldía.

Muchos de los hijos de Dios tienen las emociones de una forma de amor por Dios. Levantan sus manos y muestran la reacción visible y física de amar a Dios en entornos concretos. Pero cuando toman decisiones en sus vidas terminan moviéndose en oposición a la voluntad revelada de Dios en lugar de ir hacia ella. En otras palabras, están viviendo en rebeldía.

Temer a Dios conlleva tu movimiento, no solo tus emociones.

¿Qué le dirías a un jugador de básquet que sigue corriendo hacia la canasta contraria mientras bota el balón? Probablemente le dirías que se sentara en el banquillo. Como entrenador, no tendrías tiempo para eso.

Por fortuna, Dios no existe en el tiempo y no está atado por las limitaciones lineales que tenemos nosotros. Él tiene todo el tiempo del mundo, y algo más, y Él no nos expulsa del equipo por correr en dirección contraria. Dios entiende que ninguno de nosotros es perfecto, y que no damos la talla (ver Romanos 3:23). Sin embargo, eso no hace que nuestra rebeldía sea menos seria de lo que es. La paciencia de Dios no se traduce en un pase para seguir con un poder descontrolado. La paciencia de Dios se traduce en más tiempo para que crezcamos.

ABRIR LA PUERTA

Raro es el hombre que se levanta de la cama en la mañana, listo para enfrentarse al mundo. Por lo general, necesita una taza de café o algo de tiempo para ajustarse a pasar de haber estado totalmente dormido a estar totalmente despierto. Del mismo modo, al despertarte a la hombría bíblica, será bueno que busques el crecimiento espiritual y la madurez que se desarrollan con el tiempo. Es un proceso que requiere dedicación y compromiso. Y según vas creciendo al aplicar consistentemente la Palabra de Dios a tus decisiones, mientras dependes del Espíritu Santo para que empodere esas decisiones, hay tres cosas que puedes esperar en el tesoro escondido del pacto:

Guía
Prosperidad
Legado

Leemos sobre estas tres cosas en Salmos 25:12-13 (LBLA), los dos versículos previos al que vimos al principio de este capítulo con respecto al pacto.

¿Quién es el hombre que teme al Señor?
Él le instruirá en el camino que debe escoger.
En prosperidad habitará su alma,
y su descendencia poseerá la tierra.

Como puedes ver, el primer beneficio que recibes al despertar a la hombría bíblica al temer al Señor es guía espiritual. Dios mismo te mostrará el camino que debes escoger. Es difícil equivocarse cuando tienes instrucción y dirección divinas.

Muchos de nosotros estamos espiritualmente tan perdidos como una cotorra. No sabemos cuál es el mejor camino. No sabemos cómo tomar buenas decisiones. Un montón de malas decisiones te alcanzarán más rápido que lo que tarda el receptor Tyreek Hill en correr hasta la zona de anotación. Si estás tomando constantemente malas decisiones y después le pides a Dios que bendiga esas decisiones erróneas, terminarás en el camino erróneo.

Uno de los mayores beneficios de la hombría bíblica es que Dios te dirá el camino por el que debes andar para vivir una vida de éxito.

El rey David fue un guerrero exitoso, aunque creció cuidando ovejas, lanzando piedras y tocando instrumentos. David no asistió a ninguna escuela militar, pero sabía quién estaba al mando. Y por eso, David ganó

sus batallas y guerras (ver 1 Crónicas 18:1). Un aspecto crítico del liderazgo militar de David y de su victoria llegó a través de su consciencia y
su disposición a buscar la guía de Dios. Ninguna otra narrativa bíblica
contiene más preguntas a Dios que la de David. Cada vez que él pedía
conocer la voluntad y los caminos de Dios, recibía una respuesta. Leemos
una y otra vez:

*Éste fue y consultó al Señor. Le preguntó: «¿Puedo ir y atacar a los
filisteos?» Y el Señor le respondió: «Sí, atácalos y libera a los habitantes de Keila».* (1 Samuel 23:2)

*David volvió a consultar al Señor, y el Señor le dijo: «Date prisa y ve
a Keila, porque yo pondré a los filisteos en tus manos».* (1 Samuel 23:4)

*¿Van a ponerme en sus manos los habitantes de esta ciudad?
¿Realmente va a venir Saúl, como me han dicho? Señor, Dios de
Israel, yo te ruego que me digas si esto va a suceder.» Y el Señor le
dijo: «Así es. Saúl va a venir».* (1 Samuel 23:11)

*Y David volvió a preguntarle: «¿Nos van a entregar los habitantes
de la ciudad, a mí y a mis hombres, al poder de Saúl?» Y el Señor
respondió: «Sí, los van a entregar».* (1 Samuel 23:12)

*Y David consultó al Señor. Le preguntó: «¿Debo perseguir a esa
banda de malvados? ¿Podré darles alcance?» Y el Señor le dijo: «Ve
tras ellos, porque les darás alcance y podrás liberar a los cautivos».* (1 Samuel 30:8)

*Después de la muerte de Saúl y Jonatán, David fue a consultar al
Señor y le preguntó: «¿Debo ir a alguna de las ciudades de Judá?»
Y el Señor le dijo que sí, pero David volvió a preguntarle: «¿Y a qué
ciudad debo ir?» Y el Señor le dijo: «Ve a Hebrón».* (2 Samuel 2:1)

*Entonces David fue y le preguntó al Señor: «¿Debo atacar a los filis-
teos? ¿Los pondrás en mis manos?» Y el Señor le respondió: «Ve y
atácalos, porque los voy a poner en tus manos».* (2 Samuel 5:19)

Entonces David consultó al Señor, y el Señor le dijo: «No ataques de frente. Rodéalos, y atácalos frente a los árboles de bálsamo. Atácalos cuando oigas sobre las copas de los árboles un ruido como de un ejército en marcha, porque el Señor se pondrá en la vanguardia y herirá de muerte al ejército filisteo». (2 Samuel 5:23-24)

En esos días hubo una hambruna que duró tres años seguidos. David consultó al Señor por esto, y el Señor le dijo: «De esto tienen la culpa Saúl y su familia de asesinos, pues mataron a los gabaonitas».
(2 Samuel 21:1)

Nueve veces David consultó a Dios. Nueve veces Dios le dio dirección en cuanto a qué hacer. Como resultado, David se mantuvo fuertemente posicionado para aniquilar a sus enemigos y redimir a su pueblo de la muerte segura. David, un hombre del reino conforme al corazón de Dios, entendió el valor de este tesoro llamado guía. Él temía a Dios, lo cual le permitió seguir a Dios con mayor plenitud.

La vida está llena de decisiones. El problema con muchas de nuestras decisiones es que no podemos ver lo que hay al otro lado de la esquina. Es como estar en una autopista con muchas curvas y donde no eres capaz de ver lo que hay después de la siguiente curva. Tienes que ir despacio porque no sabes hacia dónde te puedes dirigir. La vida está llena de incógnitas.

Pero por esa razón David hizo una oración que todos deberíamos hacer como hombres del reino: *"Señor, dame a conocer tus caminos; ¡Enséñame a seguir tus sendas!"* (Salmos 25:4). Este no es un solo un buen versículo para decirlo un domingo. Es un ruego pidiendo un plan de juego. Es un clamor por conocer la próxima llamada. Si fueras un jugador de fútbol que ha conseguido llegar al Súper Tazón, ¿tendría algún sentido jugar por tu cuenta? ¿Tendría sentido darle gracias al entrenador por llevarte hasta ahí y después optar por hacer tus propias jugadas?

No tienes que responder a estas preguntas porque ambas son retóricas. Aun así, a menudo hacemos eso con Dios. Él comienza a abrirnos puertas y a llevarnos a nuestros destinos, y nosotros le damos una palmadita en la espalda y le damos gracias por llevarnos hasta allí. "Ya puedo continuar yo solo, Dios", le decimos, mientras caminamos hacia nuestros propios planes y trazamos nuestras jugadas.

Conocer los caminos de Dios y que Él te muestre sus caminos no tiene que ver con pedir más versículos para memorizar. No se trata de pedir otro estudio bíblico en el que participar. David necesitaba una respuesta personal para sus situaciones y batallas, cada vez, para poder ganar. Muchas veces, era cuestión de vida o muerte, no solo para David sino también para los que tenía bajo su cuidado.

Tú y yo también necesitamos la guía de Dios. La guía de Dios nos ayuda a entender cómo aplicar la sabiduría de la Escritura a nuestras situaciones personales. Tiene que ver qué camino escoger. ¿Qué carretera deberías tomar? ¿Hay una calle lateral mejor? ¿Deberías detenerte hasta que las cosas se aclaren más adelante? La guía de Dios puede ser muy específica cuando estás lo suficientemente cerca para oír su voz.

En el fútbol tenemos un reglamento de la NFL que viene de la oficina de la liga en Nueva York. Contiene las reglas para participar para los treinta dos equipos. Así es como son las cosas y como seguirán siendo. Estas reglas no se ajustan ni cambian según la ciudad en la que estés o quién pueda ser el oponente. Son los estándares bajo los que toda la liga intenta funcionar. Es el mismo estándar para todos. Los equipos no inventan ciertas reglas para otros equipos.

Pero, aunque hay solo un reglamento, hay treinta y dos manuales de estrategias distintos. Esto se debe a que cada equipo tiene sus propias jugadas. Cada entrenador dirige a su equipo según su manual. Ahora bien, los manuales deben ser coherentes con el reglamento y alinearse según sus reglas, pero aun así pueden ser únicos para el equipo que los usa.

Además, la maximización del manual se ajusta con base en el oponente o incluso al progreso del juego mismo. El entrenador puede que haya escogido cierto estilo de juego según el manual del equipo; pero si su equipo pierde rápidamente, hará algunos ajustes, lo adaptará, buscará otros aspectos de su manual y marcará jugadas distintas. O al menos debería hacerlo porque, en un partido de fútbol, como en la vida, las cosas cambian. Las expectativas quizá se frustran. Los jugadores se pueden lesionar. El oponente quizá cambia las cosas para jugar contra ti. Sin embargo, a pesar de los cambios, un buen manual estratégico permitirá que un equipo se ajuste para buscar el tesoro de llegar hasta lo más alto.

Dios nos ha dado un reglamento, que es su Palabra, la cual establece el estándar dentro del que nosotros, como hombres del reino, debemos jugar este juego llamado vida. Pero Él también nos da a cada uno nuestro manual de juego, el cual somos libres de cambiar, adaptar y asentar como guía para conseguir la victoria al margen de los cambios y giros que se puedan producir. Pero tienes que conocer el manual y el reglamento para sacar el máximo provecho del partido. Solamente el reglamento no te pondrá una G en la casilla de Ganador. El Salmo 103:7 nos hace esta distinción: *Dio [Dios] a conocer sus **caminos** a Moisés; los hijos de Israel vieron sus **obras*** (énfasis añadido).

Dios le dio a Israel el reglamento (sus obras), pero le dio a Moisés sus jugadas (sus caminos). Él susurró en su oído como un amigo susurra un secreto. ¿Por qué? Porque Moisés tenía una relación de pacto con Dios basada en la intimidad y la comunión. No estaba basada solamente en un contrato legal. Éxodo 33:11 explica: *"Y el Señor hablaba con Moisés cara a cara, como habla cualquiera con su compañero".*

¿Quieres conocer las obras de Dios o sus caminos? Conocer las *obras* de Dios significa que eres consciente después del hecho. Ya se ha realizado. Pero conocer los *caminos* de Dios significa que obtienes un vistazo de lo que está a punto de suceder y por qué. Esto después te informa de cómo responder cuando pases por ello. También puede regular tus emociones, dándote una mayor oportunidad de ver claramente y decidir sabiamente. Tomarse a Dios en serio abre la puerta a la guía divina concreta a tus situaciones específicas en la vida. Es el primer beneficio de alinearse con el pacto.

PROSPERAR COMO UN HOMBRE EL REINO

El segundo beneficio conlleva la prosperidad de tu alma. Vimos anteriormente en Salmos 25:13 que *"en prosperidad habitará su alma"*. Antes de que equipares esto a la ganancia material, sin embargo, presta atención a lo que dice el versículo. Especifica que tu "alma" habitará en prosperidad. Una persona puede tener muchas cosas y a la vez tener un alma empobrecida. El alma es tu vida, tu persona. Son las emociones, la mente, la voluntad y la consciencia de tu ser.

Puedes tener una gran casa con dos almas miserables viviendo en ella. Aunque el dinero quizá se haya multiplicado para que ciertas personas se compren esa gran casa, no le puede dar riquezas al alma. Dios dice que, si le temes a Él, prosperará tu alma de tal forma que impactará todo lo que hagas. Tomarás sabias decisiones que después afectarán tu futuro éxito.

Un hombre del reino no se enfoca meramente en las cosas externas de la vida sin hacer que las cosas mejoren en el interior. Pero Satanás ha engañado a muchos para que gastemos dinero que no tenemos para poder comprar cosas que no necesitamos, a fin de impresionar a personas que no conocemos. Pero lo único con lo que nos quedamos son facturas que no podemos pagar. Las bendiciones de Dios operan hacia el bienestar de la persona. No se trata de las cosas.

Antes de que Josh, el esposo de mi nieta Kariss, se casara con ella, venía acompañándola para pasar tiempo con nosotros en la casa. Una noche cuando pasaron a vernos, hablábamos sobre cómo un hombre del reino maneja sus finanzas. Josh me hizo varias preguntas sobre la planificación del futuro. Me dispuse a darle el bosquejo de Dios para las finanzas, le expliqué cómo un hombre supervisa y gestiona su dinero.

Imagino que había habido algunos debates entre Kariss y Josh antes de ese día, razón por la cual él buscaba mi consejo. Procedí a darle a Josh los principios bíblicos, y él sacó una servilleta para escribirlos. ¡Al poco rato ya tenía un montón de servilletas! Después de un tiempo, Josh respiró hondo y dijo: "Vaya, estoy bien. Estoy bien". Después se giró a Kariss y dijo: "De acuerdo, así es como vamos a hacerlo".

Lo que captó mi atención cuando dijo eso fue lo que Kariss hizo después. Sabiendo que habían pasado por algunos desacuerdos sobre las finanzas anteriormente, ahora veía a Kariss poniendo la cabeza sobre su hombro y diciendo: "Y yo también estoy bien".

Miré a Josh, sonreí y dije: "¡De esto es de lo que estoy hablando!". Hay un sentimiento de bienestar que surge en tu interior cuando te alineas con la voluntad de Dios. Es el alma que se dirige a la prosperidad de paz y entendimiento. La bendición del pacto significa que Dios hace incluso que los que están a tu alrededor también descansen.

Dios lo inicia con el hombre. Él manda al hombre que lo tema a Él y lo tome en serio. Después, los efectos de esa obediencia alcanzan en efecto dominó a su familia, sus amigos, su iglesia, su comunidad y al mundo. Cuando alineamos nuestro corazón con Él en una humilde reverencia por Él, nos guía, hace que nuestra alma prospere, y después, como dice la última parte de Salmos 25:13, nuestra descendencia poseerá la tierra.

EL LEGADO DE UN HOMBRE DEL REINO

Lo tercero que puedes esperar de Dios es un legado. Yo estaba viendo esto de primera mano con Josh y Kariss en ese momento en aquel tiempo. Hacía que mi corazón estuviera orgulloso. El legado tiene que ver con algo más que dejar un nombre. Se trata de dejar un linaje de paz, fortaleza e impacto espiritual. Veremos más sobre el legado de transferir la hombría bíblica en la última parte de este libro, pero quería mencionarlo aquí también. Los tesoros del pacto no solo te pertenecen a ti. Cuando aplicas y usas la clave del éxito espiritual, también estás preparando a tus descendientes para sus propios logros espirituales.

Esa es la belleza de esto llamado pacto. Dios quiere bendecirte con guía. Él quiere prosperar tu alma. Y Él quiere usarte para que dejes un legado. Lo único que Él está esperando para hacer estas tres cosas es que alinees tu vida con Él. Cuando regularmente comienzas a tomarlo a Él y a su Palabra en serio, te llevará a tu tierra prometida.

Ahora bien, quizá has cometido errores por el camino. Lo sé. Lo entiendo. Quizá has perdido mucho el tiempo, pero si te humillas delante de Dios ahora mismo, Él puede hacer que no pierdas el resto de tu vida.

Quiero desafiarte a que tomes la llave del éxito. Tiene tu nombre escrito en ella, pero solo la puedes usar si te sometes al reinado y la autoridad de Dios sobre tu vida y permites que Él esté al mando. Déjalo demostrarte que Él sabe lo que está haciendo, porque lo sabe. Sí, para eso se necesita humildad, pero el hombre a quien la Biblia llama el hombre más manso de la tierra, Moisés, consiguió mucho (ver Números 12:3). Tú también puedes.

Mi hijo Jonathan solía criar *pitbulls* cuando estaba en la universidad. Jonathan es muy emprendedor y, en esa etapa de su vida, esta era una de sus empresas. Un fin de semana, Jonathan se presentó en casa con dos de sus *pitbulls*. Bueno, tú sabes que yo no tenía la intención de dejarles entrar en mi casa. Así que Jonathan tuvo que atarlos a una de las farolas del jardín trasero.

Se produjo un problema cuando Jonathan fue a dar un paseo a los *pitbulls*. Cuando iba por ellos, descubrió que se habían enredado en el poste. Para liberarlos, tuvo que tirar de ellos hacia atrás alrededor del poste para desenredar las cadenas. Ellos tuvieron que ir para atrás a fin de poder ir para adelante. Como te puedes imaginar, a los *pitbulls* no les gusta que los manejen de esa forma. Los *pitbulls* tienen la cabeza muy grande, y suele pasar que a las cabezas grandes no les gusta que les digan lo que tienen que hacer. Lo mismo se puede decir de muchos de nosotros como hombres.

Hombres, quizá suponen que tienen cerebro suficiente para arreglárselas en esto llamado vida. Quizá insisten en ir hacia delante según sus propios planes para el éxito, pero al igual que los *pitbulls*, cuando más empujen hacia delante en sus propios planes, más se enredan con las cadenas. Esas cadenas pueden ser emocionales, espirituales, físicas, vocacionales o relacionales. Al margen de qué tipo sean, todas las cadenas hacen lo mismo: te mantienen atascado.

Quiero animarte a que dejes que Dios haga su trabajo. Déjale guiarte, aunque te parezca que vas hacia atrás algunas veces. Hay etapas en la vida en las que necesitamos tratar y desenredar los líos en los que nos metemos antes de poder desarrollarnos y madurar lo suficiente para poder manejar los éxitos que vendrán más adelante. Dios tiene un plan para ti. Él tiene un destino para ti, pero la carretera hacia ese destino requiere primero desarrollo y discipulado. Como recordatorio, un discípulo del reino se puede definir como un *creyente que participa en el proceso de desarrollo espiritual de aprender progresivamente a vivir la vida bajo el señorío de Jesucristo.*[6] Este proceso de crecimiento de la infancia espiritual a la madurez espiritual hace que el creyente se parezca cada vez más a Cristo. El discipulado del reino está diseñado para ser replicado hasta que Jesús tenga muchos en su familia que actúen y piensen como Él (ver Mateo 28:18-20; Romanos 8:29; 2 Corintios 3:17-18; 2 Timoteo 1:13).

Se espera que cada hombre cristiano busque convertirse en un seguidor de Jesucristo comprometido públicamente a tiempo completo y que influya en otros para que hagan lo mismo. Esto conlleva la rendición diaria de nuestra vida a la autoridad de Jesucristo (ver Lucas 9:23). Significa aceptar la maravillosa responsabilidad de transferir regularmente nuestra fe y los principios del reino a nuestras familias (ver Josué 24:15), y se hace al usar nuestro tiempo de comidas no solo para comer sino también para enseñar, orar, bendecir y corregir a nuestra descendencia (ver Salmos 128:3). También incluye liderar a nuestra familia en la adoración colectiva como iglesia y servir como parte activa de la comunidad de pacto de creyentes de Dios.

También significa que cada hombre cristiano serio debería tener relaciones con otros hombres en las que se rindan cuentas mutuamente y sean responsables de cumplir fielmente su papel bíblico y crecer en su fe (ver Gálatas 2:11-20). Finalmente, un hombre cristiano que busca seriamente ser un discípulo del reino busca influenciar en el bienestar de su comunidad para Dios y para bien, al llevar sabiamente los valores del reino a la esfera pública (ver Ezequiel 22:30).

Para que Dios libere su poder tanto en ti como a través de ti, tienes que deshacerte de las cosas que te impiden vivir como un discípulo del reino. Tienes que deshacerte de esa gran cabeza. Debes humillarte para tomarte en serio al Gobernador y Rey. A fin de cuentas, este es su mundo. Él pone las reglas. Si quieres inventar tus propias reglas, entonces ve y crea tu propio mundo, pero hasta que lo consigas, tienes que vivir según las reglas del Aquel que está al mando.

En la siguiente sección, "Desatar la hombría bíblica", exploraremos algunas de las cosas que pueden hacer que un hombre se atasque, cosas como fortalezas emocionales, falta de confianza, experiencias traumáticas en la vida, limitaciones reales, y otras. Parte de vivir como un hombre del reino conlleva enfrentar y luchar contra los demonios interiores para poder echarlos, a fin de poder levantarnos verdaderamente. También conlleva aprender a aplicar la empatía y la conectividad estratégica a nuestras relaciones en el cuerpo de Cristo para poder levantarnos como hombres del reino, empoderados colectivamente por la fuerza de Dios para influenciar el mundo que nos rodea.

PARTE DOS

DESATAR LA HOMBRÍA BÍBLICA

CINCO

LEVÁNTATE

Es difícil ser un hombre si no puedes tan siquiera levantarte.

Y parece que vivimos en una cultura de hombres que ni siquiera pueden levantarse ahora mismo. Quizá no están físicamente cojos, pero esa no es la única cojera que existe. Existe la cojera mental, cuando el hombre no tiene la capacidad cognitiva y emocional para asumir sus responsabilidades como hombre. Existe también la cojera social, que se produce cuando los hombres esperan a que el gobierno haga por ellos lo que Dios les ha llamado a hacer en cuanto a proveer para sí mismos y para sus familias. Existe también una plétora de cojeras espirituales, cuando los hombres ya no lideran devocionales, no oran con sus familias ni buscan respuestas espirituales, sino que en lugar de ello se sientan, se absorben y se enojan delante de los deportes o los juegos de video en su horario libre.

La cojera adopta todo tipo de formas y tamaños, sin duda, pero todas tienen la misma característica, al margen de cómo se manifieste en la vida de un hombre. Esa marca característica de cojera en la hombría conlleva que alguien más tenga que hacer por ti lo que decides no hacer tú mismo. Es no mostrar responsabilidad personal por tus pensamientos, decisiones, palabras y acciones. El juego de la culpa va de la mano con la cojera, así como el dominio. A fin de cuentas, si no quieres asumir la responsabilidad de tus propias necesidades, presionar a otro para que lo haga por ti puede parecer algo mucho más fácil.

Uno de los grandes retos que he descubierto en la pasada década desde que se publicó *Un hombre del reino* es la clara dificultad a la hora de llamar a los hombres a desatar su hombría bíblica. Parece que sencillamente asumir la responsabilidad de tus pensamientos y acciones se ha convertido en un arte perdido. Parece que ahora mismo pudiéramos estar ante una plaga mundial de irresponsabilidad personal y privilegios. Y eso no funciona en el largo plazo.

Imagínate si un entrenador de fútbol fichara a un corredor estrella con todo el potencial del mundo. Tiene velocidad. Se mueve. Equilibrio. Intuición para leer la oposición. Todo eso y más. Sobre el papel, ya es el más grande de todos los tiempos. Pero cuando aparece para entrenar, se limita a sentarse en la banda.

Si el entrenador se acerca a él para que salte al campo a entrenar, él se encoge de hombros y dice que no tiene ganas, o que está ocupado, o cualquier otra excusa que le viniera a la mente. El día del partido, cuando no lleva a cabo las jugadas ni hace anotaciones y el entrenador le pregunta por qué no consiguió sus metas en el partido, él culpa a la oposición. O, peor aún, culpa a sus compañeros de equipo.

Este jugador no duraría mucho en ese equipo, por muy buenas estadísticas, fuerza y tamaño que tuviera cuando lo ficharon. Desatar a un poderoso corredor exige algo más que estadísticas y habilidad natural. Exige intencionalidad, práctica y responsabilidad.

Desatar la hombría bíblica no requiere menos.

Para desatar todo el potencial de quién eres como hombre del reino, primero tendrás que asegurarte de estar a la altura del desafío. Literalmente. Ser hombre empieza primero por levantarte. Si no tomas la responsabilidad divinamente ordenada que Dios te ha dado a ti, y a cada hombre, en virtud de su propósito creado cuando te hizo, entonces estás cojo. Aunque tu casa, tu oficina o tus redes sociales estén muy bien decoradas, un hombre irresponsable no es en modo alguno un hombre del reino.

UNA COPA O UNA MANO

En Hechos 3 se nos cuenta una historia sobre un hombre cojo del que podemos aprender. Se nos da la descripción del hombre en los primeros dos versículos:

Un día, Pedro y Juan subían juntos al templo. Eran las tres de la tarde, es decir, el momento de la oración, y vieron allí a un hombre cojo de nacimiento. Todos los días era puesto a la entrada del templo, en la puerta llamada «la Hermosa», para pedirles limosna a los que entraban en el templo.

Un salto rápido al siguiente capítulo, y vemos que este hombre tenía más de cuarenta años (ver 4:22). Así que, durante la mitad de su vida, este hombre no había podido ponerse en pie por sí solo. Era cojo desde el vientre de su madre.

Ahora bien, no conocemos todas sus condiciones sociológicas, aunque se nos da una pista. No sabemos si su papá estaba en el cuadro o no, porque solo se menciona a su mamá. Pero sabemos que debía ser pobre porque era un mendigo. También sabemos que este hombre había dependido toda su vida de lo que otras personas hicieran por él, porque acabamos de leer que "era puesto" a la entrada para mendigar. Ni siquiera podía llegar allí por sí mismo. ¡Sabes que eres cojo cuando todos los demás tienen que cuidar de ti de este modo! Este hombre vivía día a día, con lo justo a base de baratijas que la gente le tirara a su bote.

Y llegan dos hombres que están a punto de cambiar todo eso. Pedro y Juan se dirigen al templo a la novena hora, la hora de la oración. Están usando su hora de almorzar, presumiblemente, para dirigirse al templo a conectar con el Dios vivo y verdadero. Un hábito que todo hombre del reino en potencia debería perseguir, un tiempo diario regular para reunirse con Dios. De camino, pasan junto al cojo y se desarrolla entonces nuestra historia.

"¿Me pueden dar una monedita?", quizá les dijo.

"Ayuden a un hermano. ¿Me pueden dar algo?", bien pudo decirles mientras extendía su bote. "No tengo para comer hoy. ¡Vamos, hombre!". Pero las palabras hicieron que Pedro se detuviera en seco ese día, a diferencia de otros días en los que había sonado la misma canción. Pedro no iba a aguantarlo más. Él sabía que este hombre tenía la capacidad de hacer mucho más que mendigar. Así que lo miró a los ojos y le dijo: "*¡Míranos!*" (v. 4).

Ahora bien, si Pedro tuvo que decirle "míranos", eso significa que no les estaba mirando. Si tuvo que decirle que les prestara atención, nos dice mucho sobre este hombre cojo. Estaba tan acostumbrado a mendigar, que ni siquiera miraba a la gente a la que le pedía dinero. Cabeza agachada, los ojos hacia abajo, la mano extendida, moviendo el bote, probablemente con un corazón avergonzado. La vida había golpeado a este hombre por tanto tiempo, que lo único que podía hacer era mantener su cabeza agachada y esperar algunos restos de bondad.

La gente pasa junto a él y él masculla sus palabras, palabras que probablemente incluso decía mientras soñaba, porque las había dicho muchas veces y por mucho tiempo. "Por favor, señor. Por favor, señora. ¡Deme algo!".

Pedro sabía que necesitaba toda la atención de este hombre. Necesitaba que estuviera atento. Necesitaba que lo oyera en su corazón. Si este hombre verdaderamente quería una solución para desatar sus habilidades y su hombría, tendría que prestar mucha atención a Pedro en ese momento. La sanidad y el empoderamiento no son un regalo de una dirección a través del toque de una varita mágica. Para que se suelte en ti todo tu potencial es necesario tu deseo, tu responsabilidad y tu enfoque. Por eso, Jesús a menudo hacía la pregunta: "¿Quieres ser sano?". Él no caminaba por ahí tocando a la persona en la cabeza, concediendo salud y sanidad a cualquiera que estuviera cerca, sino que Jesús preguntaba si la persona estaba dispuesta a ser sanada. La plenitud y la fuerza tienen que venir de adentro. Nadie enciende una vela poniendo la llama sobre la cera exterior. Hay que encender la mecha.

Tampoco se pone una vela debajo de la luz directa del sol, no si no quieres desperdiciarla; pero son demasiados los hombres que se contentan con ser como el titileo de una vela bajo el sol del mediodía. Desapercibidos. Sin impacto alguno. Sin dejar huella alguna en un mundo que necesita desesperadamente hombres del reino. Una persona puede acostumbrarse tanto a ser un fracaso, o acostumbrarse tanto a ser derrotado, que comienza a pensar que es imposible que su vida pudiera ser mejor. La cojera puede convertirse en una adicción, y eso sucede a menudo. Sé que pocas veces oímos de la cojera cuando hablamos de adicciones, pero es algo muy importante. Es cuando un hombre se acostumbra a no arreglárselas, a no levantarse, y a no convertirse en lo que Dios quería que fuera.

Pedro tenía que ver si este hombre verdaderamente quería ser sano de nuevo. Pidió toda su atención. Leemos en el versículo 5 que la obtuvo, con una advertencia de precaución, por supuesto. Dice: *"El cojo se les quedó mirando, porque esperaba que ellos le dieran algo"*. Él los miró, les prestó atención, pero no esperaba mucho. Quizá solo algo más que una moneda. El cojo miraba, pero eso no significa que estuviera escuchando. Es probable que sus ojos estuvieran mirando sus manos y no sus rostros.

Es como esa sensación que tienes cuando recibes una tarjeta de cumpleaños en el correo. La abres sin mucha anticipación de lo que habrá escrito en ella. Lees por encima esas palabras dulces deseándote que estés bien, pero tu intención real es abrir esa tarjeta y sacudirla. De hecho, según la sacas del sobre, haces un pequeño movimiento para que salga hacia abajo, solo por si hay algo que tenga que salir. Sabes a lo que me refiero, pues todos lo hemos hecho. Al menos sé que yo sí lo he hecho. Y si no sale nada, a veces incluso la sacudo dos veces.

El cojo miró a Pedro y a Juan, probablemente con un poco de esperanza. Esperanza de que tuviera suficiente para dos comidas, o incluso tres. Sus ojos se dirigieron de sus manos a sus bolsillos, y después a sus rostros. Ahora les estaba prestando atención, solo para oír lo que sin duda le resultó difícil cuando Pedro dijo: *"No tengo oro ni plata"* (v. 6).

Si fuera yo, probablemente le habría respondido: "¡Debes estar bromeando!". O quizá algo que sonara más espiritual, como: "¿Disculpa?".

Pedro le había dicho que los mirase, le había dicho que prestara atención, y ahora le estaba diciendo que no tenía nada que darle. El banco está en quiebra. El hombre le estaba pidiendo dinero, pero Pedro le dijo que no tenía de eso. Es probable que el hombre le devolviera a cambio una mirada de confusión. Probablemente miró hacia otro lado.

Lo que el hombre cojo no entendía era que el dinero no es el final del juego. La mayoría de los hombres piensan que el dinero lo es todo. Creen que la felicidad es equiparable a cuánto dinero tengas a tu disposición, pero la felicidad no tiene nada que ver con el dinero. El dinero no va a resolver tus problemas. De hecho, en las décadas que he pasado aconsejando a hombres, he llegado a darme cuenta de las muchas veces que los problemas aumentan a medida que aumenta el dinero, y no al revés.

Demasiados hombres creen que, si pueden hacer más dinero, conseguir un trabajo mejor, tener un segundo empleo, o hacer lo que sea necesario para conseguir que sus inversiones crezcan, estarán felices. Estarán satisfechos. Sentirán paz. Pero esa es una suposición muy equivocada. Hay muchas cosas que el dinero no puede comprar. El dinero no puede comprar la salud. No puede comprar la armonía relacional. No puede comprar el respeto, el honor, el carácter o la estima. Cuando las cosas se tuercen en cualquiera de estas áreas y en otras, y lo único que tienes a tu favor es el dinero, descubres el verdadero valor del dinero. Rápidamente aprenderás que el dinero no es todo lo que prometía ser. Hay muchas cosas más que realmente importan.

Pero es muy fácil olvidarse de esto. Lo entiendo. Por eso necesitamos recordatorios como este relato bíblico para ayudarnos a estar enfocados en la raíz de nuestras soluciones. Este hombre era como muchos otros hombres; se había enfocado en lo incorrecto. Estaba orando por lo incorrecto, como nos pasa a muchos de nosotros hoy. Oramos por un trabajo mejor, por una casa más grande, por más influencia, notoriedad, seguidores en las redes sociales o vistas de nuestro video. Los hombres están orando por cosas cuando Dios quiere darles algo más que cosas. Él quiere darnos significado, fortaleza, estabilidad e identidad.

Todas las cosas del mundo no significan nada si estás tan quebrado, vacío o solo que no puedes disfrutarlas y no tienes con quién disfrutarlas. Las cosas materiales nunca hacen sonreír a un hombre como lo hacen la satisfacción, el propósito o incluso el servicio; sin embargo, aun así, tenemos a un mundo enfocado en las cosas. No me malentiendas, las cosas no tienen nada de malo, mientras esas cosas estén en perspectiva con el legítimo gobierno de Dios en la vida de una persona. Todo lo que el cojo quería era suficiente para mantener su cojera intacta. Dios no está interesado en mantener nuestra cojera intacta. Él está interesado en cambiar nuestra cojera para que ya no seamos cojos nunca más.

Pedro le dijo al hombre que no tenía *cosas* para él. No tenía plata ni oro que darle, pero tenía algo incluso más valioso que eso. Tenía algo mejor.

"De lo que tengo —le dijo Pedro con una voz de mandato— *te doy. En el nombre de Jesucristo de Nazaret, ¡levántate y anda!"* (v. 6). En otras palabras, le dijo que, en el nombre de Jesucristo de Nazaret, iba a dejar de ser cojo. Le dijo que se levantara. Que se pusiera de pie. Que dejara de pedir limosna. Que dejara de mover su bote. Que dejara que buscar las sobras.

Levántate.

Pon empeño.

Sé responsable.

Es más, él iba a hacer todo mediante el poder de un Nombre. En la Biblia, los nombres son importantes. Los nombres tienen significados. Los nombres nunca son mera nomenclatura. A la gente no se le ponía un hombre porque sonaba bien, o porque sus padres estuvieran copiando a alguna celebridad de algún lugar, o porque su mamá lo sugiriese *enfáticamente*. Los nombres tenían peso y carácter, y a menudo estaban vinculados al futuro. Por eso, en la Escritura, cuando Dios estaba a punto de hacer algo nuevo en un lugar o con una persona, a menudo cambiaba el nombre.

Abram se convirtió en Abraham.

Jacob se convirtió en Israel.

Simón se convirtió en Pedro.

Saulo se convirtió en Pablo.

A lo largo de toda la Biblia, Dios cambia nombres porque Él está cambiando identidades o propósitos unidos a las funciones de su reino. Una persona recibía un nombre nuevo pensado para encajar con la reputación o el carácter de su nuevo camino. Los nombres tenían poder que estaba vinculado a un propósito.

El nombre de Jesús, por supuesto, tenía y tiene el poder por encima de todo poder. Por eso leemos después en este relato bíblico que la gente literalmente preguntaba a Pedro y a Juan en nombre de quién habían hecho este milagro. Leemos esto en Hechos 4:7: *"Pusieron en medio de ellos a Pedro y Juan, y les preguntaron: «¿Con qué autoridad, o en nombre de quién hacen ustedes esto?»"*. Los líderes querían saber bajo la autoridad de quién este cojo ahora podía caminar.

Pedro no dudó en su respuesta, sino que lanzó una frase descriptiva que también usó cuando sanó al hombre por primera vez y que vale la pena analizar un poco más. Pero primero, él dijo: *"Sepan todos ustedes, y todo el pueblo de Israel, que este hombre está sano en presencia de ustedes gracias al nombre de Jesucristo de Nazaret, a quien ustedes crucificaron y a quien Dios resucitó de los muertos"* (Hechos 4:10).

La frase descriptiva que Pedro lanzó no fue "el Señor". No fue "nuestro Salvador". Pedro no dijo: "Jesucristo, el Rey". No, sino que usó una frase descriptiva que, de hecho, podía hacer que alguien se quedara rascándose la cabeza. En lugar de apelar al poderoso nombre de Jesucristo mediante títulos como Mesías, Señor resucitado o Rey, Pedro se refirió a Jesucristo como Jesús de *Nazaret*. Dijo:

"En el nombre de Jesucristo de Nazaret."   (Hechos 3:6)

"Gracias al nombre de Jesucristo de Nazaret."   (Hechos 4:10)

Pedro quería asegurarse de que todos supieran de quién era el poder que había logrado esa hazaña: Fue Jesús de Nazaret. Sin embargo, ¿para qué atraer la atención a algo aparentemente tan poco importante como Nazaret? Jesús ni siquiera había nacido en Nazaret, sino que nació en Belén. Claro, fue criado en Nazaret, pero ¿qué era esa pequeña ciudad de Nazaret para cualquier persona?

Podemos captar la sensación general hacia esta ciudad al mirar la destacada frase de Natanael cuando Felipe intentó hacerlo venir para que viera a Jesús por primera vez. Como se nos dice en Juan 1:46, Natanael (que después sería uno de los doce discípulos de Jesús) respondió al llamado de Felipe con esto: "*¿Y de Nazaret puede salir algo bueno?*".

¿De Nazaret puede salir algo bueno? Está dicho más como una declaración, o como una pregunta retórica cuanto más, y es una frase muy reveladora. Nazaret era una ciudad sin nombre. Era ese tipo de ciudad que quizá no tenía ningún semáforo. El tipo de ciudad de la que podríamos oír: "No parpadees cuando pases por allí, porque quizá te la pierdas". Era más bien un barrio, como decimos de donde yo provengo. No tenía ningún prestigio, ni había producido a ninguna persona prominente. El gimnasio de la escuela local probablemente se llamaba Gimnasio de la Escuela, en lugar de tener el nombre de alguna persona de poder o influencia que hubiera vivido allí.

Lo único que tenía Nazaret era un montón de personas pobres, probablemente llenas de problemas del mundo real, mucha delincuencia, mala educación escolar y ninguna esperanza. La pregunta de Natanael se produjo cargada de indicios de una ciudad llena de problemas sistémicos que se arrastraban desde siglos atrás. Todos sabían que nunca había salido nada bueno de Nazaret, no había sido capaz de producir un buen comienzo.

¿Por qué es importante saber esto? Es importante porque muchos somos de Nazaret. Quizá tú eres de Nazaret. Sé que yo sí lo soy. Crecí en el Baltimore urbano en una vivienda adosada, las cuales hoy día están llenas de droga. La mayoría de mis compañeros de clase están muertos o están en la cárcel. Quizá tú no eres natural de la Baltimore urbana, pero hay otras Nazaret por ahí.

Tal vez no tuviste un buen comienzo sobre el cual construir. Quizá tus padres se pelearon o se divorciaron muy pronto. Quizá no saliste de un vecindario bonito o de un sistema escolar cuya financiación indicaba que se tomaban en serio tu futuro. Tal vez tuviste que crecer tú solo porque tu mamá tenía tres empleos. O quizá vivías en los barrios residenciales, pero abusaron de ti, no te hacían caso, o te calmaban con cosas materiales. Te mantenían ocupado para no tener contigo una verdadera relación en casa. Sea cual sea tu caso, Nazaret es de donde muchos de nosotros salimos.

Tu relación con Jesucristo te hace ser un vencedor.

Por eso es tan importante saber que Jesús también era de Nazaret. Como Jesús venía de este lugar sin nombre, puede encontrarse con cualquier hombre en cualquier lugar y en cualquier momento, incluso cuando tu vida parezca estar coja. Él puede darle la vuelta y ponerte de pie, si tan solo miras a Jesús de Nazaret. El Jesús del barrio. El Jesús de la falta de esperanza, de la falta de oportunidad y de la falta de una salida; y mucho menos el que da prosperidad.

La verdad de esta realidad nos despoja de cualquier excusa que pudiéramos tener, como pensar: "Si no estuviera él" o "Si no estuvieran ellos" o "Si no fuera por esa circunstancia, o mi trasfondo, o mis limitaciones". Todo eso es real, lo entiendo, no estoy diciendo que no sea real, pero lo que estoy diciendo es que, en el nombre de Jesucristo, el de *Nazaret*, puedes dejar de quejarte. Te puedes levantar, puedes andar, puedes ser responsable. Ya puedes dejar de verte como una víctima, porque tu relación con Jesucristo te hace ser un vencedor (ver 1 Juan 5:1-4).

Es tiempo de que te adueñes de tu propia vida. Es tiempo de hacerte cargo de quién eres. Deja de permitir que los pensamientos, las palabras o las acciones de otras personas te hagan caer. Hay poder en el nombre de Jesús, incluso cuando no hay dinero en la mesa. Porque, en su nombre, puedes levantarte y desatar todo tu potencial.

TOMA UNA MANO

Eso es exactamente lo que hizo el hombre cojo cuando Pedro se acercó, lo tomó de la mano y lo levantó. El cojo se puso de pie. Pero hoy enfrentamos otro problema, y es que tenemos muy pocos Pedros dispuestos a tomar una mano y levantar a alguien. Pedro no solo pronunció el poder de Dios sobre este hombre. No se quedó ahí de pie de brazos cruzados y cabeza erguida y se limitó a asentir. No, Pedro sabía que este hombre necesitaba una sacudida. Necesitaba un empujón. Necesitaba a alguien que lo animara y también lo ayudara a levantarse. Por lo tanto, como leemos en Hechos 3:7: *"Y tomándolo de la mano derecha, lo levantó, ¡y al momento se le afirmaron los pies y los tobillos!"*.

Tenemos una generación de hombres a nuestro alrededor que necesitan que alguien los ayude a levantarse para ponerse en pie. El problema es que el grupo equivocado de hombres ha estado tomándolos de la mano y llevándolos en la dirección incorrecta. Necesitamos hombres del reino piadosos que los dirijan hacia la salud, la plenitud, la responsabilidad y la hombría bíblica. Pedro no solo oró. No dio un seminario con pago de entrada. No habló en una conferencia, ni escribió un libro, o una entrada en un blog, ni creó un *podcast*. La Escritura nos dice claramente que Pedro agarró al hombre de la mano derecha y lo levantó. Es más, el hombre le permitió hacerlo. Se necesitan ambas partes trabajando juntas para que se produzca el discipulado.

> **Dios no necesita tiempo. Él puede hacer lo que Él quiera cuando Él quiera, al instante. Tan solo está esperando a que lo mires para recibir una infusión sobrenatural de su poder.**

¿Alguna vez has levantado a uno de tus hijos que se había quedado dormido, quizá a un sobrino o sobrina, o a nietos que no quieren poner nada de su parte? Un niño de veinte kilos nos parece como si pesara cincuenta porque está flácido y deja que tú hagas todo el esfuerzo. Y cuando los vas a dejar en el piso, si están muy cansados, se les doblan las piernas y no los sostienen, así que tienes que volver a levantarlos. Es muy diferente levantar a un niño que está corriendo hacia ti y usando también su fuerza para sostenerse. Casi parece que no pesa, porque cuando dos trabajan juntos, las cosas son más ligeras.

Pedro se agachó para agarrar la mano del hombre. El hombre permitió que lo tomaran de la mano. ¿El resultado? Un fortalecimiento inmediato de sus pies y sus tobillos. Ahora estaba de pie por sí mismo. Esto fue después de haber estado cuarenta años sin usar las piernas para nada. Era cojo de nacimiento. Sus piernas sin duda estaban atrofiadas. No solo estaba cojo, sino que también estaba débil después de cuarenta años, porque la fuerza viene mediante el uso.

Pero cuando el poder del nombre de Jesús entra en acción, vemos que inmediatamente fue sanado y fortalecido. No hubo ningún programa de rehabilitación de doce pasos ni de doce kilómetros. No fueron necesarios ni años ni décadas de consejería para sanar a este hombre. Dios venció la cojera de toda una vida en un momento.

Sucedió de repente.

De repente. Es una palabra que me oirás repetir debido a su importancia, porque una cosa que debes entender según profundizamos en este concepto de desatar la hombría bíblica, es que Dios no necesita tiempo. Él puede hacer lo que Él quiera cuando Él quiera, al instante. Tan solo está esperando a que lo mires para recibir una infusión sobrenatural de su poder. En el momento en que tú estás listo, Dios también lo está. Cuando Dios quiere moverse, puede moverse más rápido que un avión supersónico X-15 cruzando el cielo en Mach 6. La sanidad de este hombre cojo sucedió en un instante. Después se levantó de un salto, permaneció erguido y comenzó a caminar (ver v. 8).

UNA SANIDAD IMPACTANTE

Él no gateó. No cojeó. No se volvió a sentar. No, el hombre caminó. Y el pasaje nos dice que caminó hasta el templo por sí mismo, saltando y alabando a Dios.

Permíteme decirte qué es lo que prenderá tu vida de oración y alabanza como ninguna otra cosa: cuando Dios interviene. Cuando Dios te da un testimonio, no necesitas un programa, estudio bíblico o canción de adoración para motivarte a adorarlo. Este hombre antes cojo se puso en pie de un salto y se dirigió directamente al templo ¡para alabar! Porque, cuando Dios se mueve en tu vida, ya no te preocupa tu apariencia. Ya no te preocupa si tu alabanza es bonita. No necesitas ser orgulloso o sofisticado ni usar palabras rimbombantes. No, cuando Dios se mueve en tu vida, saltas. Corres. Alabas. Se lo dices a otros. Disfrutas. Honras. Y bailas.

De esto se trata cuando hablamos de desatar la hombría bíblica. Lo que, es más, deja un impacto. ¿Cómo lo sé? Leemos en Hechos 4:4 el resultado de la vida y el testimonio de este hombre. Dice: *"Pero muchos de los que habían oído sus palabras, creyeron; y contados solamente los varones eran como cinco mil"*.

Lo que comenzó con un hombre, rápidamente pasó a ser cinco mil hombres que creyeron y fueron soltados para una oportunidad de expresarse plenamente en su hombría bíblica. Por eso, cuando Dios te da un testimonio, Él te capacita para tocar a otros también con ello.

Dios quiere que estés bien y fuerte no solo para ti; quiere que los demás en tu círculo de influencia también se levanten. Si lo único que estás haciendo es participar en la iglesia o asistiendo a un grupo pequeño o lanzándole una oración a Dios de vez en cuando, no estás demostrando a otros el hombre que Dios pretende que seas.

Si Dios transforma cualquier aspecto de tu vida (emociones, adicciones, relaciones, y otros), tienes que darlo a conocer, tienes que compartir esta verdad con otros. No te avergüences, no seas tímido, ya que Dios te ha dado un testimonio por una razón. No pierdas el propósito del milagro, que es atraer a otros hacia sus milagros.

La buena noticia del hombre cojo es que no es demasiado tarde. Ya había transcurrido la mitad de su vida, pero tuvo un nuevo comienzo. De forma similar, Dios puede encontrarse contigo donde estés ahora mismo, aunque sientas que tu vida está a punto de terminar. Él puede acercarse, levantarte y desatarte, para su gloria y para el bien de otros.

Tampoco importa si eres de Nazaret. Tu trasfondo no te define. Lo que haces ahora, en este mismo momento, revela quién eres.

Me encanta la película *Rocky V*. ¿A qué hombre no le gusta? En *Rocky V* el campeón de boxeo se ha hecho mayor y se ha jubilado. Ha perdido un paso o dos por el camino. Sus movimientos son más lentos. Su vista no es tan aguda, pero su corazón sigue siendo fuerte. Así que Rocky busca invertir todo su entrenamiento y su conocimiento en un joven prometedor llamado Tommy Gunn. Rocky trabaja con Tommy lo suficiente para que Tommy suba por la escalera y se convierta en el campeón de pesos pesados del mundo.

El problema es que todo el éxito de Tommy, que se lo debe al entrenamiento de Rocky, se le sube a la cabeza. Tiene dinero, tiene fama, tiene poder y también tiene orgullo. Durante la última escena, Tommy termina tirando al piso al cuñado de Rocky de un puñetazo durante una discusión en un bar. Después del puñetazo, Tommy insulta al que le ha entrenado y le ha dado todo aquello que ahora él disfruta. Sí, dirige su ira hacia Rocky. Lo que es peor: lo hace insultando al propio hijo de Rocky.

Todo eso resulta ser demasiado para Rocky, así que le dice que le espera fuera. Lo que comenzó como una riña, se convierte rápidamente en una pelea callejera.

El problema para Rocky, sin embargo, es que Tommy es joven, es rápido, es fuerte y está enojado. No pasa mucho tiempo hasta que Rocky está con la cara en una alcantarilla, golpeado. Sin embargo, mientras está ahí tirado, te puedes imaginar lo que ocurre: la música de la película comienza a crecer. Te sabes la melodía, y según crece, los recuerdos del entrenamiento del pasado y las victorias del pasado inundan la mente de Rocky. Se acuerda de cuando derribó a Apollo Creed, Clubber Lang e Ivan Drago. Ve todas sus victorias y las veces que ganó. Todos esos recuerdos contribuyen a que surja la fuerza dentro de él.

Pero entonces, Rocky se acuerda de algo incluso más poderoso que sus victorias del pasado. Se acuerda de su entrenador, Mickey, un hombre bajito con una gran fuerza que había estado junto a él cuando lo derribaron. Rocky puede oír sus palabras con claridad: "¡Levántate! ¡Levántate! ¡Levántate, holgazán! ¡Mickey te ama!".[1]

La música sigue en crescendo. Rocky levanta la cabeza, se sacude el puñetazo, y después mira fijamente a Tommy Gunn mientras se aleja en la distancia y le grita: "¡Tú, Tommy!... ¡Un asalto más!".[2]

Rocky encontró fuerza y poder que no tenía previamente porque se acordó de alguien que creía en él y que le recordaba lo que podía hacer.

Hombre, no me importa cuánto tiempo lleves en el suelo de cara a esa alcantarilla de la vida. No me importa cuánto tiempo hace que te sientes derrotado como hombre. Jesucristo está de pie a tu lado hoy gritándote ahora mismo: "¡Levántate! ¡Levántate! ¡Levántate, hombre del reino! ¡Jesús te ama!".

Es tiempo de levantarte y tomar el control de lo que pretende derrotarte. Es tiempo de pelear un asalto más.

SEIS[1]

SUPÉRALO

Es el momento de entrar un poco más en lo personal, ya que muchos podrían identificarse con lo que estoy a punto de decir. He decidido compartir esta ilustración de la vida real porque quiero que tengas una visión mayor de la importancia de superar las cosas que nos pueden retener. Superar obstáculos puede ser difícil, especialmente si no identificamos con facilidad esos obstáculos desde el primer momento.

Cuando hablo de la necesidad de superar una fortaleza o romper una conducta adictiva, ¿qué viene a tu mente? Por desgracia, para la mayoría de los hombres, las cosas que instantáneamente vienen a su mente son drogas y pornografía. Por alguna razón, nuestra cultura considera que estas son las grandes fortalezas en la vida. Cosas como la drogadicción, la pornografía, o vivir como un trotamundos son fortalezas dañinas y ciclos destructivos, pero no son las únicas cosas que pueden mantener a un hombre atado.

Sin embargo, el enfoque de nuestro láser sobre estas supuestas "grandes" adicciones puede crear una barrera para vencer nuestros problemas aparentemente no tan grandes. Digo que se puede convertir en una barrera porque podríamos terminar mirando las luchas de otras personas (si no tenemos un problema con las drogas o la pornografía) y dar poca importancia a las nuestras. *Al menos yo no hago lo que hace ese tipo*, pensamos, y procedemos a darnos un golpecito en la espalda. Mientras tanto, nuestros grandes propósitos, destinos y legados se los está tragando Satanás a través de nuestras propias fortalezas que nos negamos a identificar.

Es peor cuando cedemos a pensamientos de orgullo porque no estamos atados por grandes problemas. No solo tenemos fortalezas sutiles que minimizamos, ¡sino que también tenemos que vencer el orgullo! Hombres, a Satanás no le importa si tu fortaleza está considerada *importante* según los estándares culturales o no; él solo quiere que estés atado.

Por lo tanto, quiero compartir una de mis luchas pasadas en un esfuerzo por hablar abiertamente sobre una fortaleza que probablemente muchos hombres enfrentan, pero pocos la consideran incluso una fortaleza. Es tiempo de reexaminar e identificar fortalezas comunes para los hombres que van más allá de las dos o tres grandes. Tenemos que ser más sinceros sobre la variedad de cosas que nos retienen; incluso cosas como pereza, irresponsabilidad, ansiedad y agradar a la gente son fortalezas y conductas adictivas que quebrantan la capacidad del hombre para dejar una marca del reino.

Así que la que quiero compartir contigo, que fue en la que en algún momento yo caí, es la fortaleza del trabajo. La razón por la que no siempre somos conscientes de considerarlo una fortaleza es porque reconocemos sus resultados de una forma muy positiva. El éxito se aplaude, y el logro produce gloria. Estar ocupado se ha convertido en la nueva insignia de honor en estos tiempos. Con todo lo que hay que lidiar, y mucho más, es fácil volverse adicto a la fortaleza del trabajo.

Cualquiera que me conozca bien, probablemente podría llamarme adicto al trabajo. Me encanta trabajar. Si no estoy trabajando, por lo general estoy leyendo libros sobre la Biblia, teología y filosofía, subrayando puntos importantes y tomando mis notas personales. Tengo miles y miles de notas, escritas a mano a la antigua usanza sobre papeles amarillos, o a veces las escribo dentro de los libros. Si entras en mi oficina, probablemente verás un taco de unas cien hojas de notas allí, probablemente porque las he estado leyendo mientras preparaba un sermón o algo que estoy escribiendo.

Pasé la década anterior leyendo toda la Biblia: estudiando, examinando y escribiendo notas sobre cada libro para compilar el comentario bíblico y la Biblia de estudio que hice no hace mucho tiempo. Me levantaba a las tres o a las cuatro de la mañana regularmente para tener ese tiempo tranquilo de estudio, meditación y escritura. Este trabajo llegó además de una semana de trabajo bastante llena para mí como pastor principal de una iglesia de más de 10.000 miembros, con más de 350 acres de propiedad que gestionar, más de 100 ministerios y una plantilla de más de 300 personas. Además, soy presidente de un ministerio de retransmisión nacional y orador invitado frecuente, y escribo muchos libros. Me encanta trabajar, casi tanto como me gusta ser hombre. Si has leído *Un hombre del reino*, ¡entonces sabes a lo que me refiere con ello!

Pero, para los propósitos de este capítulo y nuestro enfoque en desatar tu hombría bíblica, quiero enfatizar que tener demasiado de algo bueno puede actuar realmente en tu contra. Para empezar, el trabajo en sí mismo es algo bueno. Hace bien a los que son influenciados por él, y da a los que disfrutan de él un profundo sentimiento de satisfacción. De hecho, la Escritura elogia el trabajo como un regalo. Leemos:

No hay nada mejor para nosotros que comer y beber, y disfrutar de nuestros trabajos. Y he concluido que esto viene de la mano de Dios.
(Eclesiastés 2:24)

A cada uno de nosotros Dios nos ha dado riquezas y bienes, y también nos ha dado el derecho de consumirlas. Tomar nuestra parte y disfrutar de nuestro trabajo es un don de Dios. (Eclesiastés 5:19)

Señor y Dios nuestro, ¡muéstranos tu bondad y confirma la obra de nuestras manos! ¡Sí, confirma la obra de nuestras manos!
(Salmos 90:17)

Hagan lo que hagan, trabajen de buena gana, como para el Señor y no como para nadie en este mundo. (Colosenses 3:23 NVI)

El trabajo es bueno, es un regalo de Dios. Pero recuerda que muchas cosas comienzan como algo bueno y terminan como una fortaleza. El sexo, en el contexto del matrimonio, es bueno. La pornografía es un pecado y una fortaleza. Comer una comida deliciosa es bueno. La glotonería que debilita tu salud es una fortaleza. El ejercicio es bueno. La obsesión con tu aspecto físico y tu orgullo personal son fortalezas. Satanás a menudo comienza con algo bueno e intenta retorcerlo para convertirlo en una fortaleza para engancharnos con un espíritu de adicción que nos mantenga atados.

Todo ello me lleva a mi confesión. Hace muchos años atrás, comencé a observar un patrón en mi vida con respecto a mi trabajo y mi agenda para las vacaciones. Uno de los mejores regalos de mi esposa para mí y para nuestra familia para nuestro cuarenta y nueve aniversarios de matrimonio fue su énfasis en tener tiempo para la familia y para descansar. Sé que he logrado mucho de lo que tengo porque evité quemarme gracias a su amorosa intervención una vez tras otra. Una de las rutinas familiares que ella estableció para nuestro hogar desde muy temprano fue nuestra agenda de vacaciones veraniegas. Cada año, apartábamos el mes de agosto para relajarnos, recargar, conectar, y pasar más cantidad de tiempo enfocados los unos con los otros y con el Señor.

Pero empecé a notar hace algún tiempo que, durante unos cinco años seguidos, siempre que se acercaba agosto o cuando me tomaba un descanso más largo en Navidad y Año Nuevo, me enfermaba físicamente. La enfermedad no siempre era la misma, pero el patrón de enfermedad en general aparecía casi como un reloj. A veces tenía la gripe, o tenía tos persistente que me duraba casi todas las vacaciones. Otra vez tuve gota, y tuve que ir en silla de ruedas por el aeropuerto al volver a casa de nuestra escapada a la isla de Bermudas. En otra ocasión tuve piedras en el riñón y tuvieron que hospitalizarme en el que iba a ser un tranquilo viaje a Hawái. Otra vez terminé con un dolor agudo casi las dos semanas del viaje debido a un absceso en un diente.

Ya fuera grave o suave, algo tendía a aparecer cuando dejaba de trabajar. Por el contrario, casi nunca estaba enfermo mientras trabajaba. De hecho, después de cuatro décadas predicando los domingos, solo he faltado un domingo por una enfermedad en todo ese tiempo. Estas dos realidades diametralmente opuestas finalmente captaron mi atención y me hicieron detenerme y pensar. Algo estaba sucediendo, y tenía que llegar al fondo del asunto. Tenía que tratarlo para vencer su tenaza en mi vida. El descanso es vital, yo lo sabía, pero por alguna razón no me permitía a mí mismo descansar.

En el proceso de examinar mis pensamientos, llegué a darme cuenta de algunas cosas importantes sobre mi visión del trabajo y el descanso. Algunos de esos pensamientos eran buenos, y otros no lo eran. Finalmente pude identificar estos pensamientos y corregir los que no eran tan buenos, y casi de inmediato vi una mejora en mi capacidad para descansar y disfrutar del tiempo libre que necesitaba para recargar.

En esencia, había quedado tan atrapado en todo lo que estaba sucediendo en el trabajo que me había resignado al concepto del descanso, pero ya no lo abrazaba. Hacer algo porque sabes que "tienes" que hacerlo no siempre tiene el mismo impacto positivo que hacer algo porque quieres fortalecerte. Dios ha dicho muchas veces en la Escritura que el trabajo es bueno, pero también ha dicho que el descanso es bueno. Leemos:

Dios terminó en el día séptimo la obra que hizo; y en ese día reposó de toda su obra. (Génesis 2:2)

En vano madrugan ustedes, y se acuestan muy tarde, para comer un pan de fatigas, porque Dios concede el sueño a sus amados. (Salmo 127:2 NVI)

También les dijo: «El día de reposo se hizo por causa del género humano, y no el género humano por causa del día de reposo». (Marcos 2:27)

Jesús les dijo: «Vengan conmigo ustedes solos, a un lugar apartado, y descansen un poco». Y es que tanta gente iba y venía, que ellos no tenían tiempo ni para comer. (Marcos 6:31)

Desde esa etapa en la que transformé mi mente mediante la Palabra de Dios sobre la importancia del descanso (y la capacidad de Dios para proveer un favor y productividad constantes en medio de nuestro descanso), he estado bastante libre de enfermedad durante las vacaciones y los días de descanso. Esto se debe a que traté el sistema de creencias torcido desde la raíz del problema y no solo los síntomas.

Vencer las adicciones, ya sean adicciones al trabajo, la aprobación, el físico, el estatus, las drogas, el alcohol u otra cosa, comienza con identificar la raíz del problema y tratarlo en tu mente. Estos asuntos se deben tratar para que puedas liberar del todo tu hombría bíblica como hombre del reino. Si no lo haces, entonces las adicciones dejarán su impacto negativo en tu vida a través de relaciones rotas, cuerpos quebrantados, sueños rotos y vidas destruidas. ¿Acaso no es el tiempo de ser liberados de los síntomas del pensamiento erróneo? Depende de ti comenzar en el camino hacia la plenitud y una vida del reino victoriosa.

PUEDES VENCER

Un PDG es un prisionero de guerra: una persona que ha sido capturada por el enemigo y lo tienen como rehén en el contexto de un conflicto. Las fuerzas contrarias controlan las condiciones de vida, las actividades y los movimientos del prisionero. Muchos hombres viven como un PDG, pero en lugar de ser prisioneros de guerra, son prisioneros de una conducta adictiva. El enemigo los ha capturado, y parecen no tener vía de escape. Se sienten atrapados en situaciones y circunstancias que el mundo etiqueta como adicción. Drogas, sexo, pornografía, alcohol, relaciones, conversaciones negativas, trabajo, comida, juego, derroche, estas cosas pueden convertirse en los mecanismos a los que acudimos para tratar el dolor de la vida, las decepciones y el aburrimiento. Cuando una acción o actividad comienza a influirte más de lo que tú la influyes a ella, puede dejarte sintiéndote atrapado, como si no hubiera ninguna salida.

A veces comparo la conducta adictiva con las arenas movedizas. Mientras más empeño pones en salir de la situación, más profundo te hundes. Los métodos humanos nunca pueden hacerte libre de una fortaleza espiritual en tu vida. Más bien, esos intentos harán que te hundas más rápido.

Otro problema que surge cuando alguien se está hundiendo en arenas movedizas tiene que ver con el enfoque. Como queda ilustrado cuando Pedro se hundía en las olas, el lugar donde miras es importante. Si una persona solo mira las arenas que le rodean, no verá el palo que le están lanzando para que se agarre a él y puedan sacarlo.

Dios frecuentemente usa a personas quebradas para llevar a cabo la agenda de su reino en la tierra.

Una de las peores cosas en las que he visto a los hombres enfocarse cuando se trata del área de las fortalezas espirituales es cuánto tiempo han estado estancados. Lo sé porque aconsejo a hombres de forma regular, e inevitablemente es una de las primeras cosas que los hombres me dicen cuando hablan.

"Pastor, llevo tratando con esto X número de años", o "¡No sé cómo superar algo que me tiene atado durante X años!". Por alguna razón, piensan que la cantidad de tiempo que la persona ha estado estancada es algo que obstaculiza su salida.

Pero estoy aquí para recordarte que eres libre para superar cualquier cosa que te haya atrapado en cuanto tú decidas hacerlo. Cuánto tiempo hayas estado atrapado no es importante. Puedes levantarte. Puedes superar los obstáculos que te mantienen en el suelo.

Otras preguntas que oigo a menudo cuando aconsejo a hombres en los dolores y las decepciones de la vida revelan preocupación por si es demasiado tarde para hacer algo grande con el tiempo que les queda. Muchos hombres me han preguntado a lo largo de los años: "¿Es demasiado tarde para mí? ¿Es demasiado tarde para que Dios haga algo conmigo?". Esas preguntas salieron de un lugar profundo donde ellos sienten que han fracasado miserablemente y han renunciado al destino que Dios les dio, muy probablemente debido a fortalezas de adicción. Cuando me hacen esa pregunta, siempre tengo una respuesta: "No es demasiado tarde. Nunca es demasiado tarde para Dios".

Un principio importante para recordar cuando contemplamos esa pregunta es que Dios frecuentemente usa a personas quebradas para llevar a cabo la agenda de su reino en la tierra. Una vez tras otra en la Escritura leemos sobre las personas quebradas que Dios levantó de forma poderosa. Usó a Moisés, un asesino, para librar a los esclavos hebreos. Usó a Jacob, un mentiroso y engañador, para cumplir su promesa a Abraham. Incluso usó a Pedro después de su negación, a Salomón después de su idolatría, y a Sansón después de sus múltiples fracasos. Si Dios redimió sus vidas, puede redimir también la tuya.

Estar quebrado nunca debería mantenerte atado. Al contrario, debería liberarte para una mayor vida de propósito a través de lo que has aprendido, porque una persona que de verdad está quebrantada entiende la realidad de Juan 15:5, donde Jesús dice: "*Porque separados de mí ustedes nada pueden hacer*". Un hombre quebrantado que ha aprendido tanto a rendirse como a depender de Dios es una fuerza para tener en cuenta.

Sin embargo, es difícil incluso ver tu futuro cuando estás mirando a tu propio pasado, o incluso a los efectos dañinos del presente. Pero permíteme recordarte lo que ocurre en la mitad en cualquier partido de fútbol. Los equipos se van a sus respectivos vestuarios en el descanso. El descanso es un tiempo para descansar y evaluar. Es un tiempo para reunificar y ver cómo están yendo las cosas en el juego, así como para decidir qué ajustes es necesario hacer para la segunda parte de la competición.

Aunque la primera parte de cualquier partido de fútbol es importante, no es determinante. Ha habido numerosos equipos durante los años que iban ganando en la primera parte y perdieron el partido al final. Y ha habido numerosos equipos a lo largo de los años que iban perdiendo en la primera parte, pero al término del partido habían dado la vuelta a las cosas. Hasta que el árbitro no pita para señalar el final del partido, no está todo dicho.

Lo mismo ocurre en la vida. Podrías estar en el primer cuarto, en el segundo cuarto o en la mitad del partido, pero si aún estás ahí, no se ha terminado. Tu reloj sigue avanzando, y tienes mucha vida por vivir. No solo eso, sino que tu primera parte no determina el resultado final del partido. Quizá has cometido errores, has tomado malas decisiones y has tenido fracasos, verdadera lucha y pérdidas. Tal vez la vida te ha lanzado golpes muy duros, pero aún sigues aquí. No es demasiado tarde para que Dios te lleve directo al plan que tiene para ti. No es demasiado tarde para que Dios te lleve a tu mañana glorioso.

Dios mira tu futuro, mientras el enemigo intenta mantenerte en tu pasado. Dios dice: "Tú puedes, ¡a pesar de lo que hayas hecho!". El enemigo dice: "Tú no puedes, ¡por lo que has hecho!". Dios nunca te definirá por tus problemas del pasado, pero el enemigo intentará confinarte por ellos. Al margen de lo que haya dominado tu primera parte, ya sea bueno, malo o feo, la meta de Satanás es mantenerte ahí encadenado. Pero mi petición para ti mientras recorremos juntos este libro es que nunca dejes que tu ayer te robe tu mañana. Aprende del ayer, pero no vivas en él. Tu victoria viene mediante aprender y aplicar lo que has aprendido. Desatar la hombría bíblica comienza con tus pensamientos.

Después de todo, la estrategia número uno de Satanás para mantenerte en ciclos adictivos y poco sanos es enredar tu mente. A él le gusta plantar pensamientos en tu mente, repetirlos una y otra vez hasta que comiences a pensar que son tus propios pensamientos. Cuando Satanás le dijo a Eva que sería como Dios si comía del fruto, ¿de quién era ese pensamiento? ¿Fue un pensamiento de Eva? No. Ese pensamiento vino directamente de Satanás. De hecho, había tenido el mismo pensamiento antes, como leemos en Isaías 14:14: *"Seré semejante al Altísimo"*. Era un pensamiento de Satanás, pero lo plantó en la mente de Eva.

PENSAMIENTOS PLANTADOS

Si has visto la película *Origen*, habrás visto esto reflejado de forma dramática. La película trata sobre plantar un pensamiento en la mente de alguien que cambiará el curso de los acontecimientos para las generaciones sucesivas. Es una película brillante, y nos ayuda a entender la estrategia de Satanás para desviarnos a cada uno de nosotros de los destinos que Dios nos ha dado.

Cuando te dices a ti mismo: *No puedo vencer esta adicción, ¿de quién es ese pensamiento?* O cuando piensas: *Tengo que dar este trago, ¿de quién es ese pensamiento?* O cuando entretienes pensamientos como: *Yo no soy nada. No valgo para nada. No puedo controlar mis emociones de lujuria o enojo, ¿quién está hablando?* Sabemos que estos pensamientos vienen de Satanás porque son mentira, y él es el padre de mentira (ver Juan 8:44).

Satanás ha estado trabajando con este juego de la mentira por mucho tiempo. Él sabe cómo plantar con astucia sus pensamientos en tu mente y hacerte creer que son ciertos. Lo hizo con el rey David, como leemos en 1 Crónicas 21:1: *"Pero Satanás se puso en contra de Israel e indujo a David a levantar un censo en Israel"*. Satanás le dio a David la idea de empezar a contar para ver exactamente lo fuerte que era la nación realmente. David decidió hacer un censo, y pensó que había sido su propia idea. Pero hacer ese censo era pecado porque demostraba que David estaba confiando en la fuerza humana en lugar de depender de Dios, y Dios juzgó a Israel por el pecado de David. Después David fue juzgado duramente por este pecado y tuvo que pagar el precio por su orgullo.

Vemos otro ejemplo de Satanás plantando pensamientos en la mente de alguien en Juan 13:2. Él *"ya había puesto en el corazón de Judas"* la idea de traicionar a Jesús.

En Hechos 5:3, vemos que Satanás usó el mismo método con Ananías. Pedro le preguntó a Ananías: *"¿por qué le permitiste a Satanás que entrara en ti para mentirle al Espíritu Santo…?"*. En este caso, Satanás había puesto en Ananías y su esposa Safira la idea de vender una propiedad, dar el dinero a la iglesia y fingir que habían dado la cantidad completa. Este pensamiento les costó a ambos mucho más que dinero. Les costó sus propias vidas.

Satanás es rápido plantando y dirigiendo pensamientos, pero sus pensamientos no deben tener la última palabra. Tú tienes el poder de controlar tus propios pensamientos. ¿Cómo deberías responder a los pensamientos de Satanás? De la misma forma que Jesús lo hizo cuando Pedro intentó impedir que fuera a la cruz. Pedro le dijo a Jesús: *"Señor, ¡ten compasión de ti mismo! ¡Que esto jamás te suceda!"*.

A lo cual Jesús respondió: *"¡Aléjate de mi vista, Satanás!"* (Mateo 16:22-23).

Las palabras salieron de Pedro, pero los pensamientos vinieron de Satanás. Cuando Satanás entra en tu mente, llega a tus acciones. La clave para vencer la conducta adictiva es llevar cautivos los pensamientos.

Las Escrituras nos dicen que según *piensa* el hombre, así *es* el hombre (ver Proverbios 23:7, RVR 60). Este versículo es la base para vencer cualquier conducta adictiva. Memoriza este versículo. Entiende su impacto sobre todo lo que haces.

Hombres, sus adicciones no surgen del vicio mismo, sino que surgen de sus pensamientos. Su adicción está arraigada y alimentada en su mente. Cuando Satanás planta pensamientos en tu mente y tú permites que sigan ahí, incluso les ayudas a crecer mediante tus acciones o por falta de estas, esos pensamientos se transfieren entonces biológica y físicamente a tus emociones.

Quédate conmigo mientras exploramos algo de ciencia rápidamente, porque es importante que entiendas lo que ocurre en tu interior. Tu *sistema límbico* es el sistema biológico que traslada esos pensamientos a lo que se llama *ligandos*. Según el pensamiento específico, estos ligandos activan una reacción en cadena de emociones similar a lo que has experimentado en el pasado.

Los ligandos están compuestos por *péptidos, hormonas* y otros comunicadores corporales. Una vez que estos ligandos se liberan, viajan por el cuerpo hacia sus receptores diana. Este proceso se produce casi de forma instantánea, razón por la que puedes tener una respuesta emocional automática a un pensamiento. Una vez que los ligandos llegan hasta sus receptores, se produce una vibración entre los dos, la que permite que las células de esa parte del cuerpo abran sus paredes y reciban el mensaje. Esto cambia a la célula misma, haciendo que forme nuevas proteínas, que se divida, o que haga varias otras cosas, dependiendo de las células en particular.

El proceso de pensamientos que desencadena emociones que después impactan tus células es tan poderoso que causa cambios psicológicos, como enfermedades psicosomáticas o incluso sanidades cuando les das un placebo en el que crees (un sustituto sin medicina). También afecta tu estado de ánimo y tus acciones cuando tu cuerpo responde a la emoción.

¿Alguna vez has notado cómo reacciona todo tu cuerpo cuando un automóvil vira hacia ti? ¿O cuando sientes que algo peligroso se está acercando a ti? ¿Has notado cómo tu cuerpo se relaja naturalmente cuando se evita el peligro? Estos son ejemplos sencillos de la respuesta del cuerpo a las emociones.

Satanás procura capturar tus pensamientos porque éstos son los que activarán tus emociones, lo cual a su vez influirá en tus acciones. Así, las adicciones se prolongan a través de las manipulaciones emocionales. Alcoholismo, consumo de drogas, gastar incontrolablemente, trabajar en exceso, ver pornografía, masturbarse con regularidad o la obsesión con el poder son reacciones a una emoción que ha afectado los anhelos y las necesidades de tu cuerpo. Entender el impacto psicológico que tienen tus pensamientos sobre tus emociones, y finalmente sobre tu cuerpo, ayuda a subrayar dónde está la batalla por tu libertad. Está completamente en tus pensamientos.

Consigue dominar tus pensamientos y dominarás tus emociones. Domina tus emociones y superarás cualquier adicción o fortaleza que te esclaviza.

Por eso no podemos esperar que alguien haga cambios duraderos solo porque le digamos que se calme o que deje de beber, de abusar de las mujeres, de maldecir, de ver televisión excesivamente o de hacer cualquier cosa que esté haciendo. No podemos hacer que alguien deje una adicción solo porque le expliquemos los efectos negativos de lo que se está haciendo a sí mismo y a los que le rodean. Tenemos que tratar sus pensamientos y llegar a la raíz de las mentiras que están causando las emociones que lo llevan a enmascarar su dolor mediante la adicción. Lo mismo ocurre contigo, tienes que tratar tus pensamientos y descubrir las mentiras que deben ser arrancadas y reemplazadas por la verdad para detener cualquier conducta negativa o adictiva.

EL PODER DE LA PALABRA

No hace mucho tiempo tuve el privilegio de sentarme con Everett Brown y conocerlo de un modo más personal. Había conocido a Everett y había escuchado su historia cuando acompañó a su hermano, el presentador de la NFL James Brown, para hablar en eventos u otras participaciones. Había escuchado cómo Dios había hecho una obra milagrosa en la vida de Everett al liberarlo de problemas serios de drogadicción. Pero fue solo cuando me senté y hablé con Everett que escuché su énfasis en el poder de la Palabra de Dios para vencer las fortalezas.

Ahora bien, conozco el poder de la Palabra de Dios. Creo en ella; soy predicador. Si no creyera en el poder de la Palabra de Dios debería conseguir otro trabajo. La Palabra de Dios cambia vidas. Es la espada activa de Dios mismo. Pero cuando me senté con Everett Brown para hablar sobre cómo Dios lo había liberado de décadas de drogadicción, me acordé de la fuerza de la Palabra de Dios. Su historia me animó mucho, así que quiero compartirla contigo.

Everett luchó durante casi la mitad de su vida con cuatro grandes adicciones: cocaína, pornografía, andar detrás de las mujeres y buscar aprobación. A pesar de sus mejores esfuerzos, nunca encontró una forma para superar la tenaza que estos cuatro demonios tenían en su vida. Everett compartió conmigo que acudió a múltiples centros de rehabilitación, sin escatimar su costo. Lo intentó todo, pero a pesar de todo lo que le enseñaban, terminaba cayendo otra vez en sus patrones adictivos y negativos de autoderrota en cuanto salía.

Fue así hasta que probó en un centro de recuperación de adicciones que me había oído recomendar en un sermón. Se llama America's Keswick, y en su variedad de programas tienen uno para vencer la adicción que se enfoca solo en la Palabra de Dios. El tiempo en el centro le permite a la persona experimentar todos los efectos de una mente transformada al pensar continuamente en las verdades de la Escritura. Una de las reglas es que la persona en recuperación solo puede usar la Palabra de Dios. No puede llevar otros libros, música ni nada.

"Quiero llevar la *aplicación* de Tony Evans para escuchar sus sermones", dijo Everett que les había dicho cuando estaba entrando en su novena temporada en rehabilitación. "Y algunos de sus libros", continuó Everett. Pero no se lo permitieron. Era la Palabra de Dios y nada más.

Everett lo dijo de esta forma: "Nos daban tres comidas al día, un poco de trabajo en el campo para estar activos, y no había televisión, ni libros, tan solo la Palabra de Dios". Y al final de su tiempo de rehabilitación allí, Everett dijo que fue liberado por primera vez en su vida. Memorizar la Palabra transformadora de Dios había funcionado. Esto fue hace varios años atrás, y desde entonces ha disfrutado de un matrimonio satisfactorio, poder ministrar a otros, y la paz del Señor a través de una vida que ya no está quebrada y atada. Nuestra conversación continuó mientras Everett compartía sobre lo que Dios estaba haciendo en su vida, y lo que más me impactó fue que, después de escuchar toda una letanía de retos de salud que ahora enfrenta debido a más de cincuenta años de tomar decisiones dañinas y de adicciones, sonreía con una de las sonrisas más auténticas que haya visto jamás, y decía: "¡Pero soy libre!". La sonrisa era contagiosa.

"¿Todos estos problemas y al mismo tiempo eres libre?", le pregunté, solo porque quería escucharlo de nuevo.

"Tony, soy libre", dijo Everett, casi como si esa sola frase resumiera el significado de la vida misma.

La libertad es valiosa. La libertad de las manipulaciones, distorsiones e influencias destructivas de Satanás abre la puerta para experimentar tu propia grandeza personal como hombre del reino. Pero la libertad nunca es gratuita. Siempre tiene un costo.

DERRIBA LA FORTALEZA

Parte de ese costo es el esfuerzo. La libertad se puede definir como *la liberación de una atadura ilegítima para poder decidir sobre ejercer responsabilidad, para maximizar todo aquello para lo que fuiste creado.*[2] La libertad actualizada mediante una perspectiva del reino a la hora de enfrentar obstáculos y desafíos y abrazar la soberanía de Dios genera una fe más poderosa que lo que pueda conseguir cualquier arma humana o sistema de filosofía. Llega hasta la gracia de Dios de tal forma que te concede una libertad que no depende de las cosas externas. Esta es la única libertad auténtica y verdadera, ya que manifiesta la capacidad de Dios para hacer bien en cualquier situación rendida a Él (ver Juan 8:32-36; 2 Corintios 3:17; Gálatas 5:1-4).

Esta libertad solo viene mediante la disposición a batallar en la esfera espiritual. Debes luchar contra el enemigo en la fuente misma de esclavitud: en tu mente. Satanás no solo pone un pensamiento diminuto en ti con la esperanza de que se quede ahí. No, la Escritura nos dice claramente que el diablo levanta fortalezas de falsos pensamientos. Pablo nos dice esto de manera muy clara:

> *Es verdad que aún somos seres humanos, pero no luchamos como los seres humanos. Las armas con las que luchamos no son las de este mundo, sino las poderosas armas de Dios, capaces de destruir fortalezas.* (2 Corintios 10:3-4)

Cuando se construían las fortalezas medievales, eran prácticamente impenetrables. Si has visitado alguna o las has visto en películas, sabes que sus enormes muros proveían defensas intimidantes para los soldados enemigos. Escalar el muro para derribar el castillo no era una pequeña hazaña. Ahora transfiere esta imagen de los castillos medievales a las fortalezas en tu mente. Son las fortalezas que Satanás intenta levantar en tu pensamiento para hacer su trabajo sucio. Él levanta esos pensamientos, a menudo basados en traumas del pasado, los medios o experiencias de la vida negativas, que pueden conducir a una baja autoestima, mentalidad de víctima, desesperanza, culpa, orgullo y más. Una vez que se construyen las fortalezas, el enemigo las usa para lanzar más ataques contra tu mente, así como para repeler tus intentos de desalojarlo. Pueden convertirse entonces en una profecía autocumplida, o cíclica, a medida que tus acciones validan tus pensamientos, lo que conduce después a más pensamientos del mismo tipo.

Una razón por la que las fortalezas son tan poderosas es que están muy arraigadas. Se arraigan cuando Satanás puede hacer que te creas la mentira de que tu situación no tiene esperanza. Su meta es hacerte creer que, por naturaleza, eres un drogadicto, o un manipulador o una persona negativa, que te controla el temor o la vergüenza, que nada cambiará nunca, y cosas parecidas. Una vez que cedes y adoptas esta línea de pensamiento, las fortalezas arraigadas se convierten en algo muy difícil de eliminar. Tu conducta se deteriora incluso más, porque siempre actuamos según quienes creemos que somos.

La única solución es derribar estas fortalezas al *"llevar cautivo todo pensamiento a la obediencia a Cristo"* (2 Corintios 10:5). Reprograma tu mente y libérate de la cautividad. Así es como desatas todo tu potencial y te liberas para después ayudar a otros hombres a levantarse y hacer lo mismo.

La solución es doble pero clara. Primero, identifica los pensamientos de Cristo sobre un asunto, y después, alinea tu propio pensamiento bajo el gobierno de su verdad. La verdad, entonces, te hará libre (ver Juan 8:32).

Ten en mente que solo reconocer la verdad no romperá ninguna atadura. Juan 8:32 dice que "conocerás" la verdad y después serás libre. La palabra para "conocerás" es *ginosko*, un verbo que literalmente significa tanto "conocer" como "ser conocido".[3] Es la misma palabra usada en Mateo 1:25 (RVR 60) cuando la Escritura dice que José no *conoció* (tener relaciones sexuales) a María mientras estaba embarazada. Otra versión dice que la mantuvo siendo virgen (*kai ou ginosko*) hasta que dio a luz a un Hijo, y llamó su nombre Jesús. La traducción literal de *kai ou ginosko* en Mateo 1:25 es *"no la conoció"*.[4]

Conocer la verdad, en la forma bíblica de esta palabra, es hacerla una parte intrínseca de quien eres. Es conocerla y ser conocido por ella, en el lugar más profundo y auténtico de ti. Es dejar que la verdad sea como dice Hebreos 4:12: *"Viva y eficaz, y más cortante que las espadas de dos filos, pues penetra hasta partir el alma y el espíritu, las coyunturas y los tuétanos, y discierne los pensamientos y las intenciones del corazón"*. Debes meditar, memorizar, considerar, permanecer e involucrarte continuamente con la Palabra de Dios para que te transforme y te haga libre. Juan 15:7 nos da este poderoso principio en una frase:

Si permanecen en mí, y mis palabras permanecen en ustedes, pidan todo lo que quieran, y se les concederá.

El "todo" del que Jesús está hablando incluye vencer una conducta adictiva y ciclos autodestructivos. Tu libertad para desatar totalmente el poder de la hombría bíblica se puede encontrar en este versículo. Deja que las palabras de Cristo permanezcan en ti mientras tú permaneces en Él. Sin esta identidad pertinaz en Cristo y su perspectiva sobre un asunto, estarás atado por las estrategias de Satanás. Él interrumpirá el que puedas alcanzar tu destino.

Pero cuando los pensamientos de Cristo y su Palabra son liberados para dominar tu alma, irás con la cabeza alta y declararás, como Everett, al margen de cualquier dificultad que encuentres: "Soy libre".

Empecé este capítulo hablándote sobre la fortaleza personal que yo tuve que vencer, la fortaleza de la adicción al trabajo. Pero ese no es el único reto que he tenido que enfrentar. He tenido muchos a lo largo de mis setenta años, como estoy seguro de que tú también tendrás. Crecer en la era del movimiento por los derechos civiles y las nuevas leyes Jim Crow me hizo luchar con una confluencia de emociones como le pasó a cualquiera en ese tiempo, y muchos aún siguen luchando hasta la fecha. Ha habido batallas emocionales que tuve que enfrentar y superar, como el resentimiento, la amargura y la falta de esperanza.

Recuerdo mirar desde mi ventana siendo un adolescente durante las revueltas justo después de que Martin Luther King Jr. fuera asesinado. Estaba allí de pie mirando fijamente a todos los miembros de la Guardia Nacional, totalmente armados, alineados en las calles. Parecía una zona de guerra. Recuerdo verlos y sentir plenamente la ira presente en muchos de nosotros durante ese tiempo de toque de queda y alta seguridad. Sentía conflicto porque estaba lidiando con una realidad que solo se podía resumir como dolorosa. Esos hombres habían sido llamados a estar allí para hacer su trabajo, pero su trabajo era impedir que personas como yo saliéramos de nuestro hogar. Era confuso y vergonzoso en muchos aspectos, especialmente a la luz de la realidad de que "personas como yo" acabábamos de perder una de nuestras mayores voces pacíficas por los derechos humanos a través de la violencia de un asesinato.

Pero, al mismo tiempo, estaba luchando con el entrenamiento que había recibido de mi padre. Mi padre nunca malgastaba sus palabras. "Ama a tu enemigo, Tony", me decía. Explicaba que no tenías que amar lo que ellos hacían, pero tenías que amarlos a ellos. Podías odiar el pecado, pero amar al pecador.

Según crecía, tuve que equilibrar todo aquello que había dentro de mí emocionalmente. El batallar durante esta etapa me llevó a un principio de vida que he aplicado desde entonces: la fe deber derrocar todo, incluso mis sentimientos. Aprendí que tenía que operar con base en lo que creía, no lo que sentía. Tuve que tomar mis decisiones con base en la verdad de la Palabra de Dios, lo que hizo que me decidiera por hacer lo correcto en lugar de permitir que mis emociones me animaran a hacer algo malo.

Así que ese día, mientras miraba por la ventana siendo un adolescente negro en una ciudad con las calles llenas de soldados, le pregunté a mi papá si podía llevarles algo para beber. Le pregunté si podía darles agua. Era mi manera de poner pies a mi fe. Era mi manera de demostrar gracia y amabilidad en medio de la confusión y el caos. Fue mi paso para buscar no sucumbir al veneno que el entorno cultural me ofrecía, incluso aunque estaba basado en un dolor legítimo, sino para levantarme por encima del mismo.

Sí, mi dolor era real, al igual que las injusticias. Matar a un líder pacífico que nos estaba ayudando a avanzar como nación fue algo que dolía mucho, pero decidí responder con la verdad en lugar de reaccionar con las emociones, con base en la Palabra de Dios.

He intentado llevar este principio conmigo a lo largo de mi vida desde entonces. Esto no significa que respalde el mal. Debemos condenar lo que está mal, pero a la vez debemos levantarnos sobre ello para no quedar atrapados en una fortaleza de amargura o dolor. Permíteme darte un ejemplo de cómo se desarrolló todo esto en la vida cotidiana después.

Nunca olvidaré la vez en que un hombre vino a hacer un trabajo en nuestra casa. Todo iba bien hasta que el hombre, que era blanco, me llamó "niño". En ese momento, toda mi historia se elevó hasta el punto de amenazar con hervir. Me giré hacia él con una mirada fulminante. Soy negro. Él era blanco. Él estaba usando un término de denigración basado en el pasado. Lo peor es que yo era mayor que él. Y pastor.

Todo eso estaba agitando mis emociones al mismo tiempo. Quería responder según mis sentimientos; pero decidí hacer una pausa, según este principio que aprendí siendo adolescente. Decidí hacer en susurros una oración rápida pidiéndole a Dios que me diera sabiduría porque quería tratar la situación de manera apropiada. Hombres, siempre es bueno hacer una pausa y orar cuando no sabemos qué hacer. Podría ser que tus emociones estén respondiendo sin toda la información. Pídele a Dios sabiduría.

Me alegro de haberlo hecho, porque momentos después entró un hombre blanco que tenía aproximadamente mi edad. El hombre también lo llamó "niño". Aparentemente, usar este término era un hábito que él tenía, y no era consciente del contexto cultural y de que podía ser ofensivo para mí. Verlo llamar "niño" al hombre blanco cambió toda la atmósfera, porque al principio me lo había tomado como algo personal. Pero cuando tuve más información, entendí mejor su intención.

Los hombres del reino buscan discernir primero, antes de hablar y corregir en amor.

Dar a la gente el beneficio de la duda al tratar fortalezas emocionales también te dará tiempo para procesar lo que estás experimentando y la mejor forma de responder. Esperar a conocer la intención también puede reducir la intensidad de situaciones que de otra forma podrían volverse hostiles. Mi preocupación es que, si somos muy sensibles con cualquier cosa que pueda suponernos una ofensa, que nos conduce más profundamente hacia una "cultura de cancelación" antes de examinar el corazón, nunca avanzaremos. Hemos tenido que aprender a apretar el botón de pausa y discernir, preguntar y decir la verdad en amor. Dile a la persona que lo que él o ella hizo o dijo te ofendió, y después pregúntale si lo dijeron a propósito o si fue una equivocación. Ministra mediante la gracia. Todos necesitamos gracia en algún punto u otro. No estoy diciendo que no debemos corregir a la gente que tiene la intención de ofender o que ofende por una ingenua falta de conciencia. Pero los hombres del reino buscan discernir primero, antes de hablar y corregir en amor.

Con demasiada frecuencia, nuestras propias emociones se interponen entre nosotros y el que Dios mismo se vengue de alguien que lo está haciendo mal. Es como un jugador de básquet que empuja a otro jugador con el codo solo para que lo empujen a él y penalicen a ese otro jugador. Si no hubiera respondido mal, la falta se la habrían aplicado al primer jugador. Anula los retos emocionales con paciencia y gracia, respondiendo con amor, y al hacerlo abrirás la puerta para que Dios intervenga de una forma poderosa en tu favor. He visto suceder esto en mi vida más veces de las que podría contar. Dios está de tu lado. Él solo quiere que te asegures de estar también de su lado. Puedes demostrarle que lo estás con tu modo de escoger enfrentar y superar los retos y las fortalezas en tu vida.

SIETE

CONTINÚA

Nada menos que la venganza llena de odio corría por las venas de cada hombre, palpitando fuertemente con cada latido de sus corazones amargados. No habían olvidado la brutal matanza a la que habían sucumbido años antes. Había sido la última batalla conocida de Moisés en su búsqueda de la tierra prometida. Histórica. Despiadada. Descontrolada.

Con una ferocidad inflamada por la pérdida de veinticuatro mil israelitas debido a una plaga provocada por un engaño, Moisés había dirigido a sus hombres a lo que solo se podría describir como una aniquilación a gran escala. Moisés siguió las instrucciones de Dios de "ser hostiles" de forma muy literal. Leemos las instrucciones que se le dio en Números 25 como preparación de la escena:

> Hostilicen a los madianitas, y mátenlos. También ellos los hostilizaron a ustedes con sus ardides; los engañaron en relación con Baal Pegor y con su hermana Cozbi, la hija del príncipe de Madián, que por causa de Baal Pegor fue muerta el día de la mortandad.
> (vv. 17-18)

Hostilizar no describe adecuadamente lo que ocurrió después. Moisés llevó a sus hombres hacia lo que se podría llamar la Masacre

Madianita, con un costo de más de cien mil vidas, muchas de las cuales eran mujeres y niños. Esta batalla brutal rebanó la tierra como una espada descomunal, cortando líneas generacionales de legado en un instante. El resultado fue un grupo de personas devastado que habían sido saqueadas por completo y llevadas a la ruina. Los botines para los israelitas incluían más de medio millón de ovejas, 72.000 reses, 61.000 burros, y 32.000 mujeres vírgenes a las que se les había perdonado la vida (Números 31). Todos los demás resultaron muertos.

Habían pasado más de doscientos cincuenta años desde este torturador momento en el tiempo para los madianitas, pero sus recuerdos permanecían igual de frescos que la sangre que antes brotaba de cada hombre, mujer y niño atravesado por una espada. El tiempo no los había dejado olvidar, pero sí les dio la oportunidad de reconstruir y hacerse fuertes.

Por lo tanto, cuando leemos en Jueces 6 que la propia descentralización espiritual de Israel para convertirse en una cultura de libertinaje condujo a la consecuencia final de la ira de Dios, no es de extrañar que esta ira llegara a manos de los vengativos madianitas. Estaban hambrientos, no, se morían de hambre, junto al precipicio de la represalia. Lo único que Dios tenía que hacer era decir la palabra, y se lanzarían sobre los israelitas.

Por siete años, Madián infundió terror sobre sus enemigos como un granizo enorme cayendo fuerte sobre cualquier cosa que hubiera en su camino. Expulsaron a los israelitas de sus tierras de labranza y sus pastos para hacerlos vivir como refugiados en cuevas apartadas en las montañas. Como si se mofaran de ellos, les permitían trabajar la tierra solo lo justo para producir una pequeña cosecha. Después entraban como un maremoto para consumirla o destruirla, dejando a los israelitas otra vez muriéndose de hambre.

Una y otra vez, los madianitas descendían sobre el ganado de los israelitas como langostas famélicas tras muchos años bajo tierra. No dejaban ni ovejas, ni burros y bueyes a disposición de los israelitas. Los madianitas tenían una meta en mente: venganza. La Escritura dice que *"venían… y devastaban la tierra"* (Jueces 6:5).

El siguiente versículo casi no es necesario mencionarlo, pero lo compartiré porque ayuda a poner en su lugar más piezas de los principios que estamos a punto de estudiar. *"Por culpa de los madianitas, los israelitas se habían empobrecido demasiado, así que clamaron al Señor"* (v. 6).

¡No me digas! Ellos clamaron a Dios en su desesperación. No me sorprende. Hambre, miedo, peligro, asaltos y robos llevarían a cualquier nación a ponerse de rodillas. Eso es lo que hacen las dificultades. Los tiempos difíciles hacen que la gente se mantenga humilde y que pueda mirar hacia arriba para pedir ayuda. Sin embargo, a pesar de que el peligro que parecía confundirlos, Dios tenía un propósito para su dolor.

La terquedad de sus corazones los había situado en un camino hacia un ciclo de derrota basado en la indulgencia. Este era el pueblo escogido de Dios, y Él tenía un plan mejor para ellos que su propia autodestrucción. Pero a través de sus decisiones rebeldes, se habían desviado de su plan divino. Vemos tanto la causa como la consecuencia de sus decisiones unos pocos versículos más atrás, donde leemos:

> *Después de esto, hubo paz en la tierra durante cuarenta años. Los israelitas hicieron lo malo a los ojos del Señor, y durante siete años el Señor los dejó caer en manos de Madián. Los madianitas oprimieron con tanta crueldad a los israelitas, que ellos hicieron cuevas y refugios en los montes y en lugares inaccesibles.* (Jueces 5:31-6:2)

Tras este reciente periodo de respiro, prosperidad y paz, Israel decidió apartarse de Dios en vez de correr hacia Él. Se habían desviado en busca de los placeres narcisistas y los privilegios. En lugar de servir a Dios con un corazón agradecido, querían más. Los últimos cuarenta años de paz produjeron poco más que un pueblo engreído y borracho de su propio poder y orgullo personal. Aquí tenemos la causa. Por lo tanto, Dios los entregó en las hambrientas manos de los madianitas para recordarles quiénes eran realmente. Aquí tenemos la consecuencia.

Las propias decisiones de los israelitas los llevaron a su estado extremo de angustia. Dios permitió tales consecuencias porque quería que ellos aprendieran de sus pecados.

Una de las razones por las que Dios permite o crea una crisis es para forzar nuestro regreso a Él. Cuando nuestra desviación nos lleva a vivir sin estar alineados con la voluntad de Dios, Dios a menudo permitirá que sucedan dificultades, lo que nos volverá a situar en el buen camino. Ahora bien, podemos regresar voluntariamente, por supuesto, siempre tenemos esa opción; pero, por desgracia, son pocos los que normalmente lo hacen. Así, cuando insistimos en permanecer apartados de Dios en nuestros pensamientos, palabras y acciones, Dios permite que las circunstancias nos guíen de regreso a Él. A veces estas circunstancias son menores. Otras veces no.

LLEGA EL ÁNGEL DEL SEÑOR

Asustado y famélico, amontonados en cuevas en las montañas, Israel había recibido un toque de atención de proporciones épicas. Como resultado, hicieron lo que cualquiera haría cuando se le despierta de una gran pesadilla: clamar pidiendo ayuda. Estoy seguro de que tú mismo has hecho esto en algún momento. Al menos yo sí lo he hecho. Estás profundamente dormido, soñando, y tu sueño da un giro muy malo. Antes de que te des cuenta, estás incorporado en la cama gritando y pidiendo ayuda, solo para descubrir que no pasa nada en tu oscura habitación. ¡Te sientes como un necio! Pero el clamor de Israel no se debía a un sueño, ni a una pesadilla. Israel clamaba a Dios por sus propias vidas. Le rogaban que les librase del enemigo que les exhalaba en el cuello.

Sin embargo, a diferencia de un papá tranquilo que consuela a un niño después de un mal sueño, Dios respondió en cambio con una severa reprimenda. Dios no dijo: "Bueno, bueno, mi pueblo favorito, tranquilo. Ya estoy aquí". No, en lugar de eso leemos lo que parecen ser las palabras frustradas de un Dios santo conteniéndose mediante la boca de un profeta:

El Señor les envió un profeta, que les dijo: «Así dice el Señor, el Dios de Israel: "Yo los saqué de Egipto, donde eran esclavos. Yo los libré del poder de los egipcios y de cuantos los afligían. A todos ellos los arrojé lejos de ustedes, y a ustedes les di su tierra. Yo les confirmé que soy el

Señor su Dios. Así que no tengan miedo de los dioses de los amorreos, que todavía están entre ustedes. Pero ninguno me obedeció»".

(Jueces 6:8-10)

Antes de darles una solución, Dios les recordó por qué estaban así en primer lugar. Él no quería que la lección se perdiera en su liberación divina. Dios quería que los israelitas recordaran qué era lo que había provocado este lío en primera instancia. En resumen, les dijo:

Los saqué de Egipto.

Los saqué de la esclavitud.

Los libré de sus opresores.

Les di la tierra.

Yo soy el Señor su Dios que hizo todo esto y mucho más.

Pero ustedes no me obedecieron.

A pesar de todo lo que Él había hecho por ellos, habían escogido ir detrás de sus ídolos como un perro va detrás de un palo. Los dioses de los amorreos se habían convertido en su trampa. Una generación de derechos y paz había desembocado en un estilo de vida de lujo y codicia. Los israelitas habían descuidado el honrar a Dios mediante la obediencia, así que sus propias decisiones los llevaron a su dolor, a la escasez y a las dificultades que ahora sufrían. Por cierto, en caso de que aún no te hayas dado cuenta, Dios no se toma a la ligera la idolatría.

Después de su directa recapitulación de por qué clamaban a Él, Dios entonces pasó a la solución. Sería una solución atípica, pero esos eran tiempos atípicos.

Para empezar, Dios envió a un ángel del Señor a un hombre que estaba ocupado sacudiendo trigo en un lagar. Sí, me has oído bien. Había un hombre sacudiendo trigo en un lagar. Si te preguntas por qué lo estaba haciendo allí, la respuesta está en la historia que acabamos de repasar. Estaba intentando esconder el trigo de los madianitas. Recuerda que ellos llegaban y saqueaban la comida. Para poder tener algo de comer, los hombres tenían que ser creativos, astutos, callados, y estar alerta todo el tiempo.

Mientras sacudía el trigo, este hombre oyó una voz: *"El Señor está contigo, porque eres un hombre valiente y aguerrido"*, dijo el ángel del Señor, que se le apareció (v. 12).

Estoy seguro de que el hombre miró hacia arriba para ver quién le acababa de hablar. Quizá incluso pensó: *¿Alguien me acaba de llamar valiente y aguerrido? No es posible.* Ahí estaba él, a fin de cuentas, encorvado sobre el trigo en un lagar, casi con toda seguridad mirando por encima del hombro de vez en cuando para evitar ser detectado. Pero el ángel lo había llamado valiente y aguerrido, y como nos mostrará la historia, la descripción fue apropiada.

Pero el joven llamado Gedeón no sabía eso aún, así que ni siquiera reconoció el grandioso título. Tenía poco sentido para él en ese momento. Al responder, no le prestó ni la más mínima atención. A fin de cuentas, tenía cosas más importantes que preguntar, cosas como la penetrante pregunta de por qué. ¿Por qué esto? ¿Por qué ahora? ¿Por qué nosotros? Puedes oírlo por ti mismo:

> «Señor mío, si el Señor está con nosotros, ¿cómo es que nos ha sobrevenido todo este mal? ¿Dónde están las maravillas que nuestros padres nos contaron, cuando nos decían que el Señor los había sacado de Egipto? ¡Pero ahora resulta que el Señor nos ha desamparado, y que nos ha entregado en manos de los madianitas!».   (v. 13)

Gedeón hizo las preguntas difíciles, y a veces nosotros hacemos lo mismo cuando las cosas van mal, ¿no es cierto?: *Dios, ¿dónde estás y por qué has permitido que sucedan todos estos problemas en mi vida? ¿Por qué estoy pasando por todo esto? ¿Por qué no detuviste todo esto, cambiaste esto, arreglaste aquello o resolviste esto otro? ¿Dónde están tus milagros sobre los que he leído? ¿Me trajiste aquí solo para dejarme morir? Mira lo mal que se han puesto las cosas, Dios.*

Esa pregunta con todo incluido: *¿Por qué?* Sé que yo he preguntado *por qué* en alguna ocasión. Muchos lo hacemos. De hecho, tan solo un mes después de que mi esposa falleciera debido a un cáncer, mis dos hijas tuvieron graves problemas de salud. Mi hija Chrystal tuvo un tumor raro en su pierna, que los doctores estaban explorando para determinar cómo tratarlo. Y mi hija Priscilla tuvo una irregularidad grave en el pulmón, tan grave como para que los doctores recomendaran quitarle el lóbulo entero. Como familia, ya habíamos sufrido la pérdida de Lois, además de seis muertes más de familiares cercanos en los dieciocho meses previos. Estábamos emocionalmente exhaustos, vacíos, y si tuviera que ser brutalmente honesto, confundidos.

Mientras me sentaba con Priscilla en el hospital después de una cirugía tan importante donde literalmente tuvieron que desconectar el pulmón del corazón para realizarla, tenía los ojos llenos de lágrimas. "¿Por qué, papá?", me preguntaba. "¿Por qué nos está ocurriendo todo esto?".

Nublado por mi propio dolor, no tenía una buena respuesta que darle que no fuera: "No lo sé, Silla. No lo sé". Tras una pausa, añadí: "Pero Dios sí lo sabe. Tenemos que seguir confiando en Él". La vida puede hacernos eso de vez en cuando. La vida puede tomar tus propias respuestas y tu entendimiento y darles una patada para tirarlo a la basura. Las cosas no tienen ningún sentido. Quizá has estado ahí. Sé que yo sí he estado. No es un lugar divertido en el que estar.

Gedeón también debía haber estado en este punto. Estoy seguro de que tuvo sentimientos similares mientras vivió ese momento sagrado en el tiempo. No le importaba ser valiente y aguerrido en ese entonces, porque tan solo le preocupaba su siguiente comida. La vida puede tornarse tan dura de forma tan rápida, que incluso la esperanza se convierte en un lujo. La primera oportunidad que tuvo Gedeón de preguntar *por qué*, la aprovechó. No lo puedo culpar por hacer eso.

Pero Dios sabe qué es lo que más necesitamos en medio de nuestras dificultades y nuestro dolor. Así, Dios escogió no responder la pregunta de *por qué* que le hizo Gedeón, así como a veces no responde a la nuestra. Quizá fue porque Él ya la había respondido una vez a través del profeta. O podría ser que Él quería cambiar el enfoque de Gedeón y quitarlo del ayer para dirigirlo hacia el mañana. Sea cual sea la razón, podemos aprender algunas cosas de la respuesta de Dios. Una es que, aunque hay veces que está justificado que preguntemos, y siempre tenemos el derecho de preguntar, nunca debemos demandar una respuesta.

Otra cosa que aprendemos es que no es sabio permitir que el *por qué* se convierta en un modo de vida. Si lo haces, podrías terminar atascado en una mentalidad de víctima, lo cual solo consigue mantenerte abajo. Demasiados hombres pierden un futuro más grande porque siguen atados a los dolores del pasado. Ahora bien, entiendo que las cosas que ocurrieron entonces hayan sido duras, quizá fueron injustas, pero no puedes cambiar el pasado; nadie puede. Tienes que dejar de permitir que tu pasado domine tu presente y, por consiguiente, destruya tu futuro. Suéltalo, levántate y avanza. Un hombre del reino entreteje una o dos preguntas, de sí mismo o de aquellos a los que cuida, pero después sigue hacia adelante para buscar la solución.

SOLO VE

Vemos que la respuesta del ángel del Señor a la pregunta de *por qué* de Gedeón ignoró la pregunta y entonces dio una orden: *"Con esa misma fuerza que demuestras, vas a salvar a Israel del poder de los madianitas. ¿Acaso no soy yo quien te está enviando?"* (v. 14). Un resumen de la conversación podría ser algo así:

Ángel: "Hola, guerrero valiente".
Gedeón: "¿Por qué mi vida es tan mala? ¿Por qué mi nación está tan agitada? Todo es un caos. ¡Dios nos ha abandonado!".
Ángel: "Ve y arréglalo".

La respuesta del ángel se reduce a una palabra. *Ve.* Ve simplemente significa *avanzar, proceder, dirigirse en cierta dirección*. Definitivamente no significa quedarse, permanecer y hablar sobre lo mal que han estado las cosas o están en este momento. El ángel respondió con una orden la petición de una respuesta que le hizo Gedeón. Y, al igual que un padre, para dar énfasis añadió: *"¿No soy yo quien te está enviando?"*. En otras palabras, haz algo con respecto al problema.

Pero, como nosotros hacemos a veces, Gedeón seguía confundido. Respondió incluso con más preguntas y preocupaciones:

¿Cómo puedo ir?

¿Quién soy yo para hacer algo?

Mi familia no es importante.

Soy el hijo menor de una familia nada importante.

En esencia, dijo: "Escoge a otro. Esto es demasiado grande para mí". Obviamente, Gedeón no quería ir. Su respuesta revela eso. Pero Dios no estaba dispuesto a oírlo. Le había dicho a Gedeón que fuera, así que buscó una manera de fortalecerlo para ayudarle a hacerlo. Aseguró a Gedeón que no estaría solo. *"Yo estoy contigo"*, le dijo el ángel del Señor con voz muy clara, y *"Tú derrotarás a los madianitas como si se tratara de un solo hombre"* (v. 16).

Gedeón necesitaba el recordatorio de que, con Dios, tu linaje, prestigio y posición no importan. Lo único que importa es quién va contigo. Es un punto espiritual sencillo, pero uno que a menudo pasamos por alto en detrimento nuestro. La clave para lograr cualquier tarea imposible es la presencia del Señor contigo. No depende de tu experiencia o falta de esta. No depende tan siquiera de tu fuerza. Tu estrategia no es rival para la de Dios, así que bien puedes dejarla encima de la mesa y seguirlo a Él. El éxito espiritual en la guerra espiritual depende por completo de soluciones espirituales. Las soluciones espirituales se producen siempre y cuando Dios va delante de ti o contigo. Eso determina tu resultado. Vemos este principio en acción una y otra vez en la Escritura:

Pero Moisés respondió: «Si tú no vas a venir conmigo, no nos saques de aquí».   (Éxodo 33:15)

El Señor va delante de ti. Él estará contigo, y no te dejará ni te desamparará. No temas ni te intimides.   (Deuteronomio 31:8)

Yo iré delante de ti, y te allanaré los lugares torcidos; haré pedazos puertas de bronce y cerrojos de hierro.   (Isaías 45:2)

Atácalos cuando oigas sobre las copas de los árboles un ruido como de un ejército en marcha, porque el Señor se pondrá en la vanguardia y herirá de muerte al ejército filisteo.   (2 Samuel 5:24)

Dios tiene que ir delante de ti o va contigo para vencer al enemigo que estés enfrentando. Su presencia es tu poder. Su sabiduría asegura tu victoria, y recuerda que siempre está bien pedir una confirmación sobre algo tan importante como eso. Gedeón lo hizo, y demostró así que los guerreros valientes conocen sus propios límites. Gedeón no quería salir a hacer frente a los madianitas él solo, pero también sabía que, si Dios iba con él, podrían derrotar al enemigo.

EL LUCHADOR DE BAAL

Así que Gedeón le pidió a Dios una señal, una de muchas señales que le pediría más adelante. Pero esta primera señal tenía que ver con una ofrenda que había hecho de carne, caldo y pan sin levadura. Tras ponerlos sobre una roca, derramó el caldo por encima. Leemos lo que ocurrió después:

Entonces el ángel del Señor extendió el bastón que tenía en la mano, y con la punta tocó la carne y los panes sin levadura. Al instante brotó fuego de la peña, y consumió la carne y los panes sin levadura, y el ángel del Señor desapareció de su vista.   (Jueces 6:21)

Si el Señor consumía la ofrenda, Gedeón sabría de cierto con quién había estado hablando, que es exactamente lo que ocurrió. El pasaje continúa:

Gedeón comprendió que había visto al ángel del Señor y exclamó: «¡Ay, mi Señor y Dios, que he visto a tu ángel cara a cara!» Pero el Señor le dijo: «La paz sea contigo. No tengas miedo, que no vas a morir.» Allí, Gedeón edificó un altar al Señor y lo llamó «El Señor es la paz», y hasta el día de hoy este altar puede verse en Ofrá de los abiezeritas.   (vv. 22-24)

El Señor es la paz. Ese es un buen nombre para un altar durante un tiempo de derramamiento de sangre y guerra; sin embargo, cuando Dios está presente, incluso en tiempos de locura, la paz existe. Satanás es el maestro de la confusión y el caos, pero la presencia de Dios siempre trae la paz. Ese es un determinante que puedes usar al buscar la guía de Dios en tu propia vida. Él te da paz cuando estás alineado con Él.

Tras la ofrenda y la respuesta, el Señor volvió a hablar a Gedeón con las instrucciones que necesitaba para llevar a cabo el ataque. Tenía que empezar por quitar los ídolos de su propia casa. Así es, la victoria para la nación comienza con un hombre. Leemos en los versículos 25-27:

Esa misma noche, el Señor le dijo a Gedeón: «Ve y toma el toro de siete años, es decir, el segundo del hato de tu padre; luego derriba el altar que tu padre levantó en honor de Baal, y derriba también la imagen de Asera que está junto al altar. Luego, en un lugar conveniente, en la cumbre de este peñasco, edifica un altar al Señor tu Dios, y cuando hayas tomado el segundo toro, con la madera de la imagen de Asera que derribaste me lo ofrecerás como holocausto.» Gedeón llamó entonces a diez de sus siervos, y cumplió con lo que el Señor le había ordenado. Pero lo hizo de noche, pues temía hacerlo de día porque lo podían ver la familia de su padre y la gente de la ciudad.

Como vimos antes, la idolatría había penetrado tanto en la cultura que en este momento estaba escalando, razón por la que eso era lo primero que Dios tenía que tratar. La adoración de ídolos extranjeros y valores ajenos se había extendido tanto, que incluso el padre de Gedeón tenía un ídolo de Baal y un ídolo de Asera en su casa.

Así, Dios le dijo a Gedeón que eliminara los ídolos, porque antes de que Él pudiera dirigir a Gedeón a luchar contra el enemigo fuera del campamento, tenía que sacar al enemigo de dentro. El principio para nosotros hoy como hombres del reino es que no deberíamos esperar que Dios hiciera algo a través de nosotros fuera de nuestro hogar o de nuestro círculo íntimo si primero no estamos dispuestos a arreglar las cosas dentro.

Quizá me hayas oído decir algo como esto: un hombre hecho un desastre contribuye a tener una familia hecha un desastre, eso contribuye a tener una iglesia hecha un desastre. Una iglesia hecha un desastre contribuye a tener una comunidad hecha un desastre, lo que contribuye a tener un condado hecho un desastre. Un condado hecho un desastre contribuye a tener un estado hecho un desastre, y a su vez eso contribuye a tener un país hecho un desastre. Y un país hecho un desastre contribuye a tener un mundo hecho un desastre.

Por lo tanto, si quieres un mundo mejor, compuesto por mejores países, compuestos de mejores estados, que contienen mejores condados, poblados de mejores comunidades, que albergan mejores iglesias, a las que asisten mejores familias, todo comienza con ser un hombre mejor. Comienza contigo, ahora mismo, aquí mismo. Así como la liberación de toda la nación de Israel de manos de los madianitas comenzó con Gedeón, en su propio hogar.

Dios había levantado a Gedeón para una poderosa conquista; pero antes de llevarlo hasta eso le pidió que fuera obediente a lo que tenía a su alrededor. Mateo 13:12 describe el principio del reino así: *"Porque a cualquiera que tiene, se le dará, y tendrá más; pero al que no tiene, aun lo poco que tiene se le quitará"*.

> **No deberíamos esperar que Dios hiciera algo a través de nosotros fuera de nuestro hogar o de nuestro círculo íntimo si primero no estamos dispuestos a arreglar las cosas dentro.**

La fidelidad con lo que tienes ahora mismo y donde estás en este instante siempre es el primer paso hacia un mayor uso en el reino de Dios. Vimos esto en la vida de Samgar en *Un hombre del reino*. Si no lo has leído, te animo a que consigas ese libro y prestes atención al capítulo sobre Samgar. Dios quiere ver si estás dispuesto a seguirlo ahí mismo donde estás. Él quiere saber lo que estás dispuesto a hacer ahora en tu lugar, con tu familia y amigos, e incluso en tu vecindario y tu iglesia. No malgastes tu tiempo en visiones de grandeza si no estás dispuesto a comenzar a abordar los pecados que te impregnan por dentro.

Gedeón oyó la orden de Dios y pasó a la acción. Se dispuso a ganar la batalla nacional reuniendo diez hombres para derribar los altares de su propio hogar. Ahora, si se necesitan diez hombres para derribar algunos altares, entonces no son cosas que habían estado sobre el mantel, sino que esos ídolos tenían una gran presencia en su familia y en su hogar. Derribarlos no sería algo que pasaría desapercibido. Gedeón lo sabía, y por eso, para evitar una oposición inmediata, él y diez hombres más derribaron los ídolos por la noche (ver v. 27).

Esta verdad suscita un punto importante. Aunque Dios nos da paz en momentos de incertidumbre, nuestra humanidad nos deja vulnerables a los continuos cambios emocionales basados en lo que se nos ha asignado hacer. La obediencia como hombre del reino no siempre está rodeada de calma. A veces esa obediencia se produce entre una mezcla de emociones. No cabe duda de que Gedeón tenía miedo si deambulaba por ahí de noche para derribar los altares familiares. Pero ser valiente no significa no tener miedo; ser valiente significa hacer lo correcto a pesar de que el miedo esté presente.

No hay nada valiente en hacer algo que sabes que tendrá éxito sin oposición alguna. El valor se produce cuando te levantas para hacer la tarea que parece imposible.

Gedeón sabía que derribar esos ídolos no sentaría bien a algunos. De hecho, leemos en el versículo 30 que, como resultado, los hombres de la ciudad llamaron a matar a Gedeón. Eso muestra lo fuerte que la idolatría se había infiltrado en la cultura israelita a esas alturas. El mismo pueblo de Dios quería matar a la persona que derribó los ídolos en el nombre del Dios vivo. El padre de Gedeón astutamente sofocó a la turba enojada mediante una pregunta y una frase. Dijo:

¿Quieren luchar en favor de Baal y defender su causa? El que esté a su favor, que muera esta mañana. Si en verdad Baal es un dios, déjenlo que luche él mismo contra quien derribó su altar.   (v. 31)

Joás, el padre de Gedeón, dio un argumento sólido. Si Baal es el dios que dicen que es, ¿no debería él ser capaz de defenderse a sí mismo? Si es tan poderoso, ¿por qué unos meros seres humanos tendrían que defenderlo? Su planteamiento calmó a la multitud y permitió que su ira remitiese.

En medio de toda esa conmoción, Gedeón no solo obtuvo el valor tan necesitado, sino también obtuvo un nuevo nombre. Su padre lo llamó Yerubaal, que significa *"que luche Baal contra él"* (v.32). Recibió este nombre porque había tenido éxito derribando a los ídolos.

A Gedeón ahora se le conocía como el luchador de Baal. Se había mostrado como alguien fuerte, y su reputación se extendió rápidamente. Al tratar el pecado dentro de la línea familiar de Gedeón, Dios simultáneamente había creado un escenario que establecía su notoriedad y su reputación. No tardó mucho en extenderse su fama por las calles. El hijo menor de una familia sin prestigio alguno cuya vida estaba amenazada se había convertido en el luchador de Baal de la noche a la mañana. Lo único que tuvo que hacer después fue hacer sonar una trompeta y enviar un mensaje por todo Manasés, y los hombres vendrían corriendo a apoyarlo en la batalla (ver v. 34). ¿Por qué hablo de este cambio de eventos tan rápido? Porque cuando Dios está preparado para actuar, Él puede moverse rápidamente. *De repente* es un término usado en toda la Escritura cuando Dios aparece y cambia las cosas en un instante.

Entiendo que puede ser frustrante cuando las circunstancias no parecen estar muy a favor tuyo, o durante esos tiempos en los que quieres ser la persona que sabes que puedes ser, pero las cosas no se acomodan para ello. Pueden pasar factura sobre la paciencia de alguien cuando los sueños se levantan en dicha persona, pero la vida parece consistir tan solo en sobrevivir a cada día. Tú sabes que fuiste creado para más, sabes que puedes lograr más, pero estás atascado sacudiendo trigo en un lagar.

Si ese es tu caso ahora mismo, quiero recordarte que, aunque esperar puede ser frustrante, has de saber que, cuando Dios decide actuar, Él puede cambiar el panorama de la noche a la mañana. Lo he visto hacerlo en mi propia vida varias veces, y también lo he visto hacerlo en otros.

Cuando Dios está listo, no tarda mucho. Él puede cambiar a un siervo en el campo en un luchador de Baal que lidere la carga de liberar a toda una nación. Lo hizo con Gedeón, y también puede hacerlo contigo.

CON TRESCIENTOS HOMBRES BASTARÁ

Una vez que Gedeón recibió el llamado a dirigir las tropas, le pidió a Dios otra confirmación. La mayoría de ustedes han oído la historia de Gedeón y sus dos vellones, cómo le pidió a Dios la seguridad de que había oído bien. En esencia, oró y pidió una señal. Dos veces, que es exactamente lo que tenemos que hacer como hombres del reino. La razón por la que oras es porque nunca debes limitarte a los procesos que conoces o a los que estás acostumbrado. La oración es invitar a Dios al proceso para dirigirlo.

Gedeón necesitaba saber que estaba oyendo de Dios, porque los procesos de Él a menudo son extraños para nosotros, o podría usar la palabra *raros*. No son los procesos normales que nosotros usaríamos.

Por desgracia, sin embargo, a veces cuando Dios nos dirige a muchos de nosotros en busca de algo, a menudo suponemos los procesos y el método que hay que utilizar con base en nuestro propio conocimiento, habilidades y entendimiento. Operamos en las formas normales que nos han funcionado en el pasado, pero Dios raras veces trabaja según nuestras estrategias y planes. De hecho, nada hará que Dios sea más real para ti que esas veces en las que Él anula los procesos conocidos por la humanidad para llevar a cabo una victoria en tu vida.

Así que Gedeón le pidió a Dios una confirmación, de nuevo. Después de que Gedeón recibió sus señales, decidió que era el tiempo de continuar. La siguiente parte del proceso es uno de los eventos más destacados de toda la Escritura. Quiero que lo leamos en su totalidad para que no nos perdamos nada. Quizá estás familiarizado con la historia, pero te animo a leerla otra vez porque quizá veas algo nuevo.

Gedeón, también llamado Yerubaal, se levantó muy de mañana y, junto con toda su gente, acampó cerca del manantial de Jarod. El campamento de los madianitas estaba al norte, en el valle, más allá del collado de More.

El Señor le dijo a Gedeón: «Es mucha la gente que viene contigo. No quiero que vayan a sentirse orgullosos cuando derroten a los madianitas, y que se pongan en mi contra y digan que se salvaron por su propia fuerza. Así que habla fuerte para que el pueblo escuche, y diles que quien tenga miedo, que se levante y regrese a su casa.» Y desde el monte de Galaad se regresaron veintidós mil hombres, y sólo se quedaron diez mil.

Pero el Señor volvió a decir: «Todavía es mucha gente. Llévalos al río, para que allí los ponga a prueba. Si yo te digo: "Éste puede acompañarte", irá contigo; pero si te digo: "Éste no te acompañará", entonces no irá contigo». Gedeón llevó entonces a su gente al río, y allí el Señor le dijo: «Pon aparte a todo aquel que beba agua como los perros, es decir, lamiéndola, y aparta también a todo el que se arrodille para beber». Los que se llevaron el agua a la boca con la mano y la lamieron fueron trescientos hombres; el resto de la gente se arrodilló para beber. Entonces el Señor le dijo a Gedeón: «Con estos trescientos hombres que lamieron el agua los voy a salvar. Entregaré a los madianitas en tus manos. El resto de la gente puede volverse a casa». Se prepararon provisiones y trompetas para la gente, y a los demás Gedeón los envió de regreso a su casa; sólo retuvo a los trescientos hombres. El campamento de Madián estaba en el valle.   (Jueces 7:1-8)

El luchador de Baal aprendió a través de esto que Dios no pierde el tiempo cuando se trata de la batalla espiritual. Dios no malgastó el tiempo en dejar saber quién estaba al mando. Gedeón había reunido a 32.000 hombres para derrotar al oponente. Había supuesto de forma lógica que un gran enemigo requiere un gran ejército para poder vencerlo. La mayoría de los hombres supondríamos eso, pero Dios se lo dejó claro, y de forma rápida.

Además, Él le dijo a Gedeón por qué lo hizo: "No quiero que vayan a sentirse orgullosos cuando derroten a los madianitas, y que se pongan en mi contra y digan que se salvaron por su propia fuerza". Este no era el primer rodeo de Dios. Él no estaba dispuesto a permitir que su gloria fuera usurpada por aquellos a los que antes había salvado. Para lograrlo, hizo que Gedeón enviara a 22.000 hombres a casa.

Aun así, 10.000 hombres aún podían alardear de haber conseguido la victoria por ellos mismos, así que Dios redujo aún más el grupo. Él escogió estratégicamente a 300 hombres que demostraron destreza en la batalla. Los 300 que lamieron el agua lo habían hecho así para seguir estando alerta. Los 9.700 restantes que se arrodillaron para beber no fueron lo suficientemente sabios para reconocer su propia vulnerabilidad en la guerra.

Esta era una batalla importante, así que Dios escogió a los hombres que se levantarían y estarían preparados para conseguir la victoria. Él no quería a los hombres que tan solo estuvieran buscando conseguir una gloria percibida. Así, tras beber el agua, Gedeón envió a todos los hombres a casa menos a estos 300.

Ahora, probablemente te puedes imaginar cómo se sentía Gedeón en ese momento. La noche antes había dormido cómodamente en su cama sabiendo que, con un ejército de 32.000 hombres, había posibilidades de ganar, especialmente si esos 32.000 tenían a Dios de su parte. Pero ahora Dios lo había despojado totalmente de sus propias herramientas, y lo dejó con un ejército de 300 hombres para ir contra unos combatientes sedientos de sangre y vengativos *"como una plaga de langostas"* (v. 12). No hay duda de que Gedeón de nuevo volvía a tener miedo.

Sabiendo esto, Dios quiso animarlo. Le dijo a Gedeón que descendiera al campamento donde ahora dormía el enemigo. Dios también sabía que Gedeón tenía tanto miedo que no quería ir solo, y por eso incluso le dijo que llevara con él a su siervo (ver vv. 9-10). Gedeón probablemente estaba temblando por dentro en este instante. Quizá estaba temblando, pero a pesar de sus dudas, decidió descender hasta el campamento. Enseguida descubriría que el viaje valió la pena.

Cuando Gedeón llegó allí, Dios le permitió escuchar una conversación sobre un sueño que había tenido uno de los soldados enemigos.

Le decía: «Tuve un sueño, en el que veía que un pan de cebada venía rodando hasta el campamento de Madián, y cuando llegó, golpeó tan fuerte la tienda de campaña, que la derribó». Y su compañero le respondió: «Esto no es sino la espada de Gedeón hijo de Joás, el israelita. ¡Dios ha puesto en sus manos a los madianitas y a todo su campamento!». (vv. 13-14)

Cuando Gedeón escuchó ese sueño, al instante se calmaron sus temores. Supo que Dios lo había dirigido a descender hasta allí para oír eso. La respuesta de Gedeón fue postrarse en adoración delante de Dios. Recuerda que un pan de cebada era el pan del hombre pobre en ese tiempo. Es lo que comían los pobres. Así, un pan de cebada rodando por una colina hasta el campamento de Madián para destruirlo simbolizaba perfectamente esta etapa en la vida de Gedeón. El sueño no tenía que ver con una enorme conquista militar. No, era un sencillo pan adelantando a una multitud de soldados bien armados. Este sueño quizá también le recordó a Gedeón lo que él ángel le había dicho antes: *"Tú derrotarás a los madianitas como si se tratara de un solo hombre"* (Jueces 6:16). Gedeón había escuchado la palabra, y sabía que él era ese.

Dios a menudo usa sincronicidades para confirmar y edificar sobre lo que Él ha compartido contigo. Tenemos que aprender a prestar atención a Dios porque Él puede usar los eventos más intrascendentes para hacer serias declaraciones, particularmente cuando necesitas seguridad y valor debido a tus propias reticencias y falta de confianza en ti mismo, en la estrategia o en ambas.

Cuando Gedeón recibió su seguridad, mandó a sus hombres que se levantaran: *"¡El Señor ha puesto a los madianitas en nuestras manos!"* (7:15). Gedeón de nuevo había encontrado su fortaleza en el Señor. Ahora no malgastó en modo alguno el tiempo. Con el valor de un campeón, Gedeón hizo que sus trescientos hombres se dividieran en grupos, marcharan por los bosques, hicieran sonar sus trompetas, y derrotaran al enemigo. La Escritura dice:

Mientras los trescientos hombres tocaban las trompetas, fue tal la confusión que el Señor provocó en el campamento de los madianitas, que se mataban entre sí con sus espadas. El ejército huyó hasta Bet Sitá, y luego hacia Sererá, que es la frontera de Abel Meholá en Tabat. (v. 22)

Los madianitas se sobresaltaron de su sueño, y la confusión provocó el caos en el campamento enemigo. Algunos huyeron, y otros lucharon entre sí matándose entre ellos. Después, Gedeón liberó a los hombres de Israel de varias tribus para perseguir a los que huían, capturar a sus líderes y terminar la victoria que comenzó con trescientos. Bueno, trescientos y Dios.

Así, Dios usó a Gedeón y a su ejército para obtener la libertad de la opresión que necesitaban tan desesperadamente. Dios hizo eso porque Gedeón estuvo dispuesto a hacer lo que Dios dijo, incluso cuando no tenía sentido.

Parte de levantarse como un hombre del reino conlleva hacer lo que Dios dice cuando no tiene sentido. Mientras pienses que la forma en que Dios te está dirigiendo no contradice los principios que Él ha revelado en su Palabra, y hayas recibido confirmación de Él para continuar, tienes que seguir. Tu respuesta a su dirección a menudo juega un papel más importante en el resultado que la estrategia misma. Cuando Dios está listo para moverse, no importa cuán grande sea tu enemigo. No importa cuán afianzada esté la oposición o lo mucho que se haya desmoronado tu mundo. Nada ni nadie puede anteponerse a Dios cuando Él pone su mente en la victoria.

Los hombres del reino existen hoy en medio de una nación pagana, a muchos niveles. Estamos viviendo en nuestro propio tipo de Madián. Somos superados extremadamente como discípulos en el cuerpo de Cristo. El mundo secular no solo ha abandonado a Dios, sino también ha pasado a la ofensiva contra el único Dios verdadero. Está oprimiendo a la iglesia y a la verdad misma de las Escrituras en muchos aspectos. Esta es nuestra realidad cultural, nos guste o no. Podemos fingir que no existe, pero está ahí.

Pero no se necesitan millones para recuperar el terreno para Cristo. De hecho, con trescientos bastará. Gedeón demostró eso al liderar su ataque en la oscura noche. De forma similar, nosotros tenemos que levantarnos y continuar haciendo lo que Dios nos ha llamado hacer a cada uno para poder avanzar con ello la agenda de su reino en la tierra.

Nada ni nadie puede anteponerse a Dios cuando Él pone su mente en la victoria.

Debemos hacer esto personalmente, y debemos hacerlo colectivamente también. Si nos sentamos a esperar a una mayoría, habremos esperado demasiado tiempo. Dios sabe cómo manejar los asuntos que enfrentamos. Es nuestro papel arrepentirnos de nuestros pecados, limpiar nuestros hogares, confiar en Dios, y después hacer lo que Él dice. Unos cuantos hombres del reino en las manos de un Dios poderoso pueden derrotar cualquier mal que se les oponga. Es tiempo, o, mejor dicho, ya se ha pasado el tiempo, de continuar.

OCHO

LLÉVATE BIEN

Cuando yo era joven, mi papá trabajaba muchas horas y muy duro como estibador en el puerto de Baltimore. Como hombre de color sin diploma que criaba a una familia en la América urbana, sus opciones de trabajo eran muy limitadas.

A veces el trabajo en los puertos era impredecible. Los estibadores a menudo tenían periodos largos sin trabajar debido a cese de actividades, huelgas o falta de barcos que entraban. Pero durante esos tiempos, nunca vi a mi papá sentarse ocioso. Era una persona que sabía hacer de todo, reparando cualquier cosa que alguien tuviera que arreglar en un taller improvisado en nuestro sótano. De hecho, antes de que mi papá fuera salvo, incluso elaboraba brandy también en ese sótano para venderlo.

La atmósfera familiar que conocía era similar a la comunidad en la que vivía. Era una comunidad funcional, relacionalmente orientada y estable. La gente compartía comida y luchas unos con otros. Se podía ver que cuidaban genuinamente los unos de los otros. No teníamos mucho en cuanto a bienes materiales u oportunidades, pero teníamos una comunidad gobernada por un código moral de respeto mutuo y responsabilidad personal a pesar de la segregación y la pobreza.

La trayectoria de mi vida estuvo influenciada por las relaciones establecidas durante esos años de juventud. Una persona que destaca es el dueño de negocios blanco de descendencia judía que mencioné brevemente en el capítulo 1. Martin Resnick me contrató cuando tenía dieciséis años para trabajar en su empresa lavando platos. Más adelante me dijo que vio potencial en mí porque siempre llegaba a mi hora, me quedaba hasta tarde si era necesario, trabajaba diligentemente, y después acudía a él para pedirle más cosas que hacer si terminaba antes de que se acabara mi turno. Como resultado, rápidamente me ascendió a la posición de chofer personal de sus hijos. De hecho, fue él quien me animó a ir a la universidad e incluso se ofreció a pagarla él mismo si regresaba y trabajaba como gerente en su empresa. Así es como pude salir de Baltimore hacia Atlanta para asistir al instituto bíblico Carver Bible College.

Dios me había llamado al ministerio justo antes de mi primer año en la universidad, aunque, durante mi segundo año, ya había conseguido varias becas académicas. Así que mi amigo y mentor Martin solo tuvo que pagar mi primer año. Al margen de esto, él tenía el deseo y la disposición de cruzar de forma proactiva líneas raciales que me permitieron tener la oportunidad y la exposición que no tenía por mí mismo. Eso marcó una gran diferencia no solo en mí, sino para toda mi descendencia desde entonces. Como te puedes imaginar, Martin y yo hemos seguido siendo muy buenos amigos hasta la fecha.

Cuando estuve en Baltimore no hace mucho, pasé un tiempo con Martin en su hogar. Casi al final del día, comencé a darle gracias por las oportunidades que me había dado de conocerlo y experimentar que creyera en mí. Le di las gracias por invertir en mí hasta tal grado, que me ayudó al enseñarme una forma de llegar más lejos de lo que yo habría podido hacerlo por mí mismo. Pero, mientras se lo estaba agradeciendo, él me detuvo en seco. No me permitió continuar. Me tomó de la mano y me dijo: "Tony, es justo lo contrario. Soy yo el que ha ganado mucho conociéndote, al verte crecer. Ver lo que has logrado en tu vida y ver la forma tan significativa en la que has afectado las vidas de tantas personas, ¿sientes de algún modo que tienes que decirme a mí que soy parte de eso? No, es lo contrario. Tú me has llenado de un gran placer y gozo.

"De hecho, tengo lágrimas en los ojos, y odio hacerte esto, llorar así", dijo él, mientras se secaba las lágrimas y tomaba conciencia de sí mismo, "pero se debe solo a que estoy muy orgulloso de ti. Estoy muy agradecido de que Dios me diera el privilegio y la oportunidad de ser parte de tu vida, de ser parte de tu familia".

Una de las razones por las que comparto esta parte íntima de mi vida es que es un poderoso ejemplo de lo que puede producir una relación intencional y auténtica. Ya sea transcultural, entre clases, multirracial o incluso dentro de la misma etnia y clase demográfica de una persona, cuando nos unimos para ayudarnos, ambos hombres ganamos. Cuando te dispones a entender los legados de otros, simultáneamente terminas fortaleciendo tu propio corazón, tu mente y tu alcance para impactar. El legado no solo tiene que ver con lo que dejas atrás personalmente. Tu legado también incluye la influencia y el impacto de los legados de los hombres, o las mujeres, a los que ayudaste a levantarse.

También comparto contigo esta historia para que puedas ver por un agujerito la construcción social en la que muchos otros y yo fuimos criados. Como estudiante de secundaria en la década de 1960, no podía sacar lo suficiente de la Biblia. Como afroamericano, mi visión estaba siendo formada en la realidad de la desigualdad racial. Eso me hizo enfocarme en preguntas sobre la raza, la unidad y la justicia social en la historia de la iglesia. Leía cuidadosamente las Escrituras para arrojar luz sobre estos asuntos, buscando no solo la teología, sino también la aplicación práctica de esa teología en la vida cotidiana.

Esto me llevó a una búsqueda de entendimiento, que luego produjo mi disertación doctoral: "Una crítica bíblica de asuntos selectivos en la teología negra". Después escribí varios libritos más pequeños sobre el tema, como *Let Get to Know Each Other* (Conozcámonos) y *Are Blacks Spiritually Inferior to Whites?* (¿Son los negros espiritualmente inferiores a los blancos?), para finalmente escribir mi obra maestra sobre el tema, *Oneness Embraced* (Abrazar la unidad).

Las verdades que aprendí en esas dos décadas de estudio y búsqueda se aplican a todas las razas en lo tocante a llevarse bien en el cuerpo de Cristo. Nuestra unidad es crítica. No podemos avanzar el reino de Dios si no aprendemos primero a llevarnos bien. El fallo de la iglesia ha tenido como resultado el fallo en la sociedad. Hemos fallado en unirnos en una forma significativa y, como resultado, seguimos divididos como nación.

UN VISTAZO A MIS EXPERIENCIAS PERSONALES

Mi papá fue una voz clave al señalarme hacia la claridad durante ese tiempo de confusión. Crecí a pocas horas del Liberty Bell de la Campana de la Libertad de nuestra nación, la cual declara con orgullo: "Pregona libertad en la tierra a todos sus moradores", por Levítico 25:10 (RVR 60). Sin embargo, cuando iba a un restaurante de comida rápida, me negaban la libertad de comer en un lugar público porque era de raza negra. El restaurante recibía con agrado mi dinero en la ventanilla para llevar, pero comer dentro no me estaba permitido. Aunque no lo entendía del todo en ese entonces, la contradicción entre pregonar libertad mientras que al mismo tiempo se me negaba moldeó mi mente. Gracias a Dios por mi padre, quien sabía lo que yo estaba viviendo y se esforzó mucho por contrarrestar la mentira.

"Hijo", me decía, "tú eres un hijo del Rey. Si ellos no quieren sangre real en su restaurante, no vayas allí". Puedes ver cómo mi papá terrenal me señalaba a la verdad de mi Padre celestial. De ese modo, él plantó en mí una visión de lo que significa ser un hombre del reino en una tierra secular.

Por eso es tan importante, particularmente para los hombres de las minorías, que busquemos comunicar la verdad que cultiva carácter en la siguiente generación. Señalarles solo las divisiones y el odio existentes en nuestra cultura solo puede dañar su autoestima y confianza. Aunque nunca es bueno ignorar la realidad, cómo hablemos de ella y en lo que decidamos enfocarnos dejará una huella importante en aquellos que están bajo nuestro cuidado. Mi papá me podría haber enfatizado lo que hubiera querido, pero escogió enfatizar que debía enfocarme en mi verdadero valor y mi identidad en Cristo. Él escogió moldearme según un hombre del reino.

Comparto estas experiencias para ayudar a los que no son consciente de las cosas que enfrentamos muchos de los que estamos en comunidades minoritarias y, por lo tanto, lo que muchos sentimos. Entiendo que existen brechas radicales en nuestro entendimiento de la historia del otro, cuando hablamos de la división concreta entre estadounidenses negros y blancos.

También comparto esto para que los lectores de minorías sepan que tengo una parte en nuestro dolor colectivo. Las cosas que digo y sobre las que escribo en cuanto tratar los asuntos raciales en nuestra tierra no las digo desde una falta de experiencia personal. He experimentado el racismo en muchos niveles, razón por la que quiero que se resuelva correctamente desde su raíz y no solo se aplaque de formas interminables diseñadas solo para tratar el fruto.

Sé lo que es ser detenido por la policía y que me pregunten qué estoy haciendo en algún barrio en concreto. Me ha pasado en varias ocasiones. Conozco el sentimiento de salir del trabajo en un turno de noche mientras estaba en el seminario, y que me detengan en el automóvil por estar conduciendo a casa de noche. Cuando estaba en la universidad en Atlanta y asistía a una iglesia de blancos con mi profesor blanco, me dijeron que no era bienvenido allí. A Lois y a mí también nos han apartado la vista por asistir a iglesias de blancos, una vez incluso nos dejaron de pie en la puerta.

De hecho, cuando intenté por primera vez retransmitir mis sermones por radio a finales de la década de 1970, las estaciones de radio ni siquiera ponían mis mensajes, y no tenían reparo en decir por qué. La única estación que lo hizo fue una pequeña estación en Houston, la KHCB. Menciono la KHCB y a su presidente, Bruce Munsterman, porque quiero destacar que, durante todo el tiempo siempre ha habido, y sigue habiendo, buenas personas luchando contra el racismo y el culturalismo. Todas las demás estaciones me rechazaban porque decían que un hombre negro ofendería a sus oyentes blancos. No fue hasta que un líder cristiano blanco muy influyente intervino haciendo llamadas telefónicas y enviando una carta a cada una de las estaciones para implorarles que cambiaran sus métodos, que unas pocas estaciones comenzaron a abrir sus puertas. Hay muchas historias que podría contar para demostrarte que entiendo lo que está sucediendo.

Pero lo que no quiero perder en las historias personales es lo que permitió que estas historias se produjeran. Todas sucedieron porque la iglesia cristiana misma había permitido que sus propios sistemas internos de discriminación siguieran siendo fuertes. Estos sistemas no hacían nada por frenar la injusticia, sino más bien perpetuaban las experiencias personales de ella para cada uno de nosotros como afroamericanos en nuestra tierra.

PRESERVA LA UNIDAD

La división racial en nuestra nación emana primero de un asunto teológico, no de una realidad sociológica. Segunda de Crónicas 15:3-6 nos dice que, debido a que los israelitas se apartaron de Dios, no había paz en la tierra. No tenían paz, dice la Escritura, *"porque Dios les enviaba toda clase de calamidades"* (v. 6). Ahora, si Dios es tu problema, solo Dios es tu solución. No importa cuántas marchas hagas, qué programas crees, cuántas protestas organices o cuántos ajustes sociales hagas, porque si no hay arrepentimiento y corrección de la raíz espiritual, cualquier progreso durará poco más que un coro de "Kumbaya".

La única razón por la que este problema se ha profundizado durante tanto tiempo es por el fracaso de la iglesia. Como la iglesia, tanto el liderazgo como los miembros, no ha estado unida, hemos experimentado continuos reveses espirituales en nuestra cultura. Si los líderes evangélicos, algunos de ellos hombres a los que a menudo celebramos, no hubieran respaldado la esclavitud, además de las leyes Jim Crow, la segregación, y muchas otras injusticias sistémicas presentes, hoy no solo en nuestra nación sino también en nuestras iglesias, este problema no habría durado tanto tiempo.

La razón por la que no hemos resuelto el problema racial en los Estados Unidos después de cientos de años es que la gente que no tiene a Dios está intentando crear unidad, mientras que las personas sometidas a Dios que ya tienen unidad no están viviendo la unidad que poseemos (ver Efesios 5:4). A menos que cristianos con mentalidad del reino entren significativamente en la lucha y se conviertan en líderes a la hora de resolver la crisis racial, estaremos bloqueados sin esperanza en un mar de relatividad con respecto a este asunto, con el resultado de replantear más preguntas en lugar de dar respuestas permanentes. Solo cuando los creyentes den un paso voluntariamente y demuestren la teología bíblica concerniente a asuntos como la injusticia, la unidad y la reconciliación, no solo mediante palabras, es cuando podremos establecer un tono distinto y crear un reinicio divino.

A menos que nos veamos a nosotros mismos, y los unos a los otros, como Dios nos ve y respondamos intencionalmente abrazando su llamado a la unidad, estaremos eternamente sonando planos como Campana de la Libertad fracturada en un mundo que ya no desea oír la cadencia liberadora de la verdad.

EXTRAE LAS TOXINAS

Mientras escribo este libro, estamos enfrentando dos pandemias simultáneamente: una pandemia médica y una pandemia cultural. Sin embargo, a un nivel más profundo y en la raíz de ambos asuntos hay una pandemia espiritual.

Nos hemos alejado mucho del sistema de valores establecido por Dios sobre cómo debemos vivir, actuar y relacionarnos los seres humanos. A lo largo de las líneas raciales y de clase nos hemos inventado nuestros propios estándares para cómo tratarnos unos a otros, y no nos ha hecho ningún bien.

A Dios se le ha conocido por permitir el caos para crear en su pueblo un clamor a Él de corazón para que nos ayude. Cuando apelamos a Él según el gobierno de su reino, entonces Él puede reintroducirse en el escenario y dar entrada a la sanidad que tan desesperadamente necesitamos. A veces es necesario que haya un enredo para que se produzca un milagro.

Todos saben lo que es sufrir por mucho tiempo dolores de estómago y después vomitar y sentirnos mejor en relativamente poco tiempo. El vómito es una situación desagradable, pero la razón por la que nos sentimos mejor después es que hemos purgado las toxinas.

Hay muchas toxinas en nuestra cultura hoy. Tenemos toxinas de injusticia, toxinas de racismo y toxinas de rencor. Tenemos múltiples toxinas coagulando en el mismo espacio a la vez. Pero si no vemos la realidad de que Dios ha permitido el desorden para traer una corrección y una limpieza, entonces pasaremos de un síntoma a otro síntoma. Nos perderemos la oportunidad de tratar la raíz que ha producido el fruto que ha llevado a la confusión de la desesperanza que vemos. La raíz de los problemas que enfrentamos en nuestra nación hoy son claramente espirituales. Es solo cuando identificamos y entendemos los componentes que podemos ser capaces de traducirlos a las realidades pragmáticas de la crisis cultural que tenemos.

Una de las raíces del caos en nuestra tierra es claramente el pecado del racismo. El racismo no es un mal hábito, ni un error. Es un pecado. La respuesta no es la sociología, sino la teología. Los líderes espirituales tienen que ser tan directos al hablar contra el pecado del racismo como los son con otros pecados. Los individuos en el cuerpo de Cristo deben primero examinar sus propios corazones buscando áreas de racismo, rencor, ira, amargura, orgullo y otros pecados. Recuerda que la Escritura habla de dos tipos de pecado. Hay pecados de comisión (hacer la acción de pecar) y pecados de omisión (no hacer una acción justa). Como explica Santiago respecto del último tipo: *"El que sabe hacer lo bueno, y no lo hace, comete pecado"* (Santiago 4:17).

Y tomando como base solamente Miqueas 6:8, todos sabemos qué es lo correcto que debemos hacer ("¡Hombre! El Señor te ha dado a conocer lo que es bueno"). Por ejemplo, cuando alguien me dice: "Yo no soy racista", me alegra oír que se siente así y espero que sea cierto, pero Miqueas 6:8 no está hablando de no hacer injusticias. No se trata, por lo tanto, de no ser racista, por decirlo en el contexto de nuestra conversación.

Miqueas 6:8 no nos llama a amar la justicia. Tampoco nos llama a afirmar la justicia. Este versículo específicamente nos llama a hacer justicia. La palabra *hacer* es un verbo activo en tiempo presente. Requiere una acción. No ser racista es maravilloso, y estoy agradecido por todos los que no lo son, pero la Biblia nos llama a algo más que eso. Según la Palabra de Dios, debemos "hacer justicia" de forma activa. Una forma de hacerlo es oponiéndonos a toda clase de pecado arraigado en la injusticia, particularmente los que tienen a otros que han sido creados a imagen de Dios, *imago dei*, en una situación de opresión. Es igualmente erróneo rehusar perdonar y reconciliarnos con los que se arrepienten de su maldad (ver Mateo 6:14-15).

Nunca he oído que el argumento del lado de los que están a favor de la vida sea: "Yo no estoy abortando", como la postura de alguien. Todos saben que no basta para salvar vidas o combatir este mal en nuestra tierra. La Escritura nos alienta y nos dice: "*Habla en lugar de... todos los desvalidos!*" (Proverbios 31:8). Se nos manda a hacer algo para arreglar los errores y erradicar las injusticias en nuestros hogares, nuestras iglesias, nuestras comunidades y nuestra tierra.

Dios ha hablado sobre los asuntos que tenemos delante, y no ha tartamudeado. Él ha hablado sobre el racismo, sobre las injusticias sistémicas e individuales, sobre el clasismo, sobre el culturalismo, sobre la equidad, el elitismo, la empatía y otras. Tan solo lee el libro de Santiago. Ese es un buen lugar para comenzar a aprender. Dios ha hablado sobre todos estos temas. Pero hasta que alineemos nuestro corazón, pensamientos, palabras y acciones con su reinado global, estaremos viviendo en pecado.

Lo que muchas personas hacen hoy, por desgracia, es escoger lo que obedecerán. Como resultado, estamos experimentando una escasez de hombres del reino que escogen obedecer todo lo que Dios ha ordenado, no solo las partes que les gustan. Dios no bendecirá una iglesia, un país o una cultura que escoja su propio conjunto de reglas y le pida a Dios que las bendiga. Dios ha grabado en piedra dos reglas que gobiernan todo lo que hacemos. Son la rectitud y la justicia, arraigadas en el amor.

RECTITUD Y JUSTICIA

Comenzamos este libro mirando la elección que Dios hizo de Abraham, su fichaje por así decirlo, para hacer de él un gran hombre e incluso un reino mayor a través de él (ver Génesis 18:18). Al escoger a

Abraham, Dios estableció dos aspectos clave de cómo iba a manifestarse su reinado en la tierra. Veamos más despacio el siguiente versículo:

> *Yo sé que él ordenará a sus hijos y a sus descendientes que sigan el*
> *camino del Señor, y que sean justos y rectos, para que el Señor cumpla*
> *en Abrahán su promesa.*   (Génesis 18:19)

Del trono de Dios viene tanto la justicia como la rectitud. No es o una o la otra, sino ambas. De hecho, la rectitud y la justicia sirven como los cimientos de su trono. Vimos la importancia de los cimientos en el capítulo 3. Vimos que, si ponemos mal los cimientos, todo lo demás que se construya encima caerá cuando lleguen las tormentas. La Escritura dice:

> *Tu trono se basa en la justicia y el derecho; la misericordia y la verdad*
> *son tus heraldos.*   (Salmos 89:14)

La rectitud y la justicia no son un balancín que sube y que baja. Más bien, son gemelos unidos por la cadera. No te puedes saltar la justicia y requerir la rectitud. Del mismo modo, no te puedes saltar la rectitud en nombre de la justicia.

La *rectitud* es el estándar moral de lo que está bien y de lo que no con el que Dios pide cuentas a su pueblo con base en su estándar divino. La *justicia* es la aplicación equitativa e imparcial de la ley moral de Dios en la sociedad.

Dios desea y exige que sus hombres del reino yuxtapongan ambas en su vida cotidiana. Dios quiere proteger la vida de los no nacidos en el vientre, pero también quiere ver la justicia en la vida una vez que nacen, hasta la tumba. En otras palabras, Dios quiere una agenda de toda la vida y no la agenda de un periodo. Pero, por desgracia, todas las vidas no se valoran igual en nuestro país ahora mismo, aunque debería ser así porque cada persona es creada a la imagen del Dios todopoderoso.

Las iglesias tienen que unirse en las líneas raciales y culturales para trabajar hacia la búsqueda tanto de la rectitud como de la justicia en nuestra tierra. Debemos hablar alto en contra, así como trabajar para deshacer tanto las injusticias individuales como las sistémicas, mientras buscamos simultáneamente edificar nuestras familias, vecindarios y comunidades mediante un énfasis en la vida justa y la responsabilidad personal. Trabajar juntos para influenciar la cultura con una cosmovisión del reino creará un impacto. Pero hasta que tengamos mentalidad de reino y no denominacional, racial o de clases, no tendremos la mente de Cristo. Hasta que tengamos la mente de Cristo, no tendremos una mentalidad social para tratar las divisiones existentes entre nosotros y la propagación del pecado resultante de las mismas.

Lo cual me lleva a una réplica frecuente que oigo cuando las enfermedades sociales, la división racial y la justicia bíblica aparecen. Lo que mis amigos blancos, e incluso pastores, han dicho a menudo es: "¡Lo que esta situación necesita es el evangelio!". Esta frase está hecha para indicar que "todos tenemos la sangre roja bajo la cruz", y si, de algún modo, predicásemos solo el evangelio de Jesucristo, estos problemas se disiparían y se resolverían.

> **Hasta que tengamos mentalidad de reino y no denominacional, racial o de clases, no tendremos la mente de Cristo.**

No podría estar más de acuerdo.

Necesitamos desesperadamente el evangelio. El evangelio *es* la solución universal para las disparidades raciales en nuestra tierra que producen división y caos. La parte que me gustaría añadir, no obstante, es que debemos predicar y vivir todo el evangelio, no solo una parte de este.

EL EVANGELIO Y LLEVARSE BIEN

Existe hoy una confusión con respecto a las implicaciones del evangelio y hasta qué grado el evangelio incluye este mandato de justicia. Algunos cristianos creen que incluir la liberación social y la justicia en el evangelio es predicar un evangelio distinto. Otros creen que excluir la liberación social y la justicia como parte del evangelio es negar el evangelio. La teología de la liberación se formó sobre esta última tesis.

Para resolver este dilema, tenemos que hacer una distinción entre el contenido del evangelio y su ámbito. Determinando esta distinción, podemos descubrir hasta qué punto debemos "hacer justicia" como iglesia como parte de nuestra responsabilidad más amplia de proclamar el evangelio.

El contenido del mensaje del evangelio está limitado y contenido. Pablo dejó esto inequívocamente claro en 1 Corintios cuando dijo:

> *Además, hermanos, les anuncio el evangelio que les prediqué, que es el mismo que ustedes recibieron y en el cual siguen firmes. Por medio de este evangelio serán salvados, siempre y cuando retengan la palabra que les he predicado. De no ser así, habrán creído en vano. En primer lugar, les he enseñado lo mismo que yo recibí: Que, conforme a las Escrituras, Cristo murió por nuestros pecados; que también, conforme a las Escrituras, fue sepultado y resucitó al tercer día.*
>
> (1 Corintios 15:1-4)

Claramente, el contenido del mensaje del evangelio es la muerte, sepultura y resurrección de Jesucristo. La Escritura es clara en que es la fe personal en la obra terminada de Cristo lo que da a las personas el perdón de pecados, una relación personal con Dios y vida eterna.

El ámbito del evangelio, sin embargo, se extiende más allá hasta la santificación, dentro de la que están situados los conceptos de la justicia y la acción social. Vemos este ámbito en el uso que hace Pablo de la palabra *evangelio* cuando informa a los cristianos en Roma que mediante el "evangelio" son establecidos (ver Romanos 16:25). Del mismo modo, en el libro de Romanos se llama al evangelio "*poder de Dios para salvación*" (1:16) y se dice que incluye que "*se revela la justicia de Dios... que de principio a fin es por medio de la fe*" (1:17). Esta justicia incluye santificación, ya que "*el justo por la fe vivirá*" (Romanos 1:17; ver Habacuc 2:4).

Además, el evangelio se considera el criterio de la conducta cristiana (ver Filipenses 1:27), y a los creyentes se les considera obedientes al evangelio cuando están activos en el ministerio de amor hacia creyentes más pobres (ver 2 Corintios 9:12-13). Pablo además ejemplificó que el evangelio involucra algo más que la recepción preliminar de salvación, también una vida de libertad y relaciones multirraciales cuando reprendió a Pedro por hacer distinciones entre gentiles y judíos por cuestiones de raza. Pablo dijo que, al hacer eso, Pedro no andaba *"rectamente y conforme a la verdad del evangelio"* (Gálatas 2:14).

Leemos el contexto de esta historia en Gálatas 2. Pedro había cruzado los límites después de que el Señor le mandara hacerlo, y comenzó a relacionarse con personas de raza distinta y de cultura distinta. De hecho, se metió tanto en eso que comenzó a comer con creyentes gentiles en Antioquía. Pero ahí es exactamente donde vino el problema. Algunos de los amigos de Pedro de la parte judía de la ciudad de Jerusalén llegaron a Antioquía. Cuando aparecieron, él *"se retraía y se apartaba"* de sus hermanos y hermanas gentiles (v. 12).

¿Por qué hizo eso Pedro? Porque los judíos dijeron: "Pedro, ¿qué haces aquí comiendo con gentiles? ¿No sabes que los judíos no hacemos eso? Va contra las pautas de nuestra raza. Todos estaremos juntos en el cielo, pero en la tierra no tenemos ese tipo de relación social con los gentiles". Así que Pedro dejó de tener comunión con los gentiles porque tenía miedo de lo que pudieran decir sus hermanos judíos.

Y ahí es cuando la cosa se puso fea. *"Y en su simulación participaban también los otros judíos, de modo que hasta Bernabé fue arrastrado también por la hipocresía de ellos"* (v. 13). Cuando Pedro retiró su silla de la mesa y se fue, lo hicieron también los demás judíos que previamente se habían unido a él. De hecho, incluso Bernabé hizo lo mismo. Bernabé fue criado en Chipre, una colonia gentil. Fue criado con gentiles, fue a la escuela con gentiles y jugaba con gentiles, pero así de malas son las divisiones raciales. Pueden tomar a un hombre bueno y hacer que se comporte mal. Así que Bernabé siguió a Pedro cuando salió por la puerta.

Solo hubo un problema: Pablo lo vio. Pablo estaba igualmente comprometido con su historia, cultura y pueblo judíos, pero criticó públicamente la acción no cristiana de Pedro, diciendo que Pedro no andaba "*rectamente y conforme a la verdad del evangelio*" (Gálatas 2:14). El punto clave es la verdad. Un estándar objetivo sobrepasó el compromiso cultural de Pedro.

El hecho de que ni siquiera un apóstol pudiera pasar desapercibido con una acción así es muy didáctico, y no se debería marginalizar su importancia y su aplicación contemporánea. Nadie tiene excusa para poner la cultura por encima de Cristo o la raza por encima de la rectitud. El estándar de Dios es supremo, y las preferencias culturales se deben denunciar públicamente cuando un cristiano no se somete al estándar de Dios. La Escritura, y solo la Escritura, es la autoridad final mediante la que se determinan las relaciones raciales.

Pablo hizo lo que tenía que hacer. Como hombre del reino, pidió rendir cuentas a otro hombre por una conducta carente de rectitud y de justicia. Lo llamó al orden diciendo, en mis propias palabras: "Pedro, te estás metiendo con el evangelio. ¡No sigas!". Tras haber cedido a la presión y el prejuicio raciales de sus compatriotas judíos, Pedro había reprobado la prueba de la verdad. Había dejado a los gentiles para no ofender a los judíos. En deferencia a la presión cultural de su propia raza, había desacreditado el mensaje del evangelio que Dios tan gráficamente le había expresado en el hogar de Cornelio (ver Hechos 10).

¿Por qué Pablo pidió rendir cuentas a Pedro públicamente? Porque vio que Pedro y sus amigos judíos "*no andaban rectamente y conforme a la verdad del evangelio*". Esa es la solución del reino para las divisiones existentes en el cuerpo de Cristo en cuanto a las líneas de clases, culturales, raciales e incluso denominacionales: estar comprometido con la verdad. Después le recordó a Pedro su identidad en Cristo (ver Gálatas 2:20). Esta debería ser la postura de cada hombre del reino si queremos sanar nuestra división cultural.

El evangelio también abarca al hombre completo, como dijo directamente Pablo en otro lugar: "*Que el mismo Dios de paz los santifique por completo; y que guarde irreprensible todo su ser, espíritu, alma y cuerpo*" (1 Tesalonicenses 5:23). Una visión de la humanidad que divide el mundo invisible (alma) del mundo visible (cuerpo) estrecha el entendimiento del ámbito del evangelio. Esto se refleja en un deseo de salvar el alma de las personas, compartimentando con ello una sección del hombre; es decir, salvando un aspecto del hombre en vez de al hombre mismo.

La división entre las partes inmaterial y material del hombre conduce a una falta de la aplicación de la justicia bíblica a través de enfatizar lo espiritual por encima de lo social; sin embargo, el alma y el cuerpo se deben ver como un todo unificado. Los términos bíblicos que hacen referencia a los aspectos espirituales del hombre defienden esta referencia a toda la persona del hombre, incluyendo el cuerpo. La palabra hebrea para alma, *nephesh*, se refiere a toda la persona, lo que incluye el cuerpo (ver Génesis 2:7; Lamentaciones 3:24). En el Nuevo Testamento, la palabra griega para alma, *psuche*, se usa para referirse al cuerpo de Cristo, viendo cómo las almas no mueren y van a la tumba (ver Hechos 2:27).

Por lo tanto, la iglesia tiene la comisión de dar el contenido del evangelio (evangelismo) para que la gente entre en una relación personal con Dios; sin embargo, la Iglesia tiene la comisión de practicar el ámbito del evangelio (santificación) para que la gente se dé cuenta de la plena manifestación de este en sus vidas. El contenido del evangelio produce unidad en la iglesia mientras evangelizamos juntos al mundo. El ámbito también produce unidad mediante las buenas obras que están basadas en los principios de la justicia bíblica (ver Miqueas 6:8).

La unidad no se trata solo de llevarse bien; se trata de hacer las cosas. Nunca experimentaremos un movimiento de hombres del reino levantándose en nuestra nación hasta que consigamos que los hombres del reino se relacionen entre sí en el cuerpo de Cristo de una forma auténtica y en la que se honren mutuamente. La reconciliación racial no tiene que ver con poner un video de un predicador étnico en tu iglesia de blancos el domingo, o viceversa, o incluso leer *White Fragility* (Fragilidad blanca) o *Oneness Embraced* y poner en las redes sociales que lo leíste. Aunque estas cosas son buenas, por sí mismas no son unidad. La unidad se produce cuando la gente se une con unidad de propósito. Es trabajar juntos en armonía hacia una visión y una meta compartidas. La unidad conlleva hacer justicia juntos, no solo hablar de ella.

UNIDAD NO SIGNIFICA SEMEJANZA[1]

La unidad tampoco es uniformidad, ni semejanza. Así como la Deidad está compuesta por tres personas distintas (el Padre, el Hijo y el Espíritu Santo), cada uno único en persona y a la vez uno en esencia, la unidad refleja una unidad que no niega la individualidad. La unidad no significa que todos tengan que ser como los demás. La variedad creativa de Dios está repleta, mostrándose a través de una humanidad creada de formas, colores y estilos distintos. Cada uno de nosotros, de una u otra forma, es único.

La unidad se produce cuando combinamos nuestras fortalezas y debilidades únicas mientras nos dirigimos hacia una meta común. Es el sentimiento de que aquello por lo que nos reunimos y hacia lo que nos movemos es mayor que nuestras preferencias individuales. Nuestra meta común es dar paso a la manifestación de la ley del reino global de Dios en la tierra.

> **La unidad se produce cuando combinamos nuestras fortalezas y debilidades únicas mientras nos dirigimos hacia una meta común.**

La sumisión al gobierno del reino de Dios abre este fluir de la participación del cielo en nuestras vidas y en la historia. Muchos de nosotros como hombres estamos satisfechos con la parte del cristianismo que nos lleva al cielo, pero no con la parte que trae un poco del cielo a la tierra. Pero para traer a la tierra lo que hay *"en el cielo"*, se debe hacer la voluntad de Dios. El modelo de oración de Jesús, el Padrenuestro de Mateo 6:9-13, también refleja esto, y Jesús dice que Él estaba solamente para ocuparse de los negocios de su Padre (ver Lucas 2:49, RVR 60). Como Cristo es nuestro ejemplo, nosotros deberíamos buscar lo mismo.

Uno de los elementos del reinado de Dios y sus "negocios" es su deseo de unidad. Este asunto de la unidad en la familia de Dios es tan importante que se nos dice que tengamos cuidado con las personas que pretenden minarla (ver Romanos 16:17). De hecho, Dios prometió juzgar a los que dividieran su iglesia (ver 1 Corintios 3:17). Esto se debe a que los seguidores del reino de Dios deben reflejar los valores del reino de Dios a un mundo que necesita desesperadamente experimentarlo a Él.

La familia de Dios es la única base auténtica multirracial, multicultural y multigeneracional para que exista la unidad. Es la única institución sobre la tierra obligada a vivir bajo la autoridad de Dios mientras es capacitada para hacerlo mediante su Espíritu. En 1 Corintios 12:12-13, Pablo escribió:

Porque así como el cuerpo es uno solo, y tiene muchos miembros, pero todos ellos, siendo muchos, conforman un solo cuerpo, así también Cristo es uno solo. Por un solo Espíritu todos fuimos bautizados en un solo cuerpo, tanto los judíos como los no judíos, lo mismo los esclavos que los libres, y a todos se nos dio a beber de un mismo Espíritu.

El bautismo del Espíritu en el momento de la salvación, el acto por el que Dios nos sitúa en el cuerpo de Cristo, asegura la unidad que Dios quiere que tengamos. Esta obra inimitable del Espíritu nos posiciona bajo el gobierno de Dios. La palabra griega para *bautismo* usada en la Biblia significa "identificación". Se usaba en el contexto de alguien que hacía telas cuando sumergía el tejido en tinte para que la tela adquiriese el color del tinte. La tela entonces se decía que había sido bautizada, o identificada, con el tinte.

Cuando somos salvos, somos bautizados en el cuerpo de Cristo. Ahora estamos identificados con una nueva familia, habiendo sido puestos en un nuevo entorno espiritual mientras seguimos en la tierra. Al margen de nuestra raza, género o clase, cuando venimos a Jesucristo entramos en la unidad de Dios porque quedamos bajo su autoridad.

Por eso Efesios 4:3 dice que debemos *"mantener la unidad del Espíritu"*. La Escritura usa la palabra *mantener*, indicando que nosotros no creamos la unidad. La unidad auténtica, entonces, no se puede mandar o fabricar. Esto es así porque Dios desea que sus estándares por sí solos sirvan como la base, el criterio y el fundamento para la unidad; y también por eso frustra los intentos de unidad que lo ignoran a Él o lo excluyen (ver Génesis 11:1-9).

La iglesia ya ha recibido la unidad porque hemos sido hechos parte de la misma familia. Aunque las familias biológicas no siempre actúan como familias, como creyentes tenemos acceso a las relaciones familiares porque todos somos adoptados por Dios mediante la presencia y el poder del Espíritu Santo.

Un ejemplo perfecto de unidad espiritual llegó el día de Pentecostés cuando el pueblo de Dios habló en otras lenguas (ver Hechos 2:4). Cuando el Espíritu Santo se mostró, las personas hablaron en lenguajes que no entendían para que personas de varios trasfondos pudieran unirse bajo la cruz de Jesucristo. Las personas que oían hablar a los apóstoles el día de Pentecostés eran de todas las partes del mundo, y representaban al menos dieciséis áreas geográficas distintas, categorías raciales y grupos étnicos (ver Hechos 2:8-11). Pero, a pesar de la gran diversidad, encontraron la verdadera unidad en la presencia del Espíritu Santo.

Vemos la manifestación cuando el Espíritu Santo se movió como un *"fuerte viento"* y *"llenó toda la casa donde se encontraban"* (Hechos 2:2) en medio de la unidad de los creyentes el día de Pentecostés.

Al final del Hechos 2, la presencia y el producto de la unidad se enfatizó cuando leemos: *"Al ver las muchas maravillas y señales que los apóstoles hacían, todos se llenaban de temor, y todos los que habían creído se mantenían unidos y lo compartían todo"* (Hechos 2:43-44). Se produjeron maravillas y señales cuando se unieron y *"compartían todo"*. Dios se manifestó cuando fueron uno.

Lo que hizo que este lugar y este periodo fueran tan electrizantes fue que el Espíritu de Dios había tomado el mando. Los milagros que se produjeron no sucedieron porque los individuos tenían el mejor programa, la mejor tecnología o el edificio más grande para reunirse. No tenían nada de eso. De hecho, apenas tenían ingresos. Nadie entre ellos tenía notoriedad, una pared llena de logros académicos o carisma. Simplemente eran personas comunes unidas por un propósito común más allá de la raza, la clase y el género, que recibían así el fluir del Espíritu entre ellos.

EL PODER DE LA UNIDAD

La unidad trae consigo muchos beneficios. Uno es el poder. De hecho, vemos que incluso Dios reconoce lo poderosa que es la unidad cuando leemos en Génesis 11 sobre el tiempo en el que todos los habitantes de la tierra usaban el mismo lenguaje. Se reunieron y decidieron construir una ciudad con una torre que llegara hasta el cielo.

La respuesta de Dios a lo que estaban haciendo la tenemos escrita. Él dice: *"Esta gente es una sola, y todos ellos tienen un solo lenguaje. Ya han comenzado su obra, y ahora nada los hará desistir de lo que han pensado hacer"* (Génesis 11:6). Dios entonces confundió su lenguaje y los esparció por toda la tierra porque Él sabía que la unidad es poderosa. Nada expresa el poder de la unidad tanto como este incidente en Babel. Si Dios reconoce su poder e importancia en la historia cuando la abrazan creyentes que operan en rebelión contra Él, ¿cuánto más importante y poderosa será para nosotros?

Jesucristo puso un énfasis tremendo en su deseo de que fuéramos uno como seguidores suyos horas antes de entregar su vida por nosotros. Esto no es algo que nos estaba pidiendo hacer solo durante el "Mes de la unidad" o el "Domingo Multicultural". Es un mandato de nuestro Comandante en Jefe de que seamos uno con Él (verticalmente) y, como resultado, los unos con los otros (horizontalmente).

Otro beneficio de vivir una vida de unidad como hombres del reino es que, al hacerlo, nos estamos levantando para que el mundo conozca al Rey al que servimos. Llevarnos bien en una unidad auténtica da gloria a Dios al permitirnos experimentar la respuesta de Dios de la plena manifestación de su gloria en la historia. Toda la oración, predicación, adoración y estudios bíblicos del mundo nunca podrán provocar la más plena manifestación posible de la presencia de Dios como lo puede hacer operar en un espíritu de unidad en el cuerpo de Cristo (ver Juan 17:1-26).

Esta es precisamente la razón por la que el tema fue el centro de la oración sumo sacerdotal de Jesús. Fue el núcleo porque revela la gloria de Dios como ninguna otra cosa. Hace esto mientras que a la vez revela una conexión auténtica entre nosotros en el cuerpo de Cristo, lo que sirve también de testimonio de nuestra conexión con Cristo. Jesús dice: *"En esto conocerán todos que ustedes son mis discípulos, si se aman unos a otros"* (Juan 13:35). Con base en este versículo solamente, debemos llevarnos bien o de lo contrario estaremos fallando como discípulos del reino.

Un tercer beneficio de la unidad se encuentra en este pasaje del Antiguo Testamento que escribió David:

¡Qué bueno es, y qué agradable, que los hermanos convivan en armonía! Es como el buen perfume que resbala por la cabeza de Aarón, y llega hasta su barba y hasta el borde de sus vestiduras. Es como el rocío del monte Hermón, que cae sobre los montes de Sión. Allí el Señor ha decretado para su pueblo bendición y vida para siempre.

(Salmos 133:1-3)

La unidad es donde descansa la bendición de Dios, descendiendo desde el cielo para fluir desde la cabeza hasta el cuerpo, e incluso llega hasta los montes de Sión. En otras palabras, lo cubre todo. Lo contrario también es cierto: donde hay falta de unidad, hay una bendición y un poder limitados. No podemos operar con falta de unidad y esperar la plena manifestación y la continuación de la bendición de Dios en nuestra vida. No podemos operar con falta de unidad y esperar oír del cielo o esperar que Dios responda nuestras oraciones de la forma en que tanto nosotros como Él quisiéramos que lo hiciera. La falta de unidad, o la existencia del separatismo, desde una perspectiva espiritual, es esencialmente autodestructiva y autolimitante porque reduce el movimiento del poder y las bendiciones de Dios.

Jesús dejó claro que una casa dividida contra sí misma no puede permanecer. Ya sea tu casa, la iglesia o la Casa de los Representantes, la división lleva a la destrucción (ver Mateo 12:25). No solo eso, sino que un espíritu de deshonor puede conducir a esa misma destrucción (ver 1

Corintios 12:22-26). El honor promueve la unidad, mientras que el deshonor promueve la división. El deshonor no es lo mismo que discrepar. Una persona puede discrepar con otra persona, pero hacerlo de una forma honrosa. Sin embargo, cuando el deshonor se le muestra a alguien de un trasfondo racial, social o de clase en particular que tiene un historial de lo mismo, esto niega cualquier intento de unidad.

CUATRO ÁREAS A TRATAR

Está absolutamente claro ahora que necesitamos un reinicio entre nosotros como hombres. Este es el tiempo, a nivel personal y sistémico, de revertir el curso de la historia que nos ha traído hasta este punto y de revertirlo en *todos* los niveles. Este es un momento decisivo para nosotros como hombres del reino. ¿Nos levantaremos juntos para cambiar una narrativa impregnada de apatía, odio y orgullo, o seguiremos estancados y separados, permitiendo que la cultura siga deteriorándose? Si en algún momento tenemos que arreglar esta locura y resolver este lío, sobre estos problemas de injusticia, el dolor de nuestra historia compartida y los sistemas que perpetúan la desigualdad, solo se producirá por una respuesta correcta, colectivamente como su cuerpo, y con base en la Palabra de Dios.

Dios tiene cuatro esferas distintas en las que se debe vivir la vida y, por lo tanto, hay cuatro áreas en las que es necesario hacer cambios, según la agenda de su reino.

Este cambio comienza con el **individuo.** No podemos cambiar la nación si no permitimos primero que Dios cambie nuestro corazón. Tenemos que desarrollar un corazón que cuide de nuestros colegas hombres porque han sido creados a la imagen de Dios. No porque se parezcan a nosotros o tengan lo que nosotros tenemos, sino porque tienen el sello puesto sobre ellos de la creación divina. Y eso significa que tú tienes la responsabilidad de acercarte a alguien distinto a ti, de oírlo y de desarrollar una relación.

Esta transformación individual entonces debe fluir a la **familia**, a medida que los padres trasfieren estos valores a sus hijos. No podemos esperar que la gente piense de forma distinta y actúe de forma distinta si no están oyendo cosas distintas de sus padres, si no están recibiendo un sistema de valores recto de juzgar a la gente por el contenido de su carácter y no por el color de su piel.

Pero este es solo el primer paso; las familias deben después hacer conexiones con otras familias distintas a ellos y deberían trabajar juntos para servir a otra familia que esté peor que las suyas. Aquí es donde se produce la reconciliación, no en los seminarios sino en el servicio.

En tercer lugar, la **iglesia** evangélica necesita hablar donde ha guardado silencio sobre la injusticia y el racismo. La iglesia debe tratar la injusticia racial, económica, de asistencia médica y de oportunidades, además de reconocer los sistemas que funcionan contra el trato justo de las personas. Al hacerlo, ayudan a crear oportunidades para que todos saquen partido de manera responsable a todo aquello con lo que Dios nos ha bendecido en esta nación. Debemos además pedir a la gente que rinda cuentas de su toma de decisiones.

La iglesia también debe hablar con una voz, enfatizar el reino de Dios en lugar de los partidos políticos y las ideas populares. Tenemos un Dios, un Señor Jesucristo y una Palabra inerrante sobre los que hablar y sí, deberíamos protestar contra el mal de una forma correcta. Deberíamos hacer oír nuestra voz; pero luego debemos actuar, porque si no actuamos, lo único que hemos hecho habrá sido dar un discurso. Debemos implementar principios justos, que surjan modelos a través de la iglesia para que el mundo pueda ver cómo son en la sociedad en general.

Y después, finalmente, debemos captar la atención y desafiar a nuestros **líderes civiles** en todos los niveles del gobierno para que sean agentes de sanidad y no de división, y para que hablen de tal forma que se refuerce la unidad y no la división. Debemos demandar que las palabras que salgan de sus bocas y la forma en que digan esas palabras sean fuertes y amables, no mordaces y malas. Además, las políticas deberían representar el estándar de Dios sobre cómo debería funcionar el gobierno civil.

Cuando esas cuatro áreas, el individuo, la familia, la iglesia y la comunidad comienzan a operar conforme al estándar de Dios para llevarse bien, entonces Él puede sentirse cómodo para regresar en medio nuestro y hacernos reparadores de la brecha y sanadores de la tierra.

Es tiempo para orar fervientemente y arrepentirnos donde no hemos hecho lo que Dios dice que hagamos de la forma que dice que lo hagamos. Debemos pedirle a Dios que nos realinee bajo su autoridad, mientras perseguimos una relación con Él para que su Palabra pueda anular nuestras ideas, perspectivas y agendas.

Nuestra actual etapa cultural es un momento definitivo para que nosotros, como hombres y como iglesias, decidamos si queremos o no ser una nación sometida a Dios o una nación dividida separada de Dios. Si no respondemos esa pregunta correctamente y si no la respondemos pronto, no seremos para nada una nación.

PARTE TRES

TRANSFERIR LA HOMBRÍA BÍBLICA

NUEVE

PREPARAR EL ESCENARIO

Comenzó como una lluvia ligera. No había nada inusual en ello salvo lo que duró, que no fue mucho tiempo. Casi tan rápido como comenzó, la llovizna se convirtió en un aguacero. Después, casi igual de rápido, el aguacero se convirtió en un diluvio. Lo que había comenzado como una ola tropical en la costa oeste de África justo unas pocas semanas antes, ahora golpeaba el sudeste de Texas como un niño pequeño con sueño haciendo una pataleta.

Lo llamaron Harvey, el huracán Harvey. Pero el Harvey de 2017 no era un abuelo ancianito agradable, como muchos nos imaginamos cuando oímos el nombre. No, Harvey creció hasta convertirse en un adolescente enojado y muy nervioso que aterrorizaba a todos y a todo lo que encontraba a su paso. La rápida intensificación del Harvey produjo marejadas ciclónicas, algunas de hasta cuatro metros de altura, golpeando incontrolablemente contra la tierra. Las ráfagas de viento alcanzaron los 225 kilómetros por hora.[1] La lluvia ya no caía, sino que inundaba, rompiendo puentes y todo récord existente. Más de metro y medio de lluvia registrada en algunos lugares de Texas superó cualquier cantidad previamente registrada en la historia de los Estados Unidos.[2]

A diferencia del huracán Katrina en 2005, que entró y se fue rápidamente, dejando que los diques de contención rotos hicieran el mayor daño, Harvey escogió quedarse. De hecho, Harvey permaneció en la zona de Houston durante días, convirtiéndolo en la tormenta tropical más larga, hasta ese momento, en quedarse en un lugar concreto. Que se quedara atascada entre dos sistemas de alta presión, que intentaban empujar la tormenta en direcciones contrarias, solo produjo un mayor desastre. Harvey soltó su furia sobre las zonas del sureste del estado durante cuatro días incesantes.[3]

Decir que Harvey golpeó duro sería quedarse corto. Más bien, Harvey arrasó.

Sin embargo, en medio de una de las tormentas más fuertes y destructivas que arrasaron nuestra nación, la humanidad respondió con una cohesión de gracia restauradora. Las historias de rescate y ayuda abundaban, casi tan incesantemente como la lluvia. Los vecinos ayudaban a otros vecinos. Extraños ayudaban a extraños. Iglesias ayudaban a iglesias. Empresarios ayudaban a empresarios. Las mascotas eran acogidas hasta que sus propietarios las encontraban. No importaba cuál era el color, la clase o la afiliación política que tuvieras, la humanidad ayudaba a la humanidad cuando Harvey llegó a la ciudad. Fuimos testigos de la devastación y de la restauración simultáneas. Fue una muestra de unidad en su mayor grado, que nos recordó que verdaderamente somos una raza, compuesta por una variedad distinta de etnicidades, hecha a la imagen de Dios (ver Hechos 17:26).

Nadie se molestaba en revisar cuál era tu color o la etiqueta que afirmabas tener cuando pedías o respondías con alguna ayuda. Una historia que circulaba extensamente en ese tiempo tenía que ver con una pareja de ancianos de raza blanca rescatados de su hogar inundado por empleados de un restaurante cercano y un vecino afroamericano de uno de los empleados. Él se había ofrecido como voluntario para ir en una arriesgada caminata con su *jet ski* para rescatar a un desconocido del que había oído hablar solo unos minutos antes.

Cómo una pareja de ancianos se puso en contacto con un restaurante estando en medio de un huracán ya de por sí es algo interesante en sí mismo. Permíteme comenzar desde ahí. Primero, para los que aún no están cerca de tener mi edad, algo de contexto ayudará. La mayoría de ustedes saben que soy abuelo. Mis nietos y bisnietos me llaman Poppy.

No siempre me gusta admitir, o fingir, mi edad, pero soy un Poppy y un Poppy hará lo que un Poppy hace.

Por ejemplo, los abuelos son famosos por intentar pagar menos en un restaurante usando el descuento de mayores. Yo he hecho eso. Y los abuelos a menudo van al mismo restaurante donde los empleados y gerentes los conocen ya por su nombre. Yo también he hecho eso. De hecho, hay muchos lugares aquí en Dallas donde puedo entrar y conseguir una dona o una comida, y que me saluden diciendo: "¿Va a tomar lo de siempre, pastor Evans?".

Es lo que hacen los abuelos. Tenemos nuestras rutinas. Nos gustan los rostros familiares. Nos gusta ahorrar dinero. Eso no tiene nada de malo. De hecho, esta realidad les vino bien a J. C. Spencer y su esposa durante el huracán.

J. C. era alguien regular en el Chick-fil-A local. El gerente que participó en el rescate se dice que escribió que J. C. llamaba todos los días para pedir su desayuno o su almuerzo. "A veces dos veces al día", dijo el gerente Jeffrey Urban en una entrevista. Jeffrey conocía el nombre y el número de J. C. Como gerente de uno de los ochenta Chick-fil-A en el camino del Harvey, Jeffrey había ido para revisar los daños.[4] No se tomó el tiempo para responder al teléfono cuando llegaron varias llamadas, porque estaba enfocado en el daño que tenía delante. Pero cuando vio el número que conocía en la pantalla, no pudo dejarlo sin atender. Fue la única llamada que Jeffrey respondió ese día, pero demostró ser importante. Su conversación fue algo parecido a esto:

"Jeffrey, soy J. C. Me gustaría pedir dos burritos de pollo", dijo mientras reía con nerviosismo. La esposa de J. C., Karen, después dijo que decidieron llamar a Chick-fil-A porque sabían que los centros de respuesta a las emergencias estarían colapsados.

"¿Dos burritos de pollo, Sr. Spencer?", preguntó Jeffrey, a quien de algún modo tomó desprevenido.

"Sí, dos burritos de pollo", continuó J. C. "Ah, y un bote. ¿Me puedes enviar un bote?".[5]

El gerente entendió en ese momento que debía hacer algo. Rápidamente llamó a una compañera de trabajo, quien se unió a sus vecinas para dirigirse con un bote y algunas motos de agua para rescatar a J. C. y su esposa. Los recogieron y los pusieron a salvo en muy poco tiempo. Quizá incluso hayas visto la fotografía en el internet de la moto de agua saliendo de la puerta trasera de una casa inundada, con un hombre negro y una pareja de ancianos de raza blanca ambos sonriendo a la cámara. Fue una foto que muchos compartieron porque apelaba a algo profundo en el interior de cada uno de los que deseamos ver a la humanidad ayudarse unos a otros en las necesidades.

Pensando en ese horrible día, redimido por el amable sacrificio de otros, J. C. dijo después: "Esta tragedia nos ha hecho más fuertes como individuos y como familia, y ha hecho que Houston sea más fuerte como comunidad".[6] Unirse en los momentos difíciles hará eso.

Sin embargo, la inundación terminó siendo un desastre para muchos. Después de la ola inicial de rescates, llegarían semanas, meses y años de limpieza. Innumerables individuos e iglesias se unieron para ayudar en la reconstrucción y restauración de la parte sureste de Texas donde golpeó más fuerte. Pudimos ayudar, como iglesia y como ministerio nacional, proveyendo materiales, dinero, comida, cosas y voluntarios donde pudimos.

Muchas otras iglesias y comunidades enviaron voluntarios desde Texas y más allá. La restauración de la zona de Houston después de Harvey fue una de las muestras más grandes de trabajo conjunto cruzando las líneas de raza, clase y cultura que habíamos visto en algún tiempo en nuestra nación. Fue un soplo de aire fresco en medio de los gases estancados de la división que nos estrangularon a todos por demasiado tiempo.

A los soldados en una guerra no les importa cuál es el color de la persona que tienen a su lado, mientras estén disparando en la misma dirección. Cuando los individuos o las comunidades hacen frente a circunstancias difíciles, se debe adoptar un enfoque unificado a la solución que hay por delante. *Unidos permanecemos, divididos caemos* no es solo un eslogan para poner en las redes sociales o en el parachoques de tu automóvil. Es verdad. Sin embargo, como estamos viendo a través de los eventos culturales que se despliegan cada vez más en estos días, si esta verdad y estos valores no se transmiten a las siguientes generaciones, nos tendremos que enfrentar a un caos y una angustia interminables.

Cuando los hombres no transmiten la fe, terminamos con una generación de jóvenes que no conocen al Señor, ni su corazón, ni su gobierno. Cualquier cultura se desintegra cuando la adoración se aleja de Dios y se dirige hacia los ídolos. Los ídolos podrían ser dinero, poder, prestigio o incluso la educación, pero sea cual sea, un ídolo no está nunca a la altura de Dios. No puede salvarte cuando más lo necesites.

Además, cuando Dios ya no recibe adoración, Dios hará lo que siempre hizo en la Escritura y a través de la historia: se retirará. Él se apartará de las consecuencias que vengan sobre ti a causa de la marginación sistémica de su presencia.

Cuando eso sucede, no importa cuál sea tu título, cuánto dinero tengas, cuáles sean tus licenciaturas, el tamaño de tu casa, el automóvil que manejas o lo que hayas logrado. Nada de eso marcará una diferencia cuando surja el caos. ¿De qué sirve una casa grande cuando los habitantes que viven en ella están peleando? Del mismo modo, ¿de qué sirve una casa cuando viene la inundación? El dinero no puede comprar la seguridad. La paz no está en venta. No puedes comprar el propósito. No puedes comprar el consuelo. De hecho, ni siquiera puedes comprar la felicidad. Estos regalos vienen del Dios vivo. Deja a Dios fuera de la ecuación y dejarás también estas cosas detrás.

Por eso es una responsabilidad de cada hombre del reino recordar a las demás personas de su influencia los valores del reino de Dios. No es solo una buena idea o sugerencia. Hombres, es nuestra responsabilidad. Es lo que hizo Abraham cuando mandó que todos los hombres de su casa y sus empleados se circuncidaran (ver Génesis 17:26-27). Tenemos que hacer lo mismo, incluso aunque eso signifique salir de nuestra zona de comodidad y tomar parte en situaciones incómodas o en conversaciones incómodas. Sí, quizá termines ofendiendo a alguien al decir la verdad, pero mientras digas la verdad en amor (ver Efesios 4:15), la pelota está en su campo, no en el tuyo.

Muchos probablemente vieron el video del antiguo jugador de la NFL Emmanuel Acho, "Conversaciones incómodas con un hombre negro", cuando se puso por primera vez durante las etapas iniciales de los ataques violentos del 2020 por conflictos raciales. El primer video que puso tenía casi 2 millones de visualizaciones la última vez que lo revisé. Lo vi por primera vez cuando lo puso esa noche, porque Emmanuel creció en nuestra iglesia. De hecho, su padre, el Dr. Sonny Acho, estuvo en plantilla como uno de nuestros pastores por varios años. Los Acho eran invitados frecuentes en nuestra casa, así como nosotros en la suya. Nuestros hijos salían juntos y jugaban a la pelota en el jardín, y desarrollamos una relación de amistad a lo largo de los años.

Cuando vi a Emmanuel poner valientemente su video tratando las "conversaciones incómodas" que necesitábamos tener en nuestra nación en ese momento, no pude hacer otra cosa que sentirme orgulloso. Eso es discipulado. Eso es transferir valores bíblicos. Conlleva tu disposición a decir la verdad, como hizo Emmanuel, incluso cuando la verdad quizá no es bien recibida por todos en ese momento. Él estaba viviendo la manifestación del discipulado del reino, en un primer plano.

Ahora bien, cuando salió el segundo video de Emmanuel una semana después más o menos, ese en el que él se sentó con el actor Matthew McConaughey, y oí mis propias palabras salir de la boca de Emmanuel, estuve a punto de agarrar el teléfono para llamar y pedirle una atribución. No, estoy bromeando. Tan solo sonreí, agradecido de ver las verdades espirituales dichas valientemente en su plataforma. Dijo:

> Creo que individualmente debemos arreglar el problema porque creo que los individuos, ellos afectan los hogares; y los hogares afectan las ciudades; y las ciudades afectan los estados; y los estados afectan la nación; y la nación afecta los continentes. Así que, individualmente, tienes que reconocer: "Quizá tengo algún prejuicio", y arreglarlo.[7]

Oír mi palpitar, mi ilustración y mi predicación saliendo a través de sus palabras reformó esta creencia que tengo en el poder del discipulado. Ese video recibió millones de visualizaciones también. Eso es una auténtica transferencia de los valores del reino: los que en algún momento estuvieron en tu esfera de influencia ahora están ahí difundiendo las verdades bíblicas en sus propias esferas de influencia.

Sí, se necesita valentía. Las conversaciones incómodas no son fáciles. La gente no siempre quiere oír la verdad. El discipulado no es necesariamente divertido, pero tampoco lo son los entrenamientos ni tampoco el acondicionamiento; sin embargo, todo eso es necesario para que cualquier equipo de fútbol consiga la grandeza. De forma similar, el discipulado es necesario para que un hombre del reino logre y también transmita la grandeza.

Un hombre del reino busca constantemente transferir los valores del reino de Dios a quienes están bajo su cuidado, al margen de la apertura o la respuesta. Hacemos eso porque estamos persiguiendo el bienestar de nuestras familias y su futuro, y el bienestar de la familia colectiva de Dios. Es crítico que hagamos esto y que lo hagamos de forma regular.

Como recordatorio, aunque es obvio para la mayoría, cuando se elimina la conciencia de una sociedad, todo entra en riesgo. Cuando la gente ya no se preocupa de sí misma ni de nadie más, la cultura está en peligro. Mientras más te alejes de Dios, más te alejas de la conciencia. Mientras más te alejas de la conciencia, más peligrosas son las cosas. Y, lo que es más, no hay político en el mundo que pueda imponer una ley para legislar la moralidad. Los asuntos que enfrentamos hoy en nuestra nación son éticos, morales y espirituales de raíz. Esto se debe a que, cuando se deja a Dios y sus valores fuera del diálogo, el discurso y las soluciones, se crea un caos.

Transferir los valores del reino es algo que se debe hacer de forma regular mediante recordatorios y conversaciones auténticas. No se hace solo mediante seminarios, libros o retransmisiones de radio. Esas cosas son buenas, pero son suplementarias. La transferencia de los valores del reino, como bosqueja claramente la Escritura, se produce de persona a persona y de corazón a corazón.

> ## Un hombre del reino busca constantemente transferir los valores del reino de Dios a quienes están bajo su cuidado.

SE NECESITAN AMBOS

Descubrimos un ejemplo de esto durante un tiempo de un tipo de inundación distinto. No fue una inundación provocada por un huracán o un tifón. Esta fue una inundación estacional, y estas pueden ser devastadoras sin importar dónde estés. Las inundaciones siembran el caos, haciendo que las tareas ordinarias parezcan casi imposibles a veces. Imagínate lo que hacen a tareas ya de por sí difíciles, por ejemplo, enviar varios millones de personas a cruzar un río junto a su ganado y llevar carretas llenas con sus pertenencias.

Eso es exactamente lo que leemos en Josué 3. Probablemente estés familiarizado con la historia, ya que aparece a menudo en predicaciones y enseñanzas. Cuando la mayoría de la gente enseña sobre este ejemplo bíblico, sin embargo, nunca menciona el agua, pero a mí me parece que es importante que no perdamos de vista el agua en esta situación, porque sabiendo que Dios les dijo a los israelitas que cruzaran el río durante una inundación estacional nos ayuda a entender mejor sus propósitos en nuestros propios caminos cuando nos guía.

Dios no les dijo que cruzaran durante los meses secos cuando el agua está baja. No los envió cuando las orillas estaban más endurecidas. No los guió a la parte más estrecha del río después de que el sol hubiera secado un poco la tierra. No, Dios les dijo que cruzaran el ancho Jordán durante la época que ellos sabían que sería más difícil. Sabemos que era la época de las riadas porque era el tiempo de la cosecha, y las orillas del río Jordán estaban altas de agua en ambos lados (ver Josué 3:15).

Dios envió a toda la nación a cruzar el río precisamente cuando era más peligroso, aterrador e imposible de cruzar. Y lo hizo, como hace todas las cosas, intencionalmente.

Dios sabía lo que los israelitas estaban a punto de enfrentar. Conocía las batallas que les esperaban. Sabía cuál era la cultura de los pueblos que iban a hacer guerra contra ellos. Eran más numerosos y con más apetitos. Apetito de sangre, de poder y de violencia. De hecho, cuando los israelitas espiaron por primera vez la tierra décadas atrás, los reportes de terror decían que los enemigos que vivían en ellas eran caníbales. Números 13:32 dice: *"La tierra que recorrimos para explorarla se traga a sus habitantes"*. La palabra hebrea traducida como "traga" es *akal*, que significa "alimentarse de carne humana".[8]

Los israelitas se resistieron en su primer reporte en Números 14, si lo recuerdas, y como resultado, terminaron vagando por el desierto hasta que toda la generación adulta murió. Fue la siguiente generación quien ahora estaba al precipicio de la promesa, mirando fijamente a un río desmesurado lleno hasta el borde. ¿Estaban a punto de cruzar *eso*? ¿Ahora? ¿Cómo? Peor aún, cuando cruzaran, había caníbales en Canaán que esquivar. Dios sabía que necesitaban su propio milagro para alimentar su valor ante lo que estaba a punto de suceder.

Las dificultades pueden desarrollar los músculos de tu fe cuando se responde adecuadamente. El milagro de Moisés en el Mar Rojo se había convertido en una historia transmitida a la mayoría de los hombres que ahora estaban mirando a su propia agua angustiante y esperando guerras. Las historias son buenas para los servicios en los templos, las fogatas en los campamentos o antes de irnos a dormir, pero las historias no llevarían en volandas a estos hombres en las sangrientas batallas que les esperaban. Las historias no les unificarían entre tribus cuando tuvieran que hacer frente a sus enemigos como uno. No, necesitaban ver la mano de Dios por sí mismos. Necesitaban conseguir juntos una victoria. Necesitaban avanzar en fe, literalmente, y meterse en las aguas. Dios sabía eso, razón por la cual les envió en este tiempo en concreto.

Como un padre amoroso, Dios se enfocó en transferir los principios de la vida en el reino y la hombría bíblica a la generación actual. El discipulado es un proceso mediante el cual tú y yo nos asociamos con Dios para enseñar a los que están en nuestras esferas de influencia sobre las cosas que Él está haciendo en nuestra vida y también en las suyas. Por eso es tan necesario mantener una relación cercana con Dios, así como relaciones abiertas y auténticas con otros.

Por desgracia, con demasiada frecuencia esperamos que aquellos a los que influenciamos, ya sean hombres que discipulamos, nuestros hijos adultos, adolescentes, o aquellos con los que servimos pero que son más jóvenes en la fe, simplemente oigan lo que Dios ha hecho por nosotros. De algún modo pensamos que solo nuestras historias edificarán su fe. "Dios lo hizo con nosotros", decimos. "¿Ves?". Pero el discipulado del reino no funciona así.

Transferir los principios del reino no solo se produce en un entorno de grupos pequeños cuando compartimos aventuras del pasado, aunque eso es importante. Las lecciones de la vida a menudo las tienen que experimentar los propios individuos para que se arraiguen profundamente. El discipulado no se produce solo mediante el discurso, sino a través de relaciones, asociaciones, y vivir la vida juntos. Sin embargo, parece que a menudo nos enfocamos tanto en el grupo de estudio formal, las reuniones semanales o los programas que se nos olvida este principio. Se nos ha olvidado qué es lo que verdaderamente consigue el resultado que deseamos y que tanto necesitamos. A fin de cuentas, leer el estudio de "El milagro del Mar Rojo en siete semanas" puede ayudar solo hasta cierto punto, especialmente cuando estás de pie en la orilla de un río mirando las aguas furiosas que te han pedido que cruces con tu familia, tu ganado y tus posesiones.

Dios sabía que los israelitas necesitaban más. Él no marchó con estos hombres hacia batallas venideras solo con el conocimiento de lo que sus padres y abuelos habían experimentado. Él sabía que esta generación necesitaba familiarizarse personalmente con su poder. Por eso, los guió en primer lugar hacia la primera lección de su propia vida. Con la paciencia de un padre, Dios dirigió el camino. Comenzó diciéndoles lo que Él estaba haciendo y por qué lo estaba haciendo. A través de Josué, les dijo:

> *En **esto** conoceréis que el Dios viviente está en medio de vosotros, y que él echará de delante de vosotros al cananeo, al heteo, al heveo, al ferezeo, al gergeseo, al amorreo y al jebuseo.*
>
> (Josué 3:10 RVR 60, énfasis añadido)

¿En qué? En *esto*: haciéndolos cruzar el río Jordán durante la época de riadas, haciendo *esta* tarea imposible. Y, lo que, es más, Dios después les pidió levantar una marca tras el milagro. Iremos a ello con más detalle después, pero tuvo que ver con amontonar piedras para que sirvieran para iniciar una conversación no solo para ellos sino también para futuras generaciones.

Se necesitan ambas cosas, las historias de las victorias de ayer que se deben enseñar, compartir y escuchar, combinadas con los milagros de ese mismo momento para proveer la fuerza para el éxito espiritual. Cuando esperamos que los que vienen detrás nuestro lleven a cabo sus propias batallas espirituales victoriosas con base solamente en los recuerdos de nuestros triunfos pasados, no los estamos equipando bien. Son necesarias tanto las lecciones pasadas como el aprendizaje presente. El discipulado es un proceso de crecimiento en colaboración.

DA UN PASO. AGARRA UNA PIEDRA

Piensa en esto: los israelitas acababan de pasar cuarenta años en el desierto debido a los fallos de fe de la generación previa. Cuarenta es un número importante en la Biblia. Jesús estuvo en el desierto cuarenta días antes de comenzar su ministerio público. Moisés estuvo en el monte cuarenta días antes de recibir los Diez Mandamientos. Una generación por lo general se conoce en términos de cuarenta años. Cuarenta conlleva este concepto de transmisión. Era el tiempo de que los israelitas hicieran la transición hacia la tierra prometida, lejos de la vanidad de sus ayeres y hacia un mejor mañana. Habían tenido cuarenta años para humillarse, para corregir hábitos, para ser entrenados en la verdad y para aprender la fe. Ahora estaban siendo puestos ante su primera prueba.

El problema era que su primera prueba era una muy grande. Cruzar este río requeriría dos milagros, no solo uno. Así es. Dios tenía que hacer más de un milagro para conseguir esto. Primero, tenía que detener las aguas para que no siguieran fluyendo. Después, tenía que secar la tierra. Leemos sobre su plan de hacer ambas cosas en Josué 3:12-13 y 17:

> *Escojan a doce hombres de las tribus de Israel, uno de cada tribu, y cuando los sacerdotes que llevan el arca del Dios y Señor de toda la tierra planten su pie en las aguas del Jordán, éstas se partirán en dos, y las aguas que vienen de río arriba se detendrán y se acumularán hasta formar un muro... Mientras tanto, los sacerdotes que llevaban el arca del pacto del Señor se detuvieron en medio del Jordán, hasta que todo el pueblo terminó de cruzarlo sobre terreno seco.*

Dos milagros en una lección y, sin embargo, todo comenzó con ellos. La razón por la que los sacerdotes tuvieron que entrar en el agua primero era porque, antes de poder ver lo que Dios iba a hacer, Él quería ver lo que ellos hacían. De modo similar, Dios quiere ver lo mismo en ti. Hablar de fe no significa mucho cuando se trata de actuar. Dios quiere verte caminar por fe. Los sacerdotes demostraron su confianza metiendo sus pies en el agua. Después, y solo después, Dios secó la tierra. Dios está esperando a que los hombres den los primeros pasos de fe.

Después del cruce del río, Dios les dio su siguiente movimiento. Fue en este contexto de intervención sobrenatural que le dijo a Josué, como representante del pueblo que era, que hiciera algo muy importante para sembrar esta lección de vida incluso con mayor firmeza en sus corazones y sus mentes. Josué recibió la orden de escoger a doce hombres, que también servirían como representantes de cada tribu de Israel, que tomaran una piedra del medio del río Jordán.

Estos hombres debían tomar piedras grandes de la zona donde los sacerdotes habían estado de pie mientras los israelitas cruzaban. Después tenían que llevar esas piedras con ellos, cada uno al lugar donde después se alojarían (ver Josué 4:3). La piedra de cada hombre era tan grande que tenía que llevarla sobre su hombro (ver 4:5). Cuando todos habían llegado al otro lado y habían asentado su campamento en la parte este de Jericó, Josué tenía que juntar las doce piedras en Gilgal (ver 4:20). El milagro se conmemoraría con piedras recordatorias. Estas piedras servirían como el escenario para futuras victorias y ayudarían a los israelitas a visualizar el pasado.

Dios no quería que los israelitas se olvidaran de lo que Él había hecho allí por ellos. No quería que se olvidaran de dónde venían y cómo habían llegado hasta allí. Hizo que ellos construyeran un recordatorio perpetuo de que no fue por su fuerza ni por su poder que habían llegado hasta allí. Las doce piedras apiladas solemnemente declaraban que estaban ahí por la mano sobrenatural de Dios.

Quizá Él hizo eso porque había visto lo rápido que su pueblo se había olvidado del milagro de las doce plagas, la división del Mar Rojo, el alimento en el desierto estéril, y el agua de la roca. Él sabía que su pueblo tendía a ser olvidadizo, así que esta vez estableció un recordatorio visible de su soberanía en medio de las luchas de la humanidad.

Recordar quién es Dios y lo que ha hecho es clave para cada uno de nosotros también si queremos transferir de forma eficaz los principios de la hombría bíblica a través de las generaciones. Esa es una razón por la que Dios hizo tanto hincapié en esto en la Escritura. Algunos ejemplos serían los siguientes (énfasis añadido):

*Por lo tanto, ten cuidado. Ten mucho cuidado de **no olvidar** nada de todo lo que tus ojos han visto. Que no se aparten de tu corazón en ningún momento de tu vida. Al contrario, enséñales esto a tus hijos, y a los hijos de tus hijos.* (Deuteronomio 4:9)

Cuando el Señor tu Dios te haya introducido en la tierra que juró dar a tus padres Abrahán, Isaac y Jacob, y te dé ciudades grandes y buenas que tú no edificaste, y casas llenas de todo bien que tú no llenaste, y cisternas que tú no cavaste, y viñas y olivares que tú no plantaste, una vez que hayas comido y quedes satisfecho ten cuidado

de no olvidarte del Señor, que te sacó de Egipto, donde eras esclavo.
(Deuteronomio 6:10-12)

¡Cuidado! No vayas a olvidarte del Señor tu Dios, ni de cumplir sus mandamientos, sus decretos y sus estatutos, que hoy te ordeno cumplir. (Deuteronomio 8:11)

Tu corazón se enorgullezca y te olvides del Señor tu Dios, que te sacó de la tierra de Egipto, donde eras esclavo. (Deuteronomio 8:14)

Más bien, acuérdate del Señor tu Dios, porque él es quien te da el poder de ganar esas riquezas, a fin de confirmar el pacto que hizo con tus padres, como en este día. Pero si llegan a olvidarse del Señor su Dios y se van tras dioses ajenos, y les sirven y se inclinan ante ellos, yo les hago saber hoy que de cierto perecerán. Por no atender a la voz del Señor su Dios, perecerán como las naciones que el Señor va a destruir delante de ustedes. (Deuteronomio 8:18-20)

No olvides.
Acuérdate.
Si llegas a olvidarte.

Los versículos resuenan regularmente a lo largo de la Palabra de Dios. Realmente me gusta la frase usada en Deuteronomio 6:12 donde Él dice: "Ten cuidado". Eso se parece a un padre, ¿no crees? "Debes tener cuidado" o "Ten cuidado de no olvidar la cabeza" o "Revísate". Es fácil olvidar que no eres la gran cosa y después te crees algo cuando las cosas van bien o acabas de cruzar un río en una época de riadas. Es fácil pensar que tú eres tu propia fuente. También es fácil asumir que todo lo que tienes es por ti. Cuando piensas así, corres el riesgo de pensar también que ahora depende de ti defenderlo, protegerlo y preservarlo como puedas cuando te sientas amenazado.

Sin embargo, solo Dios es nuestra Fuente. Él nos alimentó en nuestra época en el desierto. Él nos puso zapatos en el desierto. Nos preservó incluso cuando no teníamos comunión con Él. La verdad sea dicha, Dios nos ha protegido a la mayoría de nosotros de las consecuencias dañinas de nuestras propias malas decisiones innumerables veces. Ninguno de nosotros ni quiera estaría aquí si no hubiera sido por la mano misericordiosa de Dios. Dios no quiere que se nos olvide eso. Él no quiso que los israelitas lo olvidaran tampoco. Así, les hizo construir un monumento como recordatorio de lo que Él había hecho.

HABLA DE ELLO

Cuando tuve el honor de filmar *Los hombres del reino se levantan* en las oficinas centrales de la NFL en New York hace unos años atrás, me llevaron a una zona especial en uno de los pisos más altos que alberga todos los anillos del Súper Tazón. También tienen expuesto el trofeo Lombardi en esta sala. Fue una experiencia única. Cada anillo estaba colocado cuidadosamente detrás de un cristal hecho con gran detalle en una atmósfera de clima controlado. Estábamos solo el VP de la NFL, Troy Vincent, mi esposa y yo. Es difícil hablar cuando ves tanta historia expuesta ante ti. Tan solo quieres absorberlo todo. Así que simplemente caminábamos calladamente por la sala museo y mirando con atención.

Había silencio en el aire mientras seguíamos mirando cada fecha, cada joya, cada emblema; sin embargo, en el silencio comencé a oír el eco de fondo de las victorias representadas por cada anillo. Muchos logros reclamaban mis pensamientos, muchas victorias. Mientras miraba cada uno, se me ocurrió que este anillo inmaculadamente creado no solo reflejaba la victoria a la que estaba unido. No, cada anillo reflejaba incontables horas de dolor levantando peso, de noches interminables estudiando partidos, victorias libradas durante una gran lluvia o bajo el sol ardiente. Pensaba en la multiplicidad de otros sacrificios personales de los jugadores, padres, entrenadores, la dirección e incluso de los seguidores. Esfuerzo, compromiso y puro coraje habían sido parte del molde para crear cada anillo allí expuesto.

Después de haber tenido un tiempo para absorberlo todo, comenzamos a conversar. Los distintos anillos llevaban a conversaciones sobre distintas jugadas y jugadores. Lo que veíamos se convirtió en un rico diálogo sobre momentos históricos de la sabiduría deportiva. Homenajes, premios, trofeos y otras cosas de esta naturaleza a menudo sirven de catalizadores para la comunicación. Josué 4:6-7 lo explica así:

Cada una de ellas será una señal. Y el día de mañana, cuando los hijos les pregunten a sus padres qué significan estas piedras, ellos les responderán: "Cuando el pueblo cruzó el Jordán, las aguas del río se partieron en dos delante del arca del pacto del Señor. Así que estas piedras son para que los hijos de Israel recuerden siempre lo que aquí pasó".

Dios sabía que solo juntar las piedras como recordatorio no sería suficiente para transferir las verdades aprendidas durante ese acontecimiento. Las piedras preparaban el escenario, pero no lo llenaban. Llenar el escenario para que se produzca una futura narrativa exige algo más. Por eso Dios explicó a los israelitas el propósito de las piedras. Debían servir para iniciar conversaciones para que se produjera un discipulado.

Salmos 145:4 dice:

Todas las generaciones celebrarán tus obras, y darán a conocer tus grandes proezas.

Aquí tenemos el plano para la transferencia generacional del reino:

Arma tu símbolo para conmemorar lo que Dios ha hecho.

Habla de ello con los que están bajo tu influencia.

Anímalos a experimentar sus victorias, a levantar sus propios monumentos y que hablen de ellos con los que estén bajo su influencia.

Repetir.

El ciclo de transferencia generacional es un proceso continuo si queremos que funcione. Un monumento nunca basta por sí solo. Todos hemos visto lo que ocurre con los monumentos que no se atienden. Se llenan de malas hierbas. De hecho, la mayoría ni siquiera sabemos por qué están ahí muchos de los monumentos que vemos. Las cajas de los trofeos se llenan hasta el borde, solo para que se llenen de polvo. La vida continúa, y se nos olvida hasta mirar. Sin embargo, los hombres del reino nunca deben olvidar lo que Dios ha hecho. Los hombres del reino deben tener una fe transferible mediante conversaciones, no solo monumentos, trofeos o piedras apiladas.

¿Sabes por qué estamos en un caos cultural? Porque se ha producido un problema de transferencia. Tenemos una generación de personas jóvenes que puede que hayan visto muchos trofeos o piedras, pero no han tenido a nadie que se siente con ellos y les diga lo que significan esas piedras y trofeos. ¿Por qué? Porque la generación anterior no se lo transfirió, y se dedicaron tan solo a poner sus trofeos en una estantería.

Estamos ante un fallo masivo de transferencia porque hemos descuidado el hecho de contar a los que tenemos bajo nuestro cuidado lo que Dios ha hecho en nuestras vidas. Hemos sido negligentes a la hora de tener largas conversaciones, esas conversaciones incómodas. Hemos descuidado entrar en los detalles específicos de las lecciones aprendidas a través de nuestros propios errores. Claro, quizá hemos señalado nuestros momentos de milagro, y hemos dicho: "Mira lo que Dios hizo". Pero eso no es lo mismo que tomar tiempo para transferir valores. Como resultado, hemos fallado a la hora de empoderar a las generaciones posteriores para que avancen hacia su propia experiencia de Dios.

Por consiguiente, estamos viviendo en una manifestación moderna de Jueces 2:10-12:

> *Y murió también toda esa generación, y se reunió con sus antepasados. Después de ellos vino otra generación que no conocía al Señor, ni sabía lo que el Señor había hecho por Israel. Los israelitas hicieron lo malo a los ojos del Señor, y adoraron a los baales. Abandonaron al Señor, el Dios que sacó a sus antepasados de la tierra de Egipto, y empezaron a adorar a los dioses de los pueblos que vivían a su alrededor, con lo que provocaron el enojo del Señor.*

Cuando una nueva generación está de pie ante su propia orilla rebosante o hace frente a sus propias inundaciones de incertidumbre, crisis y temor, un montón de piedras no es suficiente para detener esa crisis. Ellos necesitarán algo más. Necesitarán mucho más que un "Dios hizo esto y lo otro por mi padre" o "Dios hizo esto y lo otro por los hombres de mi iglesia" o "Creo que Dios hizo algo hace mucho tiempo, pero no estoy seguro de lo que fue exactamente". Ellos necesitan saber que Dios es un Dios del pasado, pero también es un Dios del ahora mismo.

Por eso me encanta el nombre que Dios compartió con nosotros cuando se presentó por primera vez a la humanidad. Cuando Moisés le preguntó quién era, Él respondió rápidamente: "*YO SOY EL QUE SOY*" (Éxodo 3:14). Dios no es un trofeo para almacenar en algún lugar donde no se vea. Dios es el Dios de este momento del tiempo. Él es el Dios vivo y activo que nos dirige y nos guía. Hay que hablar de Dios a cada generación regularmente. Así es como se produce la transferencia.

Pero no podemos detenernos ahí. También debemos animar a los que queremos transferirles los valores del reino a caminar con Dios ellos mismos y a que lo experimenten de primera mano. Así es como ellos, a cambio, se levantan como hombres del reino.

Cada hombre del reino debe buscar a Dios continuamente en las realidades actuales de la vida. Tenemos que enseñar a los que vienen detrás de nosotros a no confiar solo en nuestras experiencias sino a aprender de ellas y después caminar en las suyas propias. Nunca debemos conformarnos con sostener nuestros propios logros espirituales como si la existencia de estos fuera suficiente para dejar una huella. La transferencia se produce al hablar. Así es como transmitimos los principios del reino de hombría bíblica. Los pasamos hablando continuamente sobre lo que Dios ha hecho mientras animamos simultáneamente a otros a experimentarlo por sí mismos. Solo entonces habrá algo para que la siguiente generación transmita también.

PIEDRAS VIVAS SOBRE EL ESCENARIO

Tuve el regalo de cumplir setenta años no hace mucho. El tiempo me alcanzó, y antes de que pudiera darme cuenta, tenía setenta. No siento que tengo setenta, en absoluto, pero a los números en el calendario no les importa lo que yo siento.

Los que me conocen saben que no soy una persona que haga un espectáculo de casi nada, especialmente de mi cumpleaños. Pero esta vez era distinto, muy distinto, por la batalla de mi difunta esposa con el cáncer, y porque nuestros cumpleaños estaban muy cerca el uno del otro, cuando ambos cumplimos setenta nuestros hijos y nuestra iglesia hicieron una reunión dominical de celebración de cumpleaños. Fue maravilloso. Los invitados musicales trajeron canciones en vivo y dinámicas. Los homenajes y los oradores tocaron nuestro corazón. Pero ocurrió algo esa mañana que tendrá un lugar súper especial en mi espíritu para siempre. Fue una manifestación viva y literal de las piedras del recuerdo. Nuestros hijos habían planeado aquello como una sorpresa para nosotros, para bendecirnos y dejarnos ver el legado y el impacto que Dios había dejado en ellos a través de nosotros.

Como te puedes imaginar, fue muy emotivo para mí. Ver a mis hijos, sus esposas, mis nietos y mis bisnietos caminar por el escenario de la iglesia, cada uno con una piedra representativa de su vida, fue poderoso. Priscilla describió lo que decía cada piedra, una a una reflejaba a la persona que la sostenía, mientras cada persona caminaba por el escenario; compartió cómo estaba relacionado con el impacto generacional. Después de eso, todos apilaron las piedras en el centro del escenario para que sirviera como un reflejo visual de un monumento. Ahora las tengo sobre una mesa en la sala de estar de mi casa.

Lloraba mientras las veía. Lloraba mientras veía a Lois viéndolas también. La razón por la que lloraba era porque sus vidas destacaban que a través nosotros se había hecho historia en ellos. Nuestro amor estableció un fundamento para un legado de generaciones de fe del reino.

Mientras estaba allí sentado, pensaba en Lois y cómo ella había invertido tanto en mí durante casi cincuenta años y en nosotros como familia. Ella hizo de nosotros su prioridad. El resultado de todo su amor y dedicación ahora estaba delante nuestro. Verlos a todos cruzar el escenario uno a uno se convirtió en un viaje en una montaña rusa de sentimientos. La tristeza estaba ahí debido a la etapa final de la enfermedad de Lois, pero también había gratitud porque Dios me había favorecido, tanto a mí como a todos nosotros, de esta forma. Ver a los miembros de nuestra familia honrándola, y a nosotros juntos, fue algo que importaba más para mí que las casas, el dinero, los automóviles o la notoriedad. En ese momento, disfrutaba a la luz del legado.

Algunos de los nietos más pequeños y bisnietos se movían por todas partes del escenario o saltaban, sin darse cuenta aún de la gravedad del momento, debido a su edad. Fue divertido verlos divertirse. Quizá no entendieron del todo la magnitud de lo que estaban haciendo allí, pero un día lo entenderán. Cuando lleguen a una edad de mayor consciencia, se les dirá, se les mostrará. Llegarán a conocer la importancia de las piedras que cargaban. Finalmente, también ellos se lo contarán a sus hijos y nietos. Les dirán que la piedra representaba la vida de cada uno y nuestro compromiso en cada una de sus vidas. Hablaba de nuestro amor por ellos, de corrección, dolor, celebración, recuerdos compartidos, conversaciones y sueños que habíamos tenido juntos.

Estas piedras del recuerdo siempre descansarán con peso en mi corazón y en mi mente. Es difícil hablar de ello ahora o escribir sobre al respecto, aunque han pasado ya muchos meses. Es difícil porque, cuando lo hago, comienzo a imaginarlo y a revivirlo. Puedo ver a cada uno de ellos caminando por el escenario, desde el más joven al más mayor, honrándonos de esa forma tan especial. No fue necesaria ninguna tarjeta de cumpleaños, ni ningún regalo. Solo piedras. Piedras que representaban los legados vivos de nuestro corazón, el de Lois y el mío.

Esa experiencia dejó una huella indeleble en mi alma. Fue sin duda una de las cosas más destacadas de mi vida, y la llevaré conmigo por el resto de mis días, el hecho de saber que mi familia nos ama como lo hacen y aman al Señor como lo hacen. Nada podría hacerme estar más agradecido con Dios por la bondad que Él me ha dado al permitirme ser testigo de la transferencia de los principios del reino a aquellos a los que tanto amo. Mi familia estaba delante de mí como la personificación de las piedras vivas sobre las que escribió Pedro que *"sean edificados como casa espiritual y sacerdocio santo"* (1 Pedro 2:5). Mi corazón estaba lleno.

Pero, aunque ver madurar a tu propia familia en el Señor y crecer en su amor el uno por el otro es reconfortante, me doy cuenta de que no todos están en posición de poder experimentar eso. Algunos vienen de hogares rotos. Otros están solteros. Algunos de ustedes que leen este libro quizá ya han criado a sus familias y han cometido múltiples errores durante el camino. Sea cual sea el caso o la razón, este mensaje de dejar monumentos como una transferencia de fe es para ti también. Quizá no sea para tu familia, pero puedes transferirlo a los que están en tu iglesia como líder o facilitador de un grupo pequeño. Podrías transferir valores del reino a otros en tu comunidad. Puedes hacerlo sirviendo, o a tus amistades, o a familiares no tan allegados. Esto no es algo que viene en una fórmula de talla única para transferir los valores del reino de Dios, aunque preferiblemente empieza ahí.

Pero si no puedes hacerlo debido a ciertas circunstancias, quiero animarte para que sigas tomando la premisa del principio, el de transferir la historia de la mano de Dios en tu vida contándoselo a otros, y después animándolos a hacer lo mismo. Ya sea con tu familia, tus amigos, vecinos, seguidores en las redes sociales, compañeros de trabajo u otros, estás aquí como un hombre del reino para transferir los valores de Dios.

UNA REPUTACIÓN DE FORTALEZA

Dios nos da otra razón para amontonar las piedras en la última parte de Josué 4. Este marcador debía servir también como un colchón para difundir la historia de lo que ha ocurrido a otros: *"Para que todos los pueblos de la tierra sepan que la mano del Señor es poderosa, y para que ustedes honren siempre al Señor nuestro Dios"* (Josué 4:24). El monumento era no solo para recordarles a ellos y a la siguiente generación y producirles mayor temor de Dios en sus corazones, sino también para proclamar el poder de Dios al mundo.

Los israelitas estaban cruzando hacia la tierra prometida. El problema en la tierra prometida, sin embargo, era que estaba llena de maldad. Dios quería que los israelitas supieran que, aunque el mal los rodeara, Él los tenía en su mano.

Dios también quería que los cananeos, hititas, amorreos y otros oyeran las historias sobre lo que Él había hecho por los israelitas. Quería que oyeran los milagros que Él había hecho en medio de ellos. Él decidió mostrar lo que había hecho para que sus enemigos conocieran su poder. De esa forma tendrían una idea mejor de quién era el pueblo, y el Dios, contra los que lucharían. Al hacerlo, Dios se disponía a establecer la reputación de los israelitas como una nación cuyo Dios estaba por encima de todo.

Es una lástima que tengamos una generación surgiendo que habla solo de unos pocos recuerdos espirituales en la transferencia de la fe. Tenemos que darle la vuelta a eso. Tenemos que recordar esos tiempos en los que Dios intervino y se mostró, y tomó parte activa en nuestras situaciones para hacer algo increíble. No debemos olvidar nunca esos tiempos. No solo eso, sino que debemos ser intencionales en cuanto a dar a conocer a otros esos momentos.

> **Cuando las aguas son demasiado altas, los problemas parecen demasiado grandes, y las necesidades amenazan con golpear como olas contra el alma, Dios está ahí y es capaz de hacerse cargo de todo.**

Después de todo, el Mar Rojo no se divide todos los días. El río Jordán no se detiene cada día. Los gigantes no caen todos los días, pero cuando sucede, tenemos que asegurarnos de recordarlo, de contar la historia a otros con frecuencia, y dejar ya que el mundo incrédulo sea testigo del poder de nuestro gran Dios. Cuando David mató a Goliat, tomó la enorme espada del gigante y la puso en su propia tienda. Lo hizo por una razón. Esa espada serviría de recordatorio perpetuo de que, si algún otro necio de tres metros saliera contra el pueblo del Dios vivo, sufriría el mismo resultado.

De modo similar, los hombres del reino debieran hablar de la transformación de sus propias vidas, de los matrimonios que fueron salvados, de la dignidad que se restauró y las victorias espirituales que se produjeron. Debemos transferir las experiencias de Dios en medio nuestro, sean grandes o pequeñas, a través de relaciones auténticas construidas sobre la confianza mutua.

Vale la pena destacar que Josué no solo levantó el monumento en Gilgal, sino que también apiló doce piedras en medio del Jordán, donde los sacerdotes habían estado de pie. Estas piedras servirían como monumento debajo de las aguas cuando volvieran a fluir (ver Josué 4:9).

Las piedras debajo del agua nos recuerdan algo totalmente distinto. Nos recuerdan que Dios hace algunas de sus mejores obras en las épocas de riadas de nuestra vida. Cuando las aguas son demasiado altas, los problemas parecen demasiado grandes, y las necesidades amenazan con golpear como olas contra el alma, Dios está ahí y es capaz de hacerse cargo de todo.

Cuando algo está fuera de tu capacidad para superarlo o vencerlo, nunca está fuera de la capacidad de Dios. Si algo está fuera de tu capacidad para salir adelante, recuerda que nunca está fuera de su capacidad. Dios puede detener un río en época de riada, sacar a una pareja de ancianos de su hogar en un huracán, hacer que un jugador de la NFL que se dañó la columna pueda volver a bailar, hacer que un cojo camine, dar un campo de golf a un hombre al que tiempo atrás se le prohibía jugar en él por su raza, liberar a un exadicto a la cocaína y derrotar a todo un ejército de enemigos con tan solo trescientos hombres. No importa por lo que estés pasando, no está fuera de la capacidad de Dios para manejarlo. Te lo digo de primera mano. Pero no quiero que mis historias se detengan en mí. Ve y experimenta las tuyas. Sigue a Dios con un abandono temerario en una fe comprometida, y ve lo que Él hará por ti. Después reta a los que tienes en tu esfera de influencia a que hagan también lo mismo. Es tiempo de que, como hombres del reino, nos levantemos colectivamente hasta el nivel para el que hemos sido creados y llamados.

DIEZ

IMPULSAR EL FUTURO

Cuatro hombres se sentaban nerviosamente en la sala de espera de maternidad en ese tiempo en el que los hombres tenían que quedarse fuera durante el nacimiento de sus hijos. Intentaban matar el tiempo con conversaciones informales, casi sin prestarse atención el uno al otro. Finalmente, llegó la primera enfermera y le dijo al primer papá: "Señor, ¡felicidades! ¡Ha tenido gemelos!".

El padre se sonrió y respondió: "¡Vaya, es divertido porque trabajo para los Gemelos de Minnesota!

Llegó otra enfermera a la sala de espera un poco después, y le dijo al segundo papá: "¡Felicidades, ¡ha tenido trillizos!".

Este padre sonrió algo nervioso por la ironía. "¿De veras?", preguntó. "Eso es genial porque trabajo para 3M".

Llegó la tercera enfermera un poco después y le dijo al papá número tres: "¡Felicidades, acaba de convertirse en el orgulloso y ocupado padre de cuatrillizos!".

Él estalló de risa y dijo: "Es irónico, porque trabajo para el hotel *Four Seasons* (Cuatro Estaciones)".

El cuarto padre de repente puso una cara extraña. La enfermera y el tercer padre se giraron hacia él y dijeron: "¿Qué ocurre?".

"Ah", respondió él, "estoy un poco preocupado". Ellos le preguntaron por qué, a lo cual él respondió de forma realista: "¡Porque trabajo para 7-Up!".

Aunque obviamente esto es un chiste que tiene la intención de iniciar un capítulo más pesado de una manera más ligera, el sentimiento de la historia es cierto. En la paternidad, como en cualquier papel de influencia, puede que consigas más de lo que pensabas.

Nunca olvidaré ver a mi hijo Jonathan adaptarse al confinamiento en Dallas por la COVID-19. En ese tiempo, Jonathan y su esposa, Kanika, tenían cinco hijos menores de once años. Como te puedes imaginar, cuando el confinamiento obligatorio entró en vigor, junto con el cierre de las escuelas, Jonathan y Kanika tenían sus manos llenas.

Para Jonathan, hacer malabarismos trabajando a tiempo completo entre la iglesia y nuestro ministerio nacional, además de ser un buen padre ayudando con la escuela, el entretenimiento, las comidas y el ejercicio día tras día, semana tras semana, le estaba pasando factura. Podía ver la fatiga en sus ojos a veces. Lo estaba haciendo todo bien, pero eran demasiadas cosas para manejar.

Así que cuando estuvo disponible la opción de que cierta cantidad de la plantilla trabajara como voluntaria en la oficina en lugar de hacerlo desde casa, no me sorprendió ver a Jonathan ofrecerse el primero. Incluso unas pocas horas en la oficina le darían algo de espacio para enfocarse.

Jonathan es uno de los mejores padres que he visto; pero las muchas responsabilidades de la paternidad pueden pasar factura, especialmente cuando se amontonan unas sobre otras. También pueden hacerlo las responsabilidades de influenciar a otros mediante el discipulado, la mentoría y moldear a la siguiente generación. Es fácil alzar la mano y decir: "Necesito algo de espacio", y aunque el espacio personal es clave para poder descansar y recargar para mantenerte saludable, desvincularse por completo debido a la presión o a una falta de compromiso no lo es. Hay una diferencia entre tomar un descanso e irse.

Por desgracia, demasiados hombres hoy han escogido irse en cuanto a este mandato de transferir a otros los valores del reino. O bien se van, o simplemente no están disponibles. Ahora bien, puede que no siempre se vayan físicamente, pero demasiados hombres se van de otras maneras. Desconectan. Se ponen los audífonos. Se van corriendo al gimnasio o al campo de golf, una vez, y otra vez. Se quedan en la oficina más tiempo del que necesitan o juegan a los videojuegos. Encienden los *podcasts*. Sea de la manera que sea, no participan, y no siguen participando, que es uno de los componentes fundamentales del discipulado eficaz.

Como resultado, nuestras iglesias y nuestra cultura terminan sufriendo en una crisis de corazones vacíos, hogares desesperanzados, vecindarios vacíos y comunidades quebradas. Cuando miras a tu alrededor, incluso se podría decir que, de muchas maneras, parece que estamos bajo una maldición. La Biblia deja claro en el último versículo del libro de Malaquías que, cuando los hombres descuidan el llamado dado por Dios para dirigir y amar, la tierra queda bajo maldición (ver Malaquías 4:6). Así que no debería sorprendernos lo que estamos viendo en la tierra.

Es obvio para la mayoría de los buenos observadores que mucho de lo que enfrentamos en nuestra nación hoy viene de esta falta de enfoque responsable hacia la transferencia de valores. Esta es una razón por la que tenemos a una generación levantándose pero que en muchas formas está lisiada y confusa por su ansiedad, ira, culpa, hipersensibilidad y mucho más.

Estoy seguro de que has visto bastantes carreras de relevos olímpicas donde los sueños del equipo se rompieron en pedazos solo porque el testigo se le escurrió de la mano. Aunque el equipo quizá iba muy por delante del resto, su carrera terminó de forma abrupta cuando se cayó el testigo. Una clave esencial para ganar cualquier relevo conlleva la entrega del testigo. No importa lo rápido que un corredor salga de los tacos o lo rápido que él o ella corra si se le cae lo que lleva en la mano.

La vida no es diferente. Debes pasar los valores del reino en esta carrera, o el juego se habrá terminado para todos. Ser un hombre del reino nunca termina contigo. Si lo hace, entonces no eres un hombre del reino.

202 Los hombres del reino se levantan

La fe no es una carrera individual. Un hombre del reino deja un legado de herencia espiritual a otros.

Proverbios 13:22 lo dice así:

Es bueno dejar herencia a los nietos.

Aunque este versículo tiene que ver con los padres, el principio trasciende los roles. Cada hombre tiene que ser, como mínimo, una persona que piense en tres generaciones. Esto es cierto ya se trate de tu familia, de tus amigos, o de cualquier persona a la que influencies. El discipulado no es una carrera de relevos de velocidad, sino una carrera de relevos de maratón, y los maratones pasan factura, cansan. Los corredores necesitan mucha resistencia solo para correr una maratón y terminarlo, ya no digamos para ganarla.

Una de las razones por las que tenemos a tantos hombres alejándose de su responsabilidad de influir en sus familias y en la cultura para bien se debe a que no han aprendido a tener estrategias de ganancia a largo plazo. Podría ser que dieron demasiado de sí mismo muy rápido y se quemaron. O podría ser que perdieron el interés. O quizá se retiran cuando no ven una recompensa inmediata a sus esfuerzos en otros. Vivimos en una cultura de tanta gratificación instantánea, que los valores personales como el compromiso y la diligencia se desvanecen rápidamente. Sin embargo, al margen de cuáles sean los retos, necesitamos más hombres dispuestos a participar y quedarse en la batalla de la hombría bíblica.

EL PAPEL DE UN PADRE

Ahora, antes de pasar a los principios más amplios de impulsar el futuro de aquellos que tienes a tu cuidado, quiero dar un recordatorio de la paternidad bíblica. Aunque la paternidad no es el tema de este libro, es un aspecto importante de levantarnos como hombres del reino. Si quieres leer más sobre el tema de la crianza de los hijos, he puesto un recurso en las notas.[1]

En la cultura bíblica, el trabajo de criar hijos recaía sobre el padre, no sobre la madre. Al papá se le confirió esta importante tarea. La mamá ayudaba a cerrar las brechas cuando el padre no podía estar ahí. Vemos que esta era la instrucción normativa en la Escritura. Te daré algunos ejemplos:

Y se las repetirás [padre] a tus hijos, y hablarás de ellas cuando estés en tu casa, y cuando vayas por el camino, y cuando te acuestes y cuando te levantes. (Deuteronomio 6:7)

Enséñenselas [padres] a sus hijos, y hablen de ellas cuando te encuentres descansando en tu casa, y cuando vayas por el camino, y cuando te acuestes, y cuando te levantes. Inscríbelas en los postes de tu casa, y en tus puertas, para que en la tierra que el Señor juró dar a sus padres sean los días de ustedes, y los de sus hijos, tan numerosos como los días de los cielos sobre la tierra. (Deuteronomio 11:19-21)

El camino del perverso está lleno de trampas y espinas; quien se cuida a sí mismo, se cuida de seguirlo. Enseña al niño a seguir fielmente su camino, y aunque llegue a anciano no se apartará de él. (Proverbios 22:5-6)

Ustedes, los padres, no exasperen a sus hijos, sino edúquenlos en la disciplina y la instrucción del Señor. (Efesios 6:4)

El mandato de Dios de ser fructíferos y multiplicarse y llenar la tierra aparece en la Biblia incluso antes de describir la creación de Eva (ver Génesis 1:28). Los hombres hemos recibido la tarea de cumplir este importante rol desde los tiempos bíblicos. Los hombres deben tomarse en serio este mandamiento de transferir generacionalmente los valores del reino, no solo a sus hijos sino también a sus nietos. Dios regularmente dice: "Yo soy el Dios de Abraham, de Isaac y de Jacob", no de Sara, de Rebeca y de Raquel, porque la transferencia generacional era principalmente responsabilidad del padre.

Esta es nuestra responsabilidad y, sin embargo, de algún modo, a muchos se nos ha olvidado eso. La falta de fruto espiritual en toda la tierra

204 <i>Los hombres del reino se levantan</i>

grita esta verdad. Como resultado, y como mencioné en el último capítulo, Jueces 2:10 podría aplicarse fácilmente a nuestro mundo hoy: <i>"Y murió también toda esa generación, y se reunió con sus antepasados. Después de ellos vino otra generación que no conocía al Señor"</i>. No se ha pasado ningún testigo, solo se ha dejado caos espiritual, tumulto y todo un lío. Esto resume la razón fundamental por la que nuestro país está en la condición que está. Pero en vez de quejarnos por la situación, reconozcámoslo y admitámoslo, y después pasemos a mirar qué cosas podemos hacer para arreglarlo.

Cada uno de nosotros juega un papel a la hora de cuidar e influenciar a la siguiente generación.

Y quizá tú no estás en una situación en la que tienes que criar hijos. O quizá los tuyos ya son adultos. Tal vez nunca tuviste hijos, quizá eres demasiado joven para tener hijos, o quizá no estás casado. Si te afecta cualquiera de estos casos, lo que quiero que tengas en mente es que el legado que dejes detrás de ti ya sea familiar o relacional, debería estar basado en estos principios bíblicos compartidos de transferencia de los valores del reino a la siguiente generación. Tú <i>estás</i> dejando un legado con tu vida, te des cuenta de ello o no. Quizá no es un buen legado, pero estás dejando un impacto generacional a través de lo que haces, o no haces. Si aquellos a quienes influencias son tu propia simiente biológica o no, eso no marca una gran diferencia en la familia de Dios (ver Juan 19:26-27).

Cada uno de nosotros juega un papel a la hora de cuidar e influenciar a la siguiente generación. Cada uno de nosotros afecta el futuro. Tienes que decidir si quieres afectarlo para bien criando más hombres del reino. Y recuerda que nadie es demasiado joven para hacer su parte. Donde pastoreo, comenzamos un programa llamado High School Heroes. Este programa empareja a estudiantes de la escuela que han demostrado fuertes valores bíblicos en su pensamiento y en las decisiones de su vida con estudiantes más jóvenes de otras escuelas en el distrito para que puedan ser sus mentores. Esto se produce a través del sistema de la escuela pública.

De hecho, tenemos más de cuarenta escuelas participando. Los hombres tienen que impactar a la siguiente generación en roles como padres, pero también tenemos que hacerlo fuera de la paternidad.

Estoy seguro de que has visto la palabra *legado* unida a deportes, atletas, dueños de negocios, empleados, voluntarios, mentores, entrenadores, amigos y más, porque todo tiene que ver con pasar el ADN de la grandeza. Estos principios son aplicables a todos nosotros en el cuerpo de Cristo también. Así, la pregunta que cada uno debemos responder es: ¿Qué tipo de legado estamos dejando? ¿Y qué dice la Escritura sobre cómo debemos impulsar el futuro de aquellos a los que influenciamos?

DEJA TU HUELLA EN LA HUMANIDAD

Al principio del tiempo, Dios le dijo a Adán que llenara la tierra. Ahora bien, no solo tenía que llenarla por llenarla. No, Adán tenía que llenar la tierra de la imagen de Dios. La humanidad está hecha a imagen de Dios. Cada uno tiene que dejar su marca en otros en forma humana, para afectar a las personas para que el reflejo de Dios y los valores de su reino continúen replicándose en la historia.

La herencia de Dios nunca comienza con cosas. Y no es que haya algo malo en las cosas. No estoy hablando en contra de prosperar en lo económico o de planificar con prudencia el dejar una herencia económica a través de un testamento. Lo que estoy diciendo es que, si pasas cosas materiales sin lo espiritual, se disolverán en las manos de los que lo reciban como el algodón de azúcar se deshace en la boca del que lo come. El algodón de azúcar sabe dulce unos segundos, pero no tiene ningún valor en absoluto en el largo plazo.

Adán no recibió el mandato de llenar la tierra con una acumulación de elogios, logros y riqueza material. Tenía que llenar la tierra con la imagen de Dios. Una herencia divina no tiene que ver con casas, ropa, automóviles, fama o dinero. Las herencias divinas comienzan con la transferencia de la fe. No importa cuánto dinero tenga una persona si él o ella no tiene el fundamento de una fe sólida. Sin los valores bíblicos, todo se vendrá abajo cuando lleguen las tormentas de la vida. Cada hombre del reino debe ocuparse de transmitir la herencia espiritual de una cosmovisión teísta extensa.

Hay dos sistemas predominantes que operan en esta tierra: el humanismo y el teísmo. El humanismo se enfoca en la humanidad y lo que la humanidad quiere, piensa y determina. Operar según el humanismo es como ponerse unos lentes de sol con filtro para revelar la cosmovisión del ego. Por el contrario, el teísmo filtra todo a través de los lentes de la perspectiva eterna de Dios y la verdad divina.

Como hombres del reino, somos creados y llamados a transferir un punto de vista teísta a los que están dentro de nuestras esferas de influencia. De esta forma, pasamos el ADN del pacto infundido en el mandato de ejercer dominio que vemos en Génesis. Debemos pasar la bendición (ver Génesis 1:28). La bendición está basada en lo espiritual.

Este concepto de pasar la herencia, o transferir la bendición, es un asunto importante en la Biblia y lo debería ser hoy. Incluso leemos un relato en el que un hombre manipuló a su hermano para conseguir su primogenitura y después conspiró con su madre para mentir a su padre y conseguir su bendición (ver Génesis 25:29-34; 27:1-17). Para entender mejor la magnitud de la bendición, veamos con más detenimiento esta historia.

LA BENDICIÓN

Jacob era el hermano menor de dos gemelos nacidos de Rebeca e Isaac. El hermano mayor, Esaú, era el atleta, el favorito de su padre. Jacob, por el contrario, cuidaba la tierra, cocinaba, y se le podría haber considerado el niño de mamá; y como Rebeca amaba tanto a Jacob, concibió un plan para que le robara la bendición a su hermano mayor.

Sucedió mientras Esaú estaba fuera cazando la presa que tenía que llevar a su padre para la ceremonia de entrega de la bendición. Cuando se fue, Rebeca le dijo a Jacob que tomara dos cabras escogidas para que ella las cocinara en lugar de la presa. Después, le dijo a su hijo que se vistiera con algún atuendo de su hermano. También le puso la piel de las cabras en sus brazos y su cuello para que su esposo ciego, enfermo y anciano no pudiera distinguirlo fácilmente de su hermano, que tenía más vello.

Jacob hizo lo que su madre le dijo porque la bendición era muy importante. Cuando su papá le preguntó cómo había conseguido la presa tan rápido, él mintió y le dijo que Dios la había provisto. Su papá dudaba de quién era, así que le pidió que se acercara para poder sentir sus manos y su rostro. Confundido, Isaac dijo: *"La voz es la de Jacob, pero las manos son las de Esaú"* (Génesis 27:22). Después preguntó: *"¿Eres tú mi hijo Esaú?"* (v. 24).

"Sí, yo soy", fue otra de las mentiras de Jacob. Isaac cedió y lo besó, olió sus ropas una vez más, y después lo bendijo.

Comparto esta historia porque ilustra cuán importante es la bendición. Jacob estuvo dispuesto a conspirar con su mamá contra su papá y su hermano para estafar, manipular y engañar por ella. ¿Por qué? Porque la bendición afecta el futuro. Es mucho más que algo que se le dice a alguien después de estornudar o una palmadita en la espalda con algunas palabras positivas. Los dos versículos siguientes en este relato bíblico vierten luz sobre por qué la bendición es algo tan crucial. Leemos:

> *¡Que Dios te dé del rocío del cielo y de las grosuras de la tierra! ¡Que te dé abundante trigo y vino! ¡Que te sirvan los pueblos! ¡Que las naciones se inclinen ante ti! ¡Conviértete en señor de tus hermanos, y que ante ti se inclinen los hijos de tu madre! ¡Malditos sean los que te maldigan, y benditos sean los que te bendigan!* (Génesis 27:28-29)

En esencia, la bendición conllevaba favor divino. Era el impulso de un gran futuro debido a la herencia de Dios. Involucraba que Dios diera el rocío del cielo, las grosuras de la tierra y provisión abundante. No solo eso, sino que hablaba de cómo Dios respondería al trato que otros darían a la persona. Isaac incluyó maldiciones sobre los que maldijeran a Jacob y bendiciones sobre quienes lo bendijeran.

Por lo tanto, en el corazón de la transferencia de la bendición está la transmisión del favor divino, en cualquier capacidad que hayan sido

208 Los hombres del reino se levantan

dotados para perseguir aquellos que están bajo nuestra influencia. La bendición es una declaración de beneficio, protección y dominio divinos. Esto es lo que hemos sido llamados a transferir a la siguiente generación. No se trata de darles una meta o un papel futuro. Dejemos que ellos escojan sus propias metas y papeles. Ni tampoco es darles cosas. Más bien, transferir la bendición tiene que ver con afirmar el favor y la voluntad de Dios para sus vidas.

DIOS DA LA BENDICIÓN

También es esencial que notemos el lenguaje específico de cómo comenzó la bendición. Isaac empezó diciendo: "¡Que Dios te dé..."; subrayo esto porque parece que esta parte de la bendición realmente falta en nuestra cultura hoy! Demasiadas veces damos una bendición nuestra, o un sueño nuestro, no de Dios. Permíteme explicarlo. Hacemos eso diciendo a los que están bajo nuestro cuidado lo que queremos que hagan o lo que pensamos que pueden llegar a ser. Ya sea a nuestros hijos o a otros a los que influenciamos, decimos cosas como: "Creo que podrías llegar a ser médico" o "Quizá deberías ser ingeniero" o "Creo que deberías jugar a este deporte". Incluso les ayudamos en su camino.

Pero la bendición no se trataba de ayudar a otro a que se hiciera un nombre. No se trataba ni siquiera de identificar habilidades. Vivir en la bendición significaba aprender a vivir en el favor divino, el cual después salpicaba a cómo otros te percibían y te trataban. Se trataba de hacer lo que Dios quería hacer en ti, por ti, y a través de ti.

Tan solo mira el enfoque que ponemos en transferir o enfatizar otros valores hoy, como el éxito deportivo, y no es de extrañar que nos falte la transferencia de la bendición. Cuando un padre, tío, mentor o amigo nunca está demasiado cansado de llevar a alguien al entrenamiento o animarlo en cada pase, derribo o carrera, pero sí está demasiado cansado para aplaudir cualquier cantidad de éxito espiritual, estamos pasando los valores erróneos. Eso no es la bendición.

A decir verdad, no importa lo cansados que estén algunos hombres, pues encontrarán una forma de llegar al campo para lo que sienten que es importante. Llegarán tanto si llueve como si hace sol, pero ¿el domingo en la mañana? Demasiados hombres son como el abominable hombre de las nieves las mañanas de los domingos: sus huellas están por todas partes, pero a ellos no se les encuentra. No vemos inconvenientes para ir a los partidos, pero sí para compartir las verdades de la Biblia con los que nos rodean en nuestra propia mesa. Eso no tiene ningún sentido.

Aun así, yo también soy culpable de algunas de estas cosas. Entiendo la tendencia humana. Cuando mi hijo mayor, Anthony, era pequeño, yo, como muchos papás, quería que Anthony jugara al fútbol. Veía su fortaleza, su equilibrio y su rapidez de manos, y sabía que debía jugar al fútbol. Anthony, por el contrario, no pensaba igual que yo. En vez de salir corriendo afuera a jugar al fútbol con los niños del vecindario, Anthony a menudo se sentaba al piano. Incluso de niño ya lo hacía.

Recuerdo una vez cuando no tendría más de seis años o siete que lo agarré en el piano. Sí, usé la palabra *agarré* porque así es como yo lo veía en ese entonces. Así que le dije a Anthony que se bajara del piano y saliera a jugar al fútbol. Él alzó los ojos hacia mí con una mirada de confusión en su rostro. Yo no lo entendía en ese entonces como lo entiendo ahora, pero estaba imponiendo mis propias preferencias en él en lugar de buscar entender y descubrir las suyas.

Claro, Anthony tenía toda la pinta de un jugador de fútbol. Era atlético, rápido y duro, pero no tenía su corazón en el fútbol. Algo de ello quizá le vino por el asma que sufría desde pequeño, algo que lo hacía respirar con dificultad en un partido en el patio de la escuela. Pero también se debía a su interés por los animales y la música. Eso era lo que le fascinaba. Durante mucho tiempo, Anthony quiso ser veterinario, y finalmente yo pude conocer más mi papel como padre mejor que al principio, y pudimos animarle en ese aspecto, al igual que en la música. Hoy, como algunos de ustedes probablemente sepan, Anthony es un exitoso productor, cantante y artista. Incluso fue uno de los artistas principales en el Hollywood Bowl como la Bestia, junto a artistas como Kelsey Grammer y Rebel Wilson en la película con orquesta en vivo de *La bella y la bestia*.

Nunca olvidaré cuando él tenía casi treinta años y estaba conversando conmigo en casa sobre algunas de las dificultades que sintió de niño en casa de los Evans. Estoy seguro de que los hijos de otros pastores probablemente tienen algunas de las mismas presiones externas de las que él hablaba, ya que muchas personas miran muy de cerca a la familia del pastor, por varias razones. Yo no estaba de acuerdo con todo lo que me decía ni entendía todo lo que estaba diciendo, pero pude ver claramente que estaba dolido, algo que también me dolió a mí.

Después de la conversación, Anthony regresó a su cuarto. Yo supe en ese entonces lo que tenía que hacer. Fui a su cuarto, abrí la puerta y me disculpé. Me disculpé porque mi hijo hubiera tenido que sentir lo que estaba sintiendo y enfrentar las presiones que soportó mientras crecía, particularmente en lo relacionado con áreas en las que yo lo podía haber hecho mejor. Sabía que no podía hacer retroceder el tiempo y cambiar nada de eso, pero podía disculparme con él para promover la sanidad.

A veces, eso es lo mejor que podemos hacer. Pasar la bendición no siempre tiene que ver con el hecho de pasarla, sino también con limpiar el campo de cualquier obstáculo conocido que haya en el camino. Tú puedes hacerlo reconociendo dónde perdiste la pelota y le costó una anotación al equipo. Es hacerte cargo de tus errores y dejar que otros sepan que sientes que tus errores o tus fallos les hayan afectado de forma negativa. Eso hace mucho a la hora de eliminar el bagaje que podría bloquear la transferencia de la bendición. Si conoces algún área en la que has ofendido a alguien, aunque fuera en el pasado, sigue siendo sanador que dediques tiempo ahora para decirle que lo sientes.

LA AUTORIDAD

Transferir los valores del reino conlleva limpiar el camino y transmitir el favor divino, pero puede incluir más. Vemos esto en Números 27, donde Moisés transfiere la bendición a Josué. Vamos a ver la relación de Moisés y Josué con más detalle en el capítulo siguiente, pero quiero subrayar la transferencia de autoridad espiritual aquí. Recuerda que la bendición es espiritual, y aunque este pasaje en concreto de Números no se refiere a ella como una bendición sino como una comisión, Deuteronomio 34:9 (NVI) nos da información de la transferencia espiritual que se produjo.

Entonces Josué hijo de Nun fue lleno del espíritu de sabiduría, porque Moisés puso sus manos sobre él. Los israelitas, por su parte, obedecieron a Josué e hicieron lo que el Señor le había ordenado a Moisés.

En este versículo leemos sobre el espíritu de sabiduría pasado a Josué de parte de Moisés, lo que es una transferencia de los valores y la perspectiva del reino. También vemos el favor divino mostrado en cómo otros vieron y trataron a Josué como resultado de esta transferencia en que ellos "le escucharon". Una bendición se puede pasar de muchas formas y se debería pasar a todos, pero cuando una persona ha madurado hasta el punto de liderar a otros, también es importante transmitir la autoridad espiritual. Leemos esto en Números 27:18-23 (NVI):

El Señor le dijo a Moisés: —Toma a Josué hijo de Nun, que es un hombre de gran espíritu. Pon tus manos sobre él, y haz que se presente ante el sacerdote Eleazar y ante toda la comunidad. En presencia de ellos le entregarás el mando. Lo investirás con algunas de tus atribuciones, para que toda la comunidad israelita le obedezca. Se presentará ante el sacerdote Eleazar, quien mediante el urim consultará al Señor. Cuando Josué ordene ir a la guerra, la comunidad entera saldrá con él y, cuando le ordene volver, volverá.

Moisés hizo lo que el Señor le ordenó. Tomó a Josué y lo puso delante del sacerdote Eleazar y de toda la comunidad. Luego le impuso las manos y le entregó el cargo, tal como el Señor lo había mandado.

Recuerda que Josué no había sido escogido al azar. Dios le había dicho a Moisés que él tenía el "espíritu de liderazgo" en él, y como veremos en el capítulo siguiente, Josué también había demostrado cualidades coherentes de humildad, servicio y compromiso. Dios había escogido a Josué para ir después de Moisés porque él tomaría el manto y continuaría la obra. Nadie quiere emplear toda una vida edificando algo solo para entregárselo

212 Los hombres del reino se levantan

a otros que vayan a estropearlo, o a personas que no compartan la misma visión y enfoque.

La transferencia de autoridad espiritual viene después en el proceso de discipulado, al reconocer a los que están bajo tu influencia que han estado a la altura de las ocasiones que les han llegado. Tienes que buscar a aquellos en cuyas vidas tú hayas influenciado, guiado y transferido bien los valores bíblicos. También debes buscar a aquellos a los que Dios ha guiado para transferirles la autoridad espiritual. Como Josué había sido un siervo fiel, finalmente le llegó su momento de liderar.

Hay muchos hombres que quieren liderar sin primero servir. Es al revés, soldados cristianos. Quieren pasar al frente sin aprender las bases. ¿Te imaginas lo que ocurriría si un entrenador de la NFL pusiera a un jugador de secundaria? El jugador sería aporreado. Creo que esa es una de las razones por las que estamos siendo testigos de un gran número de líderes cristianos que se jubilan antes de tiempo o quedan descalificados del ministerio por escándalos o por abuso del poder que se les dio. Creo que a muchos se les ha concedido el liderazgo debido al rápido crecimiento de las plataformas digitales sin primero aprender a servir.

Josué había madurado hasta el punto en el que la bendición de autoridad espiritual ahora era suya. Y como había pasado mucho tiempo bajo el tutelaje de Moisés, también fue capaz de mantener la misma visión en marcha, aunque con un estilo distinto. Él tenía sus propios métodos, pero el corazón del ministerio era el mismo. Vemos esto evidenciado en Josué 8:34-35 (NVI), que dice:

> Luego Josué leyó todas las palabras de la ley, tanto las bendiciones como las maldiciones, según lo que estaba escrito en el libro de la ley. De esta lectura que hizo Josué ante toda la asamblea de los israelitas, incluyendo a las mujeres, a los niños y a los inmigrantes, no se omitió ninguna palabra de lo ordenado por Moisés.

Josué llevó a cabo fielmente la visión que Moisés le transfirió. Ese es el legado de la transferencia generacional. Eso es lo que producirá una legítima transferencia de los valores, las bendiciones y la autoridad del reino.

No es un pase a un sistema de valores distinto. Más bien, es impulsar el mismo sistema de valores que avanza la agenda del reino de Dios en la tierra. Como recordatorio, la agenda del reino es *la manifestación visible del reino completo de Dios sobre cada área de la vida.*

El favor divino, el dominio y la autoridad son legítimamente tuyos como hijo del Rey que eres.

Transferir los principios de la hombría bíblica debería conducir finalmente a un futuro liderazgo espiritual, como veremos más extensamente en el siguiente capítulo. Cuando lo haces bien, la siguiente generación estará en posición de ser testigos para ver cómo se caen sus propias murallas de Jericó. Conseguirán sus propias victorias sobre Hai. Cruzarán su propio río Jordán. Derribarán a sus propios gigantes con una piedra y una honda. Lo harán porque tú les habrás dado las herramientas necesarias para llevar a cabo el plan del reino de Dios para sus vidas.

A cambio, la siguiente generación después liderará a otros y levantará futuros hombres del reino que no seguirán a la multitud. Harán eso porque recibirán el manto de la bendición, el favor y la autoridad de Dios.

PUEDES PEDIR LA BENDICIÓN SI AÚN NO LA TIENES

Antes de concluir este capítulo, quiero reconocer la realidad de que es difícil transferir algo que nunca recibiste en primer lugar. Muchos hombres que están leyendo estas páginas nunca recibieron ellos mismos la bendición. Quizá nunca has tenido a un hombre que te guió a los valores del reino, pero, aunque tu vida haya estado llena de desafíos, dificultades y brechas espirituales, aun así, puedes tener acceso a la bendición. El favor divino, el dominio y la autoridad son legítimamente tuyos como hijo del Rey que eres. Lo único que tienes que hacer es pedirlo.

Eso es lo que hizo Jabes, y si ha habido alguien que conociera el dolor, ese fue Jabes. Después de todo, su mamá le puso un nombre que literalmente significa "dolor", eso para hablar de pasar cicatrices emocionales.

Cada vez que Jabes oía pronunciar su nombre, recordaba que había causado tanto dolor que su propia mamá escogió ponerle de forma permanente esa etiqueta.

No creo que tu nombre sea Jabes, pero me imagino que su nombre puede parecerse a tu alma si te identificas con esa parte. Quizá no tienes un linaje que vale la pena revisar. No te han pasado una herencia que vale la pena honrar. Tal vez tu mamá o tu papá estaba molesto contigo como parece que la mamá de Jabes estaba resentida por tener que llevarlo. Podría ser que, cuando oyes a otras personas hablar de familias, tu corazón no se llena de buenos recuerdos sino solo de dolor.

Pero Jabes no dejó que su nombre lo definiera. Tu pasado tampoco te define. Jabes no dejó que lo que otras personas sentían acerca de él o decían de él se convirtiera en su identidad. Como cualquier hombre del reino, Jabes deseaba más. Él deseaba la bendición, así que fue directamente a la Fuente.

Y Jabes invocó al Dios de Israel. Dijo: «¡Cómo quisiera que me des tu bendición, que ensanches mi territorio, que tu mano esté conmigo y que me libres del mal, para que no sufra yo ningún daño!» Y Dios le concedió lo que pidió. (1 Crónicas 4:10)

Jabes sabía que estaba hecho para algo más que su nombre. No estaba satisfecho con su posición en la vida. No estaba contento con que otras personas lo atizaran como lo hacían, y aunque no tenía a nadie que le diera la bendición, era plenamente consciente de que había alguien que sí podía dársela.

La Escritura nos dice que Jabes fue un hombre *"honorable"* (1 Crónicas 4:9, NTV). También nos dice que Dios honra a los que le honran (ver 1 Samuel 2:30). Jabes no necesitó que un intermediario lo bendijera. Vivió una vida honorable y, sobre esa base, fue a la Fuente por más. Lo consiguió, y tú también puedes.

Puede que un padre no te haya pasado la bendición, ni tu abuelo, ni ningún tío, entrenador, pastor, líder o amigo. Quizá te sientes solo y perdido, incapaz de llegar a ser todo aquello para lo que sientes que fuiste creado. Pero si decides honrar a Dios con tu corazón y tus acciones, la transferencia de las bendiciones de pacto del reino son tuyas si las pides. Nunca es demasiado tarde para asegurar tu legado de parte de Dios.

Cuando yo era joven, una de las cosas que nos gustaba hacer era ir a jugar a los bolos. Con frecuencia iba a Lafayette Bowling Alley para jugar una partida de bolos con mis amigos. Era una bolera de mala muerte con calles muy cortas. La mayoría del tiempo las máquinas no recogían bien los bolos derribados. No era raro que algunos bolos estuvieran ahí tirados después de haber recogido ya la bola.

Para arreglar la situación, la dirección contrataba a alguien para que fuera andando por las calles y recogiera los bolos caídos. Tenías que esperar un poco antes de lanzar, pero finalmente este tipo llegaba a tu pista y quitaba los bolos que acababas de derribar.

Era divertido ver las piernas y los pies de esa persona corriendo de pista en pista lo más rápido que podía para que los clientes pudieran seguir jugando. Pero al margen de lo divertido que parecía, el sistema funcionaba, y todos conseguíamos terminar las partidas.

Quizá las cosas ahora te parecen divertidas. Puede que hayas estado dando tumbos de un lado para otro de una manera alocada intentando descifrar la vida. O quizá te han tirado al suelo tantas veces que ya no puedes ponerte en pie por ti mismo, y necesitas una mano de la que agarrarte. Sea cual sea el caso, Dios puede volver a enderezar las cosas. Él puede traer personas a tu vida para ayudarte cuando lo necesites. Él puede ponerte otra vez en pie.

Dios quiere que tengas la bendición tanto como tú quieres tenerla. Lo que tienes que hacer es mirarlo a Él, honrarlo con tu corazón y tus acciones, y después pedirle que suelte todo el favor de su bendición y su autoridad sobre ti. Una vez hecho eso, estás en posición para transferir los valores del reino de Dios a los que están en tu círculo de influencia. Cada uno de nosotros puede tener un legado de grandeza dondequiera que estemos al levantarnos como hombres del reino.

ONCE

IDENTIFICAR PERSONAS DE INFLUENCIA CLAVE

Puedes medir el destino de un equipo, ya sea una familia, grupo de trabajo, empresa, iglesia, comunidad o incluso una nación, por su liderazgo. Por desgracia, hoy estamos frente a una crisis de liderazgo. La gente no sabe a quién seguir porque esta crisis ha producido una plétora de malos modelos y mentores y una falta total de grandes líderes.

Sin embargo, el programa del reino de Dios está diseñado alrededor de este proceso de transferencia de sabiduría espiritual, conocida como discipulado, para producir futuros líderes. Uno de los primeros roles de los hombres del reino es liderar a otros con respecto al camino que deben seguir. Otro término que usamos a menudo para líderes es personas de influencia. El asunto nunca tiene que ver con si un hombre es un líder. Como hombre del reino, lo eres por la naturaleza de tu llamado. El asunto tiene que ver con si serás un líder bueno o uno malo.

Por eso quiero que veamos no solo cómo ser una persona de influencia clave, si aún no lo eres, sino también cómo levantar personas de influencia clave bajo tu cuidado. En los dos capítulos anteriores vimos aspectos de la transferencia de los valores del reino y examinamos cómo practicar una transferencia exitosa (las piedras de recuerdo de Josué), así como lo que hay que transferir (la bendición, el favor y la autoridad espiritual). Ahora quiero que veamos cómo identificar a una posible persona de influencia en el cuerpo de Cristo y cómo hacerte identificable para los que están en posiciones de influencia.

218 Los hombres del reino se levantan

El principio se aplica a los dos grupos de hombres, ya seas alguien de influencia que busca mentorear y levantar futuros líderes o seas más joven en la fe y quieras crecer en tu llamado como hombre del reino. Al juntarnos para ser mentores y modelos mutuos de lo que es la hombría bíblica, estamos levantándonos colectivamente como hombres del reino para influenciar nuestros hogares, nuestras iglesias, nuestras comunidades, nuestra nación y el mundo para Dios y para bien.

Levantar una generación de personas clave de influencia nunca se ha hecho de arriba hacia abajo. Sucede de forma orgánica y auténtica cuando hombres comparten sus vidas, experiencias y conversaciones. Desarrollar personas clave de influencia que puedan hablar de manera sólida sobre verdades bíblicas y navegar por las tormentas de la sociedad requiere guía, práctica, aprender, escuchar y cosas similares. Al igual que cualquier matrimonio depende de que dos personas contribuyan para que sea bueno, identificar y levantar a una persona de influencia del reino exige que los dos hombres se esfuercen para aprender, crecer, escuchar, enseñar, discernir, practicar y modelar.

El papel del entrenamiento nos da una gran perspectiva acerca de cómo desarrollarlo. Los árboles de entrenamiento en la NFL ayudan a identificar a los mejores entrenadores de todos los tiempos. Un gran entrenador no es tan solo un hombre que lleva un equipo hasta la victoria. No, un gran entrenador afianza los futuros de todos los que están en su esfera de influencia. Él no es el dueño de cada decisión, sino que guía e instruye a otros sobre cómo decidir bien por sí mismos.

Desde Mike Holmgren a Bill Parcells, pasando por Marty Schottenheimer, somos testigos de toda una red de influencia que levantó numerosos entrenadores ganadores como Tony Dungy, Bill Cowher, Mike McCarthy, Bill Belichick y otros. Los entrenadores legendarios dejan tras ellos legados de grandeza en otros entrenadores o en los jugadores mismos.[1]

Esto viene por medio de mucho más que las X y O. Viene a través de una inversión intencional en las relaciones, escuchar, aprender y liderar. Un gran liderazgo sabe cómo afirmar a otros hombres, en vez de recurrir a sentirte amenazado por ellos. Esto produce una admiración mutua en lugar de un sentimiento de competitividad entre dos machos alfa.

Vimos esto demostrado a la perfección en la victoria del Súper Tazón de 2020 de los Kansas City Chiefs. Jugadores y entrenadores querían ganar para el entrenador Reid porque lo respetaban. A través de su dedicación a ellos, su afecto por ellos y creer en ellos, se había ganado su lealtad y el deseo de todos ellos de darle su mayor esfuerzo.

"Es uno de los mejores entrenadores de todos los tiempos; ya lo era antes de que ganáramos este partido, pero queríamos conseguir ese trofeo solo porque él se lo merecía. Trabaja muy duro día tras día. Está ahí a las 3 de la mañana, y se va a las 11 [de la noche]. Creo que no duerme. He intentado vencerlo, y nunca he podido. Es alguien que trabaja más duro que nadie que haya conocido jamás, y se lo merece".

Patrick Mahomes, MVP del Súper Tazón LIV[2]

"Hemos conseguido ese anillo para Big Red. Él es como un padre para todos en el edificio, y eso se aprecia... Ahora estamos casados para siempre".

Travis Kelce, ala cerrada de los Kansas City Chiefs[3]

"Andy me dio un beso en la mejilla cuando ganamos".

Dave Merritt, entrenador de defensas de los Chiefs[4]

Los entrenadores no fueron los únicos que recibieron besos ese día que ganaron el Súper Tazón. De hecho, cuando Reid mandó salir a Mahomes en la última jugada del partido, lo hizo con un afecto sin obstáculos. El columnista deportivo de los Kansas City lo narró así:

Reid le indicó a Mahomes que agotara todo el tiempo y dijo: "Dejémoslo. Tenemos que usar todo el tiempo, ¿de acuerdo?".

"Sí, señor", fue la respuesta de Mahomes.

Después Reid soltó un "ja, ja" y le dio a Mahomes un beso en la mejilla como un padre lo haría con su hijo.[5]

La grandeza reconoce la grandeza, lo que conduce incluso a más grandeza e influencia. Uno de los rasgos más importantes de una persona de influencia es la habilidad para identificar talentos en aquellos a los que influencia y llevarlos a su máximo nivel. Como dijo Andy Reid de Mahomes poco después del Súper Tazón: "Tiene la capacidad innata de liderar. Así que solo tienes que darle un poco de guía en eso, y él la toma y continúa".[6] Un gran liderazgo sabe cómo encontrar un gran liderazgo, y después soltarlo dentro de los límites de su propia guía.

ESCOGE BIEN

En ningún lugar se ejemplifica con más claridad el principio de escoger bien a la hora de identificar posibles personas de influencia que en la relación entre Moisés y Josué. Ya hemos hablado un poco de las vidas de estos héroes bíblicos, pero en este capítulo quiero que examinemos los componentes de su relación que tienen que ver con la transferencia de la influencia espiritual.

La Escritura nos presenta a Josué casi de la nada en Éxodo 17. No tenemos nada de trasfondo relacionado con él. Nada de historia. Nada. Lo único que se nos dice es que es el hijo de Nun. Aparece en escena ya en un lugar de responsabilidad y reconocimiento. Veremos después en Éxodo 24 por qué había llegado hasta el liderazgo, pero por ahora, ese trasfondo está fuera de la discusión.

Algo de contexto para la escena podría ayudar con la explicación de su abrupta aparición. Leemos:

> *Conforme al mandamiento del Señor, toda la congregación de los hijos de Israel partió del desierto de Sin en jornadas cortas hasta acampar en Refidín. Pero allí el pueblo no tenía agua para beber, así que todo el pueblo discutió con Moisés y le dijo: «Danos agua. Queremos beber.» Moisés les dijo: «¿Por qué se pelean conmigo? ¿Por qué ponen a prueba al Señor?» Pero el pueblo tenía sed, y murmuró contra Moisés.*   (vv. 1-3)

Este era un grupo de personas difíciles que enfrentaba unos retos aún más complicados. Llevaban mucho tiempo viajando. La comida escaseaba. El agua se había acabado. La queja se había convertido en algo normal. Esta multitud tenía miedo y cuestionaba las cosas. No hay duda de que protestaban y se manifestaban, y si hubieran tenido, hubieran llenado las redes sociales con memes de burla sobre su líder Moisés. A fin de cuentas, en sus mentes él era más que inepto. En el mejor de los casos, le faltaban habilidades de planificación. En el peor, era un tirano con su propio estilo de genocidio.

Aparentemente, al menos para ellos, les había hecho salir de Egipto solo para morir. Sus voces se levantaron contra Moisés en clamor arengador por sus vidas, diciendo: *"¿Para qué nos hiciste salir de Egipto? ¿Para matarnos de sed a nosotros, a nuestros hijos y a nuestros ganados?"* (v. 3). La violencia de la turba amenazaba con producirse.

Lo sabemos por la respuesta de Moisés: *"Entonces Moisés pidió ayuda al Señor y le dijo:*

«¿Qué voy a hacer con este pueblo? ¡Un poco más, y me matarán a pedradas!»" (v. 4). En otras palabras, ¡AYUDA!

Decir que Moisés estaba tratando con un grupo de personas frustradas es quedarse corto. Moisés había recibido la tarea de liderar a un grupo de personas hambrientas, sedientas, cansadas y con problemas de rebelión en sus mentes. Moisés sabía que no podía hacer eso él solo, y por eso había identificado líderes que sobresalieran de la multitud. Él ya había identificado a los que eran distintos, apartados, a los que establecieron el ritmo en lugar de seguirlo.

Los grandes líderes saben cómo identificar un buen liderazgo.

Josué no siguió a los que se quejaban. No se enfocó en lo que podía ver, y lo sabemos por cómo respondió a Moisés cuando este lo envió a la batalla pocos versículos después. Josué se dispuso a realizar la tarea que tenía a la mano, al margen de la oposición. Cuando Moisés le dijo a Josué que dirigiera un ejército para la batalla a pesar de la falta de suministros, energía e ímpetu, Josué lo hizo. Si hubiera sido de Texas, habría dicho: "Sí, señor". Leemos:

> *Amalec vino a Refidín y peleó contra Israel. Entonces Moisés le dijo a Josué: «Escoge nuestros mejores hombres, y sal a pelear contra Amalec. Mañana yo estaré sobre la cumbre del cerro, con la vara de Dios en mi mano». Josué hizo lo que Moisés le dijo, y combatió contra Amalec.* (Éxodo 17:8-10)

Josué no se encogió de hombros y le recordó a Moisés que sus hombres no tenían las armas adecuadas para la guerra. Tampoco le destacó a Moisés que hacía poco tiempo parecía que el pueblo iba a levantarse y demandar su cabeza. No, cuando Moisés le pidió a Josué que escogiera algunos hombres y luchara contra un ejército feroz y bien suplido, Josué lo hizo. Mientras la multitud se enfocaba en lo que no se había hecho, Josué se enfocó en lo que había que hacer.

Esa es la marca de un hombre del reino. Identificar la mano de Dios sobre un hombre tendrá un impacto directo sobre el legado que dejes. Aquel en quien decidas invertir volverá a ti. Ciertos atributos aparecen en la relación de Moisés y Josué que pueden darte sabiduría sobre cómo identificar personas de influencia clave y sobre cómo convertirte tú mismo en una de ellas.

ATRIBUTOS DE LAS PERSONAS DE INFLUENCIA

Son múltiples los atributos que pueden ayudarte a identificar a una posible persona de influencia o a prepararte para que otros te identifiquen a ti como tal. Cada hombre tiene dentro de sí mismo el potencial de levantarse como una persona de influencia clave en su círculo. Lo que necesitamos ahora, más que nunca, es un grupo de hombres del reino que se levanten para placar los desafíos que enfrentan nuestras iglesias y nuestra cultura a muchos niveles. Cualidades de carácter y normas de relación como el compromiso mutuo, un espíritu servicial y una gran fe ayudarán a que esto se produzca.

COMPROMISO MUTUO

Para ejercer tu hombría bíblica mediante una posición de influencia, tienes que saber a dónde te diriges, necesitas tener una visión. A menudo, las visiones no nacen en silos. Las visiones se formulan a través del estudio de las lecciones del pasado y los líderes del presente, en combinación con tu llamado y el llamado de los que están bajo tu cuidado.

Un hombre puede hacer eso escuchando a los que están por encima de él y a su alrededor. Una gran mente se mantiene moldeable y abierta a aprender de otros y a seguir la guía con humildad. Un gran líder trabaja constantemente para mejorar sus habilidades y su juego. Una forma de hacerlo es estudiando, escuchando y haciendo preguntas a los que ocupan posiciones de liderazgo. El liderazgo del reino exige tanto seguir como liderar mediante un compromiso mutuo expresado en los dos hombres de la relación, o en los grupos de hombres en los que se está trabajando.

Moisés demostró confianza en Josué al escoger a los hombres indicados e invertir en ellos. De forma similar, Josué demostró confianza en la estrategia de Moisés para liderar y ganar. Sabemos eso porque fue una estrategia poco usual a veces, por decirlo de modo suave. Leemos acerca de una de esas situaciones en Éxodo 17:10-13.

Moisés, Aarón y Jur subieron a la cumbre del cerro. Mientras Moisés mantenía la mano en alto, los israelitas vencían; pero cuando bajaba la mano, vencía Amalec. Pero a Moisés se le cansaban las manos, así que tomaron una piedra y se la pusieron debajo, para que pudiera sentarse, mientras que Aarón y Jur le sostenían las manos, el uno del lado izquierdo y el otro del lado derecho. Así pudo mantener firmes las manos, hasta que se puso el sol, y Josué derrotó a Amalec y a su pueblo a filo de espada.

Para que Josué venciera y derrotara a Amalec, tuvo que creer dos cosas sobre el hombre que lo había enviado a la batalla. Primero, tuvo que creer que la vara de Moisés funcionaba. Segundo, tuvo que creer que Moisés mantendría sus manos en alto. Josué puso su confianza en Moisés, así como Moisés había puesto su confianza en Josué para que escogiera a los hombres adecuados para ir a la guerra. Influenciar siempre es una experiencia multifacética y de más de una capa.

Conseguir la grandeza en esta vida a menudo se produce como resultado de fusionar las fortalezas mutuas. Raras veces un hombre consigue cosas tremendas por sí solo. Por lo general hay un entrenador, padre, mentor, pastor, amigo, vecino, compañero de equipo, hermano o maestro, o una combinación de estos y más, que ayuda a crear el contexto para el éxito. Los hombres del reino reconocen el valor y la necesidad de personas que contribuyen en cada aspecto de la ecuación y que están comprometidos a una meta global compartida.

Un líder del reino transfiere este valor del compromiso, lo demuestra, lo identifica y después escoge a los que valoran también el compromiso.

Por desgracia, el compromiso se ha perdido. No vemos mucho compromiso a nuestro alrededor. Las personas abandonan muy rápido en nuestra cultura, especialmente cuando las cosas se ponen difíciles. Más de la mitad de los matrimonios terminan en divorcio. Las parejas simplemente se rinden y se dejan. Cambiar de profesión se ha convertido en la nueva normalidad, con empleados que se van después de uno o dos años a hacer algo nuevo. A menudo está ligado al aumento de presión que se produce con el aumento de responsabilidades a medida que el trabajo se desarrolla con el tiempo. Cuando el empleado entra en ese segundo o tercer año en el que los roles se afinan y se les empieza a asignar tareas más grandes, la tenacidad ya no se encuentra. Así que empieza de nuevo en otro lugar.

Una persona de influencia del reino sabe cómo mantenerse comprometido en los tiempos difíciles y también en los buenos. El compromiso exige sacrificio, dejar tus propios deseos a un lado, y vivir con una visión del sentido y los propósitos de la vida a largo plazo.

ESPÍRITU SERVICIAL

Obtenemos un destello de otro atributo de las personas de influencia después en Éxodo 24, cuando Moisés recibió los Diez Mandamientos. La mayoría de las películas o libros de la Biblia ilustrados muestran solo a Moisés en el monte recibiendo los mandamientos. Pero si observas con detenimiento el pasaje, reconocerás el nombre de alguien que estaba con él:

El Señor le dijo a Moisés: «Sube al monte y preséntate ante mí. Espera allá, que voy a darte las tablas de piedra con la ley y los mandamientos que he escrito para instruirlos». Moisés se levantó, junto con su siervo Josué, y entonces Moisés subió al monte de Dios. A los ancianos les dijo: «Espérennos aquí, hasta que volvamos a ustedes. Miren, Aarón y Jur se quedarán con ustedes, y quien tenga algún asunto que tratar, recurra a ellos». (Éxodo 24:12-14)

Dios le había dicho a Moisés que subiera y recibiera los Diez Mandamientos. Además, Josué fue con él. Lo que quiero que observes en primer lugar es cómo se define a Josué en la historia. Dice: *"Su siervo Josué"*. Este mismo Josué que fue a dirigir ejércitos, conquistas, batallas y una nación no era demasiado importante como para servir. Su ego no le impidió subir las maletas de Moisés hasta la cima de la montaña o ayudarlo como fuera necesario. Cuando Dios llamó a Moisés a subir al monte, Josué no dijo: *"Oye, no quiero ser el número dos. Aguantaré hasta que me llegue mi turno de brillar"*. No, si él hubiera respondido así, se habría perdido este acontecimiento tan particular.

Después de todo, los versículos previos nos muestran que había muchos líderes en Israel en ese entonces que podían haber ido con Moisés.

Moisés y Aarón, Nadab y Abiú, y setenta de los ancianos de Israel, subieron al monte y vieron al Dios de Israel. Debajo de sus pies había algo como un embaldosado de zafiro, semejante al cielo cuando está sereno. Vieron a Dios, y comieron y bebieron, porque Dios no levantó la mano contra los príncipes de los hijos de Israel. (Éxodo 24:9-11)

Josué no era el único que sobresalía en Israel. Moisés tenía muchos hombres que habían llegado hasta un lugar de prominencia e influencia sobre los millones que les seguían, pero fue Josué el escogido para subir a la montaña para participar en una de las experiencias más grandes de todos los tiempos. A veces no es malo ser el número dos. Especialmente si vas con el número uno hasta la cima de la montaña.

Una regla fundamental de la hombría bíblica es que nunca llegas a la cima sin servir primero. No te despiertas siendo el número uno. Además, un verdadero hombre del reino nunca deja de servir.

Por desgracia, hoy tenemos muchos hombres que quieren saltarse el servicio y llegar rápidamente a lo más alto. Quieren saltarse el trabajo duro, la dedicación y la tenacidad que se requieren para la grandeza. Ha habido pastores jóvenes que me han preguntado muchas veces a lo largo de los años cuál era el secreto para levantar una iglesia del tamaño y el alcance de la nuestra. Sé lo que quieren decir con la pregunta porque realmente no hay ningún secreto. Están buscando un secreto, pero no existe ninguno. El sentido común te dice que fue necesario mucho trabajo, determinación, compromiso y humildad mediante el servicio cuando nadie estaba viendo, cuando las luces estaban apagadas y cuando nadie conocía tu nombre. El esfuerzo se ha convertido en una cualidad perdida en nuestra tierra.

No hay un camino fácil para ganar un Súper Tazón. No hay un camino fácil para ganar un campeonato de la NBA. No existen formas fáciles de escribir un éxito de ventas o levantar un negocio exitoso, así como no hay una forma fácil de construir un rascacielos o de hacer una película que reciba un gran premio. Cualquiera que te diga lo contrario estará intentando venderte algo. Se requiere mucho trabajo para salir y conseguir la grandeza, independientemente de la industria en la que estés, y una buena parte de ese duro trabajo conlleva tu disposición a servir. Jesús lo dice así: *"El que sea más importante entre ustedes, sea siervo de todos"* (Mateo 23:11).

> **Una regla fundamental de la hombría bíblica es que nunca llegas a la cima sin servir primero.**

Tenemos demasiados hombres hoy que quieren liderar, pero no quieren ser seguidores. Quieren liderar, pero rehúsan servir. Quieren saltar hasta el número uno sin ninguna experiencia como número dos, tres o incluso diez. Pero los grandes líderes, los grandes entrenadores, los grandes hombres saben que solo transfieres autoridad y responsabilidad a los que han demostrado la capacidad de manejarla.

Uno asciende hasta la grandeza toda vez que haya descendido a un papel de servicio primero. Nadie se ha despertado un día siendo presidente de una empresa o presidente del consejo de dirección. Los líderes clave sirven a lo largo de su camino hasta llegar a la cima trabajando de una manera que demuestra la disponibilidad, el entendimiento, el carácter y la responsabilidad de sacar adelante incluso cosas mayores.

Esto es una perogrullada de la vida misma. Josué tuvo el privilegio de tener una experiencia en la cima porque estuvo dispuesto a servir en el valle. Además, fue lo suficientemente sabio para servir.

Los hombres del reino entienden que, para llegar a algún lugar en la vida, tienes que aprender de los que ya han llegado a algún lugar en ella. Tienes que escucharlos, tomar notas, observar, hacer preguntas, contribuir, estudiar, respetar, reconocer, y servir. Aunque sea aburrido, aunque parezca que no va a servir para nada. Josué modeló este principio de la hombría bíblica para nosotros. Él no lo retransmitió, y las Escrituras no lo destacan; si no tenemos cuidado, podríamos pasarlo por alto. Sé que muchos se lo han perdido, pero aquí mismo enterrado entre dos historias de fe y gloria tremendas y enseñadas muy a menudo, vemos un destello de lo que significa vivir como un hombre del reino.

Probablemente no es el versículo sobre el que más predican la mayoría de los pastores. Me imagino que ni siquiera está subrayado en sus Biblias, pero no quiero que tú te lo pierdas, porque contiene el ADN para la transferencia de grandeza.

El contexto nos dice que Moisés frecuentemente montaba una tienda fuera del campamento donde entraba y hablaba con Dios (ver Éxodo 33:7-9). Estoy seguro de que has oído el relato. La gente se levantaba y adoraba. Después, es probable que hicieran sus cosas mientras Moisés recibía sus instrucciones de parte del Señor. Es decir, todos, menos una persona.

Leemos en el versículo 11 sobre la dedicación y lealtad de Josué: *"Después Moisés volvía al campamento, pero el joven Josué hijo de Nun, su servidor, nunca se apartaba del tabernáculo"*.

Josué había decidido hacer lo que fuera necesario para estar cerca de Moisés. Aunque eso significara estar fuera de la tienda todo lo que fuera necesario, una y otra vez. Así se desarrolla un líder. Josué se contentaba con recibir las migajas que cayeran del poder de Dios sobre Moisés en esa tienda. La gloria residual bastaría. Josué entendió que, si quería estar cerca de Dios, tendría que estar con alguien que ya lo estaba.

Muchos hombres no crecen espiritualmente hoy porque no se posicionan para el crecimiento. No se sitúan en la proximidad de la grandeza espiritual. No puedes ir con cristianos carnales y esperar ascender como un hombre del reino. Tienes que buscar hombres que ya estén en el lugar correcto. Quizá no son perfectos, pero están cerca de Dios. De hecho, esa es una razón por la que los discípulos se convirtieron en hombres tan dinámicos. Sabían dónde estar. Pasaban tiempo con Cristo. De forma similar, Josué sabía dónde estar. Sabía cómo servir de tal forma que recogiera, creciera y se desarrollara hasta convertirse en un gran líder.

Estas cualidades y otras más hicieron que Josué llegara a ser la leyenda en la que se convirtió. Combinó la fuerza con la sensibilidad, el valor con la compasión; sabía cómo motivar a un ejército para cruzar un río crecido o marchar alrededor del campamento fortificado del enemigo por siete días. Pero también sabía cómo adaptarse a cualquier situación. Él sabía cuándo era el tiempo de liderar y cuándo era el tiempo de seguir; sabía cuándo era el tiempo de hablar y cuándo era el tiempo de estar quieto y parado cerca de una tienda por horas y no hacer nada. Servir a Moisés bien le ayudó a aprender a servir a Dios bien. Josué tuvo un corazón para Dios desde el principio, y lo vemos en cómo respondió cuando se le pidió reconocer la tierra con los otros once hombres. De todas las cualidades que hemos visto en Josué, esta gran fe quizá fue la que Moisés observó primero. Es algo que buscar cuando queremos identificar posibles personas de influencia o cuando quieres que otros te identifiquen como tal.

Josué había demostrado una gran fe, un espíritu servicial, y un compromiso en medio de la confusión y de las batallas que peleó de formas poco convencionales. Por eso, y por mucho más, Josué ascendió hasta convertirse en un líder clave en la historia de la Escritura y de nuestro mundo. A la luz de todo lo que había superado, hasta dónde había ascendido y todo lo que había logrado en su propia vida, Josué concluyó sus días con un mandato final que revela este compromiso a transferir la fe, mismo que exploraremos con más detalle en el siguiente capítulo.

GRAN FE

Mientras Josué aún era joven, sobresalió del resto de los líderes de la tierra. En Números 13 leemos acerca de los doce espías enviados a recorrer la tierra para poder dar un reporte de los enemigos y de lo que esperaría a los israelitas si los invadían. Diez de los hombres regresaron temblando de miedo. Lo único que vieron fueron hombres *"de gran estatura"* (v. 32). El reporte de los hombres era tan terrible, que leemos pocos versículos después: *"Toda esa noche la congregación comenzó a gritar y llorar"* (Números 14:1). El reporte de los gigantes en la tierra llevó a toda la nación a arrodillarse de miedo.

Excepto Josué y Caleb. Su reporte fue distinto. Ellos no negaron los gigantes, ni fingieron que no había obstáculos o enemigos en su camino. Pero, a cambio, abordaron los obstáculos. Caleb dijo: *"Subamos, pues, y tomemos posesión de esa tierra, porque nosotros podremos más que ellos"* (Números 13:30).

Cualquier hombre que solo vea cuán grande es el problema no tiene el ADN espiritual de un hombre del reino. Yo al menos no necesito hombres a mi alrededor que me digan cuán grande es un problema. ¿Y tú? Puedo ver los problemas por mí mismo. Si hay un gigante, ¡es gigante! No hace falta que otro me diga que es un gigante. Pero los hombres del reino recuerdan quiénes son. Recuerdan que son derribadores de gigantes. Son luchadores de Baal. Los hombres del reino no corren cuando se encuentran con un gigante. En su lugar, averiguan cómo pasar por su lado, atravesarlo, pasar por encima, aplastarlo, o simplemente tener una mejor estrategia que el oponente.

En resumen: los hombres del reino no se acobardan cuando los gigantes los sobrepasan.

EL HOMBRE DEL REINO ORIGINAL

Nunca olvidaré a mi papá sentándose conmigo un año antes de morir. Tuvimos una buena conversación mientras le preguntaba sobre cómo se las arregló para proveer para nosotros tan bien durante etapas de poco o nada de trabajo. Él era estibador. El trabajo era temporal, y el dinero escaso; sin embargo, siempre teníamos comida, y siempre tuvimos nuestra propia casa. Mi papá se las ingenió para proveer para nosotros. Siempre positivo y continuamente alabando a Dios, mi papá raras veces se quejaba. Apenas si puedo pensar en una vez que se quejara, pero se le escapó un comentario mientras hablábamos ese día.

"¿Cómo lo hacías, papá?", le pregunté. "¿No querías tirar la toalla cuando era demasiado difícil?".

"No", respondió con un firme reflejo de su fuerza de voluntad.

"¿Qué te hacía continuar entonces?", le insistí.

"Bueno, Tony", me dijo, "conocer al Señor y obedecer lo que Él quería que yo hiciera porque me compró por un gran precio. Y ese precio es el Hijo de Dios, el Señor Jesucristo cuando dijo que era consumado en la cruz".

Hizo que pareciera muy fácil, ¿verdad? Pero no lo fue. Mi papá continuó: "A veces era tan difícil, que tenía que rentar alguna habitación de nuestra casa para intentar conservarla y pagar la hipoteca. Trabajaba en dos o tres lugares haciendo lo que pudiera. Tenía una presión tremenda esos días. Tenía migrañas también, debido a esa gran presión que tenía sobre mí para proveer para todos ustedes".

Nunca había oído hablar a mi papá sobre sus dolores de cabeza. Como ya dije, él nunca se quejó. Siempre destacaba las cosas por las que estaba agradecido, pero de algún modo conocer las presiones que sufrió además del dolor físico que padeció por el estrés hacía que aquello por lo que se sacrificó y logró para nosotros sea aún más noble. Los hombres del reino no tiran la toalla porque las cosas se pongan difíciles. He visto eso de primera mano.

David fue otro hombre del reino que no se acobardó delante de un gigante. Esa es una razón por la que Dios lo escogió para finalmente convertirse en rey. Saúl y los ejércitos de Israel miraron a Goliat y temblaron. David vio al gigante e hizo una estrategia, un plan para su derrota. Los hombres del reino no huyen corriendo ante la adversidad, no se achican. Los bobalicones corren. Los bobalicones se achican. Los hombres del reino se levantan porque cuando todos los demás dicen "No podemos", hay una voz que responde de forma callada pero firme "¿Por qué no?".

La Escritura ya ha dejado claro que podemos hacer todo a través de Cristo que nos fortalece (ver Filipenses 4:13). Ese es el criterio sobre el que tienes que basar tus decisiones. ¿Te está dirigiendo Dios a la batalla? ¿Te está pidiendo Dios que hables en el trabajo? ¿Ha puesto Dios un problema en tu camino sobre el que quiere que tengas influencia y pongas en orden para el bien de otros y para su gloria? Si Dios te ha dado a ti el desafío o lo ha permitido en tu vida, entonces eres lo suficientemente hombre para hacerle frente y superarlo.

Entiendo que quizá hayas tenido una vida difícil. No estoy negando que haya ineptitudes y disparidades que aún afecten nuestra cultura. Soy totalmente consciente de que los sistemas quebrados contribuyen a tener estructuras quebradas, lo que puede llevar a tener vidas quebradas. Pero no se trata del gigante que tienes delante, se trata de lo que tienes en la mano. ¿Qué experiencia, conocimiento, habilidad o herramienta te ha dado Dios para superar la oposición?

Sea lo que sea, será mejor que lo uses. Llevo el tiempo suficiente dando vueltas como para saber que, a pesar de todas las charlas, los buenos deseos y los seminarios, los sistemas raras veces cambian por completo. Las estructuras incrustadas a menudo son difíciles de mejorar de forma holística, y los prejuicios a veces permanecen, ya sea un prejuicio contra una raza en concreto, cultura, clase o trasfondo. No importan los detalles; lo que importa es lo que tienes en la mano.

Si un pastorcito puede matar a un gigante con una piedra, no te quiero decir lo que Dios puede hacer a través de ti y de mí.

¿Qué experiencia, conocimiento, habilidad o herramienta te ha dado Dios para superar la oposición?

Yo fui el cuarto estudiante de raza negra admitido en el Dallas Theological Seminary. El cuarto. He tenido mis propios obstáculos. Tuve que recibir miradas, actitudes y menosprecios. Pero no me acobardé y lloré debajo de una realidad que me dejaba ver muy claro que tenía que ser tres veces mejor para tener el mismo reconocimiento. No me quejaba cuando alguien hacía un comentario racista o intentaba bloquearme para que no avanzara. Cada vez que me cruzaba con uno de esos tipos con estas actitudes, decidía levantarme por encima de eso. Escogía dejar que eso me motivara en lugar de que me derrotara. Lo que otras personas hacen o dicen no tienen efectos sobre cómo tú respondas.

Como resultado, mi ética de trabajo se hizo más fuerte. Al final, me convertí en el primer afroamericano en obtener un doctorado del Dallas Theological Seminary y el primero en escribir un estudio completo de la Biblia y un comentario bíblico. No me daba cuenta de que ese sería el caso cuando decidí emprender el viaje que duraría diez años de estudio y escribir sobre las partes de la Biblia de las que todavía no había predicado en los cuarenta años previos de ministerio. Tan solo vi el concepto como algo grande que hacer: explorar la Palabra de Dios, aprender por mí mismo, y expandir mi predicación mientras también le daba a la gente una visión de la Escritura holística y del reino.

Pero casi a punto de terminar el comentario, se empezó a hablar de la publicación y de que yo era el primer afroamericano en escribir uno. *Eso es genial*, pensé yo. De hecho, el Museo de la Biblia creó una muestra del comentario como una pieza histórica. Puedes verlo cuando visites el Museo de la Biblia en Washington, D.C.

Pero comencé a preguntarme, si yo era el primer afroamericano en escribir una Biblia de estudio y un comentario bíblico, ¿cuántas personas en general habían escrito uno? Así que investigué con mi editorial para ver si podían averiguarlo. Investigaron un poco y se pusieron de nuevo en contacto conmigo, y me dijeron que la mayoría de los comentarios por lo general están compuestos de trabajos de otros autores o teólogos. Y aunque algunas personas habían escrito comentarios sobre libros concretos de la Biblia, solo un escritor vivo tenía un comentario completo de la Biblia publicado por completo bajo su nombre. Sabía que el comentario había supuesto mucho trabajo, compromiso y cansados madrugones y trasnochadas, pero no me había dado cuenta de que, quizá, debido a esos desafíos, pocos habían conseguido hacerlo.

La adversidad y los desafíos, si los dejas, pueden afilar tus habilidades, fortalecer tu voluntad y enfocar tu estrategia hacia la consecución de tus metas y sueños. Pueden hacerte subir más alto de lo que la mayoría de la gente había imaginado, o más alto de lo que tú mismo habías pensado que llegarías. Pero todo depende de cómo decidas ver y responder a las dificultades que lleguen a tu camino. ¿Responderás con gran fe, o responderás con culpa, amargura o temor? Es tu decisión, pero la decisión que tomes también determinará el resultado que tú, y generaciones después de ti, recibirán.

Siempre recordaré el viaje que hice a DC para ver mi comentario expuesto en el Museo de la Biblia. Fui con Priscilla y su familia y también con Anthony. Acercarme hasta el lugar donde estaba expuesto para ver mi propia obra detrás del cristal, junto a una nota que detalla por qué estaba escogido para ser mostrado, fue algo abrumador. Si vieras algunos de los videos que hicieron Priscilla y Anthony en sus teléfonos ese día, oirías mi asombro y me verías decir las palabras: "Esto es muy raro".

Puede ser un poco raro ver cómo algo que tú has hecho lo ponen en un museo. Las muestras de los museos históricos por lo general se exhiben después de que una persona ha pasado a la gloria, pero Dios me dio el honor y el gozo de experimentarlo en la tierra.

El fin de semana fue una montaña rusa de emociones, sin embargo, debido a la otra razón por la que había hecho el viaje. Una razón, por supuesto, era ver el comentario expuesto. Eso me produjo un alto nivel de emoción y satisfacción. La otra razón, no obstante, era viajar a Baltimore para hacerme cargo de algunos papeles y asuntos de la casa de mi padre, el hombre del reino original, ya que había fallecido dos semanas antes. Eso, obviamente, me produjo emoción a causa del dolor y la pérdida.

Sin embargo, mientras veía algunos de sus papeles y caminaba una vez más por la casa en la que él y mi mamá nos habían criado, me impactó pensar lo orgulloso que hubiera estado de ver el comentario bíblico de su hijo expuesto permanentemente en un prestigioso museo en el DC. Estoy seguro de que habría bromeado sobre ello al principio, como siempre hacía, y definitivamente me habría recordado que no hiciera de ello la gran cosa. Pero en lo más hondo, sé que hubiera estado muy orgulloso.

A fin de cuentas, el comentario de la Biblia en el museo no es solo mi legado, sino también el suyo. Mi papá se comprometió a seguir a Cristo siendo un padre joven con cuatro hijos, y como resultado, muchos en su familia también pasaron a vivir bajo el señorío de Jesucristo. En cuanto a Arthur Evans y su casa, él decidió servir al Señor. Por eso, le estaré eternamente agradecido.

DOCE

COMENZAR LA TRANSFERENCIA

Coróname.

Has oído la palabra. Alguien la dice cuando juega a las damas y su ficha llega a la última fila del lado del tablero del oponente. Quizá tú mismo lo has dicho. Significa que elevas tu ficha a la categoría de dama. Esto produce la habilidad de moverse en varias direcciones.

Aunque estoy seguro de que has oído la palabra "coróname", probablemente no sepas quién es el hombre que la ha dicho más veces que nadie, nunca. Su nombre es Marion Tinsley. Nacido en 1927, era el hijo de un granjero y maestro de escuela. Tinsley dejó su marca en el mundo académico muy pronto, se graduó de la secundaria a los quince años. Rápidamente pasó volando por la universidad y después consiguió un doctorado en la disciplina matemática de análisis combinatorio.

El reinado de Marion como campeón de damas sobrepasa a cualquier atleta, mental o físico, porque claramente tuvo supremacía en dominio y longitud de tiempo. Nueve veces campeón del mundo estuvo imbatido en todas las partidas por cuarenta años. Durante cuatro décadas, nadie estuvo cerca de ganarle. Fue una leyenda. De hecho, se decía que "sabía más que una computadora" en cuanto a cómo jugar y podía predecir treinta movimientos con antelación.[1] El segundo mejor jugador de todos los tiempos una vez le concedió este halago: "Marion Tinsley es en las damas lo que Leonardo da Vinci fue para la ciencia, lo que Miguel Ángel fue para el arte, y lo que Beethoven fue para la música".[2]

Ahora, para los que piensan que las damas es tan solo un juego para jugar los sábados con sus hijos, vuelvan a pensarlo. Aunque las reglas del juego puedan ser sencillas, la estrategia no lo es. Hay 500 mil millones de posiciones distintas en el tablero.[3] Sí, has leído bien. Son 500 *mil millones.* El campeón de damas no llega a ser campeón por fortuna. De hecho, se dice que Tinsley una vez dijo que empleó más de 10.000 horas estudiando las damas solamente en la universidad.[4] Quizá Tinsley es el actual ímpetu de la teoría de la regla de las 10.000 horas de Malcom Gladwell sobre la que escribe en *Outliers: The Story of Success* (Caso aparte: La historia del éxito). Tinsley sabía de manera innata que, para tener éxito, había que estudiar y practicar. De hecho, decidió no casarse; una vez dijo que nunca había visto un matrimonio en las damas que hubiera funcionado.

Lo que él hizo para la participación social y el servicio a la humanidad, no obstante, fue ayudar como ministro laico en una iglesia predominantemente negra en Tallahassee, Florida. También enseñó matemáticas en la universidad históricamente negra Florida Agricultural and Mechanical University (FAMU) por veintiséis años. Tinsley era blanco. Había dejado la Universidad Estatal de Florida para enseñar en la FAMU a finales de la década de 1960, un tiempo de agudizada agitación racial. Un anuario durante su ejercicio revela que probablemente fue la única persona blanca de más de cuarenta años que había en el campus.[5]

Había pensado en mudarse a África para convertirse en misionero, pero una amiga lo reprendió firmemente, le dijo a *Sports Illustrated.* "Había pensado en ir a África como misionero autofinanciado hasta que una hermana con la lengua afilada me recalcó que la mayoría de las personas que quisieron ayudar a los negros en África ni siquiera hablaban con los negros en los Estados Unidos".[6]

Obviamente, Tinsley basaba las decisiones de su vida en sus convicciones para hacer del mundo un lugar mejor. Esta inversión no pasó desapercibida. En su obituario, uno de sus antiguos colegas dijo esto: "En su despedida de jubilación, literalmente todo el mundo, jóvenes, mayores, negros, blancos, estudiantes, miembros de la facultad... dieron testimonios sobre el impacto que había tenido en sus vidas".[7]

Sin duda, Tinsley también basó sus decisiones en las damas en este mismo nivel de compromiso y creencia. Podemos suponer eso por su disposición a estar de acuerdo en luchar por el campeonato contra algo, no contra alguien, que muchos creían sin duda que lo derrotaría. En 1992 un programa de inteligencia artificial muy desarrollado, Chinook, había aparecido en escena. Por ese entonces, esta IA podía ver tantas opciones futuras por adelantado, que el programador jefe Jonathan Schaeffer estaba seguro de que ningún ser humano podría ganarle. Casi todos en el mundo de las damas sentían lo mismo.

Todos menos Tinsley. Cuando le preguntaron si estaba preocupado porque la IA pudiera vencerlo, él respondió con toda calma: "Yo tengo un programador mejor que Chinook. El suyo fue Jonathan, el mío fue el Señor".[8]

Las primeras nueve partidas del encuentro demostraron ser increíblemente difíciles, terminando todas en tablas. En la décima partida, sin embargo, la IA hizo un movimiento costoso, a pesar de tener la capacidad de investigar un número extremo de probabilidades en el futuro. Cuando Tinsley vio el movimiento, dijo: "Esto lo vas a lamentar".[9]

El programador de la computadora desechó el comentario de Tinsley tildándolo de bravuconería. Por supuesto que su IA ganaría, o al menos eso pensaba él. Creía que podía predecir más allá de la capacidad humana de hacerlo. Pero Jonathan se equivocó. A partir de ese momento, Tinsley se adelantó en la partida y finalmente ganó. Según Schaeffer, en las notas de Tinsley sobre la partida resumiendo la victoria, Tinsley escribió que había visto todos los movimientos desde ese punto en el juego claramente hasta el final. Él sabía que había conseguido la victoria en ese momento.[10]

Bien entrado en sus sesenta años en ese entonces, Tinsley vivió el resto de sus días como campeón tanto sobre el hombre como sobre la máquina. Cuando murió, apropiadamente en Humble (que significa Humilde), Texas, un hombre humilde a pesar de todos sus logros, su modesta lápida tenía un tablero de damas en la esquina superior derecha.

En la superior izquierda estaba "Que continúe el amor fraternal", una referencia a Hebreos 13:1.

La seguridad de Tinsley del favor y la sabiduría de Dios en su vida le permitió llegar a unas alturas de grandeza raras veces alcanzadas por nadie. Él atribuyó su éxito a Dios, como una vez dijo en el *Chicago Tribune*.

"Del claro cielo azul llega a mi mente la mejora de una jugada publicada, como si el subconsciente hubiera estado trabajando para salir a la luz. Muchos de mis descubrimientos llegan así, del claro cielo azul. Algunas de mis ideas sobre las Escrituras vienen del mismo modo".[11]

La vida de Tinsley se podría describir fácilmente como una de las mayores a la hora de modelar las verdades de la hombría bíblica en tiempos modernos. De muchas maneras, él demostró coherentemente que

Dios es la Fuente de toda sabiduría y la da gratuitamente (ver Santiago 1:5).

Dios desea que vivamos en unidad (ver Juan 13:35).

Dios conoce el fin desde el principio (ver Isaías 46:10).

Incluso la IA debe postrarse ante el único Rey verdadero (ver Efesios 4:6).

El hombre que dijo "coróname" más que ningún otro hombre que haya vivido jamás era verdaderamente y de corazón un hombre del reino. Hizo lo que hacen los hombres del reino. Los hombres del reino viven una vida que a la vez modela y guía a otros con respecto a cómo vivir según los principios espirituales de la hombría. Muchos hombres se habrían acobardado ante un oponente que el mundo predijo que ganaría. ¿Por qué no aferrarte al estatus de invicto un poco más escogiendo y decidiendo con quién jugar?

¿Por qué no? Porque eso no es lo que hacen los hombres del reino. Los hombres del reino se levantan para superar los obstáculos que tienen delante, sin huir de ellos.

De forma similar, muchos hombres se habrían quedado en sus entornos culturalmente singulares, enseñando en universidades donde les pagaran bien. ¿Por qué entrar intencionalmente en el combate del desconocimiento racial?

¿Por qué? Porque eso es lo que hacen los hombres del reino. Ellos están a la altura de lo que se les presenta, y al hacerlo, suben el listón. Como hombres del reino, no debemos hacer menos. Tenemos que superar los obstáculos que acechan como gigantes delante de nosotros en nuestra tierra. Nunca debemos retirarnos o huir. En su lugar, tenemos que poner un nuevo estándar. Establecer un nuevo ritmo. Declarar con valentía que nosotros, como hombres, ya no aceptamos el mal ni las divisiones que la cultura demanda retener. Debemos hacer esto por nosotros mismos, pero también debemos hacerlo con los demás y para los demás. *Los hombres del reino se levantan* no tiene que ver con vivir como llaneros solitarios cristianos. Es un llamado para que los hombres respondan colectivamente a la necesidad de que una tropa nueva de guerreros del reino tome su posición.

NO ESCOJAS MAL[12]

Como escribí en *Raising Kingdom Kids* (Criando hijos del Reino), me encantan las películas de Indiana Jones. Me encanta la aventura, la persecución, la intriga y las conquistas finales que aparecen en cada una. Indiana Jones superó cada obstáculo y escaló cada muro para reclamar el premio. Pero la victoria no siempre llegó solamente a través de la fuerza y la resolución; la mayoría de las veces exigió también maniobrar bien.

Una de mis escenas favoritas de todos los tiempos es cuando Jones está persiguiendo al esquivo santo grial en *Indiana Jones y la última cruzada*. Quizá también recuerdas esta escena. A través de muchos peligros, esfuerzos y trampas, Indiana Jones llega a salvo hasta su desafío final, uno que probaría su sabiduría. En esta escena, Indiana Jones está de pie en el santuario del grial iluminado con velas en el Templo del Sol, guardado continuamente por el anciano, pero eterno, Caballero del Grial.

En la sala hay decenas de cálices y tazones, cada uno con un estilo y un sello únicos. La prueba final para demostrar que alguien es digno de obtener el cáliz verdadero es buscar entre todos los cálices cuál es el grial verdadero.

La revelación de si esa decisión era correcta vendría cuando la persona tomara su cáliz escogido, lo llenara con la fuente de la cámara y le diera un sorbo. Si había escogido el Santo Grial, viviría. Si había escogido cualquier otro cáliz, experimentaría súbitamente una dolorosa muerte.

Cuando Indiana Jones y los demás personajes de la película entran por primera vez en el santuario del grial, los recibe el Caballero del Grial, quien les explica lo que tienen que hacer, y después añade estas palabras de aviso: "Escoge bien", dice, haciendo una pausa para que asimilen la frase, "porque el verdadero grial te dará vida, pero el falso grial te la quitará".[13]

El antagonista escoge primero. Él escoge mal, y como resultado, muere y se descompone allí mismo a la vista de todos. El turno siguiente es el de Indiana Jones. Mira a su alrededor una y otra vez, confundido porque todos parecen ser el auténtico. Todos parecieran poder ser el correcto, pero entonces, de repente, observa algo.

A un lado hay un pequeño cáliz de madera. Solo uno, en medio de todos los demás más grandes que brillan y resplandecen. Este de madera capta su atención porque él recuerda que Jesús era carpintero. Jesús trato con la madera. Él no buscaba lo extra sofisticado que tenían las demás copas. Así que Indiana Jones se acerca y escoge el de madera. Escoge bien, y como resultado, tanto él como su padre enfermo viven.

Cierto, las películas de Indiana Jones son solo películas de entretenimiento, pero esta escena resuena con la profunda realidad anidada en la Palabra de Dios. Él nos ha dado a cada uno una elección que hacer. Deuteronomio 30:19 lo dice así:

> *Hoy pongo a los cielos y a la tierra por testigos contra ustedes, de que he puesto ante ustedes la vida y la muerte, la bendición y la maldición. Escoge, pues, la vida, para que tú y tu descendencia vivan.*

Como hemos visto a lo largo de nuestro tiempo juntos, escogemos la vida al basar nuestras decisiones en la sabiduría de la Palabra de Dios. Sus mandamientos, preceptos y principios existen para mostrarnos cómo debemos vivir una vida compuesta de sabiduría. Al tomar tus decisiones hoy, hay muchas opciones relucientes ahí afuera. Quizá parezcan las correctas, quizá resulten seductoras, pero la verdadera pregunta es si tu decisión es la que Jesús mismo autorizaría, porque si no es la que Jesús autorizaría, o una copa de la que Él no bebería, lo único que experimentarás es desintegración y la muerte final. Más fracaso, más frustración, más pérdida.

Pero si escoges con sabiduría, la verdad de la Palabra de Dios dará vida, no solo a ti sino también a los que te rodean.

Cuando aplicas la sabiduría de Dios a tu vida al vivir según lo que Él ha bosquejado en la Escritura, te estás preparando para el éxito espiritual. La sabiduría es la forma de experimentar la voluntad de Dios y su favor, porque la sabiduría es la aplicación de la voluntad de Dios a las áreas prácticas de la vida.

El cambio cultural comienza por un hombre que tome una decisión sabia.

Vivimos en un tiempo en el que la horquilla proverbial en la carretera es más pronunciada que nunca. Cuando examinamos todo lo que está sucediendo a nuestro alrededor, el caos, la confusión, la falta de claridad y las voces que nos llegan desde todas las direcciones, está claro que es el tiempo de que los hombres tomen una decisión. ¿Escogerás sabiamente y vivirás? ¿O escogerás mal? El cambio cultural comienza por un hombre que tome una decisión sabia, y empieza ahora mismo.

VIVE TU DECLARACIÓN DEL REINO

La decisión es tuya; pero, aunque la decisión es tuya, quiero recordarte que no podrás escoger las consecuencias. Todas las consecuencias están en la mano de Dios. Isaías capítulo 3 deja claro lo que ocurre cuando los hombres no escogen bien. La generación más joven terminó en rebeldía, opresión y caos. Leemos:

> *¡Miren esto! Dios, el Señor de los ejércitos, va a dejar a Jerusalén y a Judá...*
> *sin guerreros ni soldados...*
> *Unos jovencitos serán sus líderes;*
> *unos chiquillos serán sus gobernantes.*
> *Entre el pueblo, unos a otros se harán violencia: amigos contra amigos,*
> *jóvenes contra ancianos, marginados contra poderosos...*
> *Jerusalén está en ruinas; Judá ha caído,*
> *porque con sus palabras y sus hechos han provocado al Señor;*
> *a sus ojos han ofendido su majestad...*
> *son como Sodoma,*
> *pues no disimulan su pecado, sino que lo pregonan.*
> *¡Ay de su alma,*
> *pues ellos mismos se perjudican!...*
> *¡Pero ay del malvado! Mal le irá,*
> *y conforme a sus obras se le pagará.*
> *¡Ay, pueblo mío! ¡Oprimido por los imberbes,*
> *gobernado por las mujeres!*
> *¡Tus líderes te engañan y te hacen perder el rumbo!*
> (Isaías 3:1-2, 4-5, 8-9, 11-12)

Como resultado de abdicar sus funciones del reino bíblicas, los hombres se debilitaron y cayeron a espada (ver v. 25). Por desgracia, todo esto suena muy parecido al día y la era en que vivimos. Demasiados hombres están operando fuera de sus responsabilidades divinamente ordenadas, causando con ello que todos nosotros caigamos bajo la espada de la agitación social. Lo que necesitamos son hombres que estén dispuestos no solo a declarar, como hizo Josué (ver Josué 24), que son hombres del reino, sino también a vivir como tales.

Josué también dirigió a una nación en medio de innumerables voces que buscaban "confundir la dirección" de sus caminos. Por eso desafió a sus hombres declarando su posición con respecto a Dios. Él declaró que sus decisiones no estarían definidas por las normas culturales que lo rodeaban. Su compromiso era con la voluntad y la Palabra de Dios, no con el mundo. Josué sabía que la presión de la sociedad y también del entorno de los amorreos conduciría a ser propensos a transigir espiritualmente, así que pidió a los hombres de su tierra que hicieran una declaración similar a la suya (ver Josué 24:14-28).

Leemos las frases principales en la petición final de Josué en los versículos 14-15:

Por todo esto, respeten y honren al Señor. Sírvanle con integridad y de todo corazón. Echen fuera a los dioses que sus padres adoraron en el otro lado del río y en Egipto, y que aún están entre ustedes, y en su lugar sirvan al Señor. Pero si no les parece bien servirle, escojan hoy a quién quieren servir, si a los dioses que sus padres adoraron cuando aún estaban al otro lado del río, o a los dioses que sirven los amorreos en esta tierra donde ahora ustedes viven. Por mi parte, mi casa y yo serviremos al Señor.

Esto nos lleva de nuevo al inicio, donde empezamos con un llamado a servir a Dios e influenciar a otros para que hagan lo mismo. Josué recordó a los hombres de Israel que temieran a Dios. Les pidió que se tomaran a Dios en serio. Esta mentalidad después se mostraría en cómo lo servirían e influenciarían su cultura para Dios y para bien. No debían ir tras el dinero, el poder, las plataformas o el placer como los que adoraban a los dioses y los ídolos de su tiempo. En cambio, debían adorar al único Dios verdadero que gobierna sobre todo.

Tras la petición de Josué a los hombres de Israel, les dejó saber dónde se posicionaba él. *"Por mi parte, mi casa y yo serviremos al Señor"*, dijo, en esa frase tan famosa ahora. Josué no mostró duda al hablar por toda su familia, porque habló como un hombre del reino. En su lecho de muerte, él reforzó esta declaración para su casa. Los hombres de Israel respondieron que ellos derribarían los ídolos y servirían también a Dios, después de lo cual Josué estableció un pacto con ellos. Leemos:

Y el pueblo le respondió: «Al Señor nuestro Dios serviremos, y obedeceremos su voz.» Ese mismo día Josué hizo un pacto en Siquén con el pueblo, y le dio estatutos y leyes. Estas palabras las escribió en el libro de la ley de Dios; luego tomó una gran piedra, la puso debajo de la encina que estaba junto al santuario del Señor, y le dijo a todo el pueblo: «A partir de hoy esta piedra nos servirá de testigo, porque ante ella se han oído todas las palabras que el Señor nos ha dicho. Por lo tanto, ella será un testigo contra ustedes, para que no le mientan a su Dios.» Después de eso, Josué despidió al pueblo, y cada uno se fue a su territorio.

Después de estos sucesos murió Josué hijo de Nun, siervo del Señor, a la edad de ciento diez años. Lo sepultaron en Timnat Seraj, que fue la parte que le tocó, y que está en el monte de Efraín, al norte del monte de Gaas. Durante todo el tiempo de vida de Josué y de los ancianos que le sobrevivieron, los cuales conocían todas las obras que el Señor había hecho en favor de Israel, el pueblo de Israel sirvió al Señor. (vv. 24-31)

Ese es un epitafio interesante para la lápida de Josué. Lo único que leemos de él, básicamente es que es el "siervo del Señor". El resumen: Josué sirvió a los propósitos de Dios en la tierra. Como resultado, descubrimos que de la misma manera *"el pueblo de Israel sirvió al Señor"*. La transferencia echó raíces y dio fruto. Además, el legado de Josué los equipó e inspiró a servir a Dios *"durante todo el tiempo de vida de Josué y de los ancianos que le sobrevivieron"*. Hombres, ese es el aspecto de una transferencia generacional. Eso es lo que significa vivir y liderar como un hombre del reino.

Como vimos en el capítulo anterior, Josué comenzó su ministerio con cualidades como el compromiso, el servicio y una gran fe. El orgullo no le impidió quedarse fuera de la tienda de reunión por horas. No tenía un concepto demasiado elevado de sí mismo al punto de impedirle subir suministros a una montaña. No se resistía cuando las estrategias de la batalla parecían extrañas, ni se retiró cuando llegó a cierta edad. No, la declaración de partida de Josué a su nación llegó a la edad de ciento diez años. Como resultado, Josué dejó un legado de vida, paz y grandeza no solo a su propia familia sino también a toda su nación.

Un hombre del reino no debería hacer menos.

Al llegar al término de nuestro tiempo juntos en este libro, quiero que pienses en el legado que dejarás detrás de ti.

¿Es un legado que inspira a otros a la excelencia espiritual?

¿Has hecho tu declaración alto y claro?

¿Te levantarás y te unirás a otros hombres del reino que también se están levantando, para dejar una marca de grandeza según avanzamos la agenda del reino de Dios en la tierra?

Si respondiste *sí*, entonces dedica un momento a añadir tus propias declaraciones personales en la Declaración del Reino que tengo para ti en el apéndice A. Después, fírmala. Escribirlo refuerza la declaración en tu espíritu, tu mente y tu alma. Te animo a que lo hagas, incluso aunque la dejes en el libro cuando termines.

Es solo cuando los hombres se levantan, se ponen firmes y declaran lo que es recto y verdadero, que la influencia de un impacto positivo se dejará sentir. La Declaración del Reino de Josué no negó la realidad de la época ni la humanidad de cada hombre, pero sí declaró que esas cosas estaban sujetas a una autoridad y a un bien mayor. Para resumirlo, declaró que pondría a Dios primero.

Lo que tú y yo no debemos olvidar nunca es que Dios tiene una cláusula de exclusividad. Él no puede ser el segundo. Mi gran preocupación con toda la agitación cultural que estamos viviendo es que, aunque quizá estamos clamando a Dios y orando a Dios, también tenemos ídolos que compiten y que consumen nuestra atención. Estos ídolos americanos son sofisticados, sutiles. Un ídolo podría ser la tecnología, podría ser la política, las celebridades, los deportes, el estatus. Podría incluso ser la raza, los ingresos, el entretenimiento o la profesión. Como ya he dicho antes, cualquier cosa que anule a Dios en tu toma de decisiones, incluyendo otra relación, es un ídolo.

Cuando exaltas a un ídolo por encima de Dios, habrás eliminado a Dios de la ecuación. Esto se debe a que Dios se excusará para no participar o intervenir, aunque estés orando a Él pidiéndole ayuda.

Demasiados hombres quieren un dios de cafetería, el tipo de dios donde tú escoges cuándo lo quieres y cuándo no lo quieres. Este no es el tipo de Dios que Él es, y este no es el tipo de hombre que Él está buscando para colaborar a fin de impactar el mundo. Dios no quiere que solo votes por Él en privado. No está buscando una mayoría silenciosa. Dios nos llama a todos a declarar públicamente nuestra lealtad a Él por encima de todo lo demás. Es entonces cuando Él se unirá a nosotros para abordar los problemas existentes.

Y tenemos algunos problemas bastante grandes ahora mismo, por si acaso no te has dado cuenta, aunque estoy seguro de que sí. Tenemos todo tipo de pandemias en nuestra tierra. Desde una pandemia de salud hasta una pandemia racial, pandemia policial y de la comunidad, y hasta pandemia política y económica, y en todas estamos viendo confrontaciones en todo lugar. La solución para estas pandemias, y otras, son hombres del reino que tomen su posición y hablen claro mientras modelan también lo que Dios dice en cada área.

Tenemos que mostrar y enseñar lo que Dios dice sobre la injusticia racial.

Tenemos que reflejar y explicar lo que Dios dice sobre la ley y el orden.

Tenemos que enseñar e informar sobre lo que Dios dice sobre sanar los traumas y las heridas del pasado.

Tenemos que revelar y afirmar lo que Dios dice sobre cómo debemos relacionarnos unos con otros, hablarnos unos a otros, e invertir los unos en los otros.

Dios tiene algo que decir sobre cada uno de estos temas que tenemos delante, y Él no tartamudea. Si vamos a marcar una diferencia de sanidad, unidad, justicia y rectitud en un mundo quebrado, debemos componer primero nuestra propia vida y después unirnos en un enfoque unísono para impactar la cultura. Sí, el pasado puede que tenga sus errores, pero podemos empezar ahora a construir un mañana mejor.

EL DESAFÍO POR LLEGAR

El tiempo es ahora para empezar a invertir en una transferencia generacional bíblica. Una lección de soltar el pasado y comenzar ahora a hacer un futuro mejor se reveló a sí misma en la vida de un gran amigo no hace mucho tiempo. Conocí a Sherman Smith y a su esposa cuando era solo un joven jugador de los Seahawks y yo era un orador en la conferencia anual Pro Athletes Outreach hace décadas. Rápidamente se hicieron muy amigos de mi familia. Durante los años, Sherman incluso entrenó a mi hijo Jonathan cuando era un Tennessee Titan y un Washington Redskin.

Sherman después pasó a servir como entrenador de corredores para los Seahawks durante siete de sus treinta y tres años de entrenamiento. Celebré con él cuando consiguieron su victoria en el Súper Tazón. También lo lamenté con él cuando los Hawks optaron por un pase que envió a Beast Mode (Marshawn Lynch) al medio desde la línea de una yarda para asegurar su segunda victoria del Súper Tazón. Creo que todo el país se dolió con él, ¡todos los que eran de fuera de Boston, claro! Muchos de Seattle aún lo hacen.

Sherman manejó la pérdida bien y con madurez, pero eso no me sorprendió. Siempre lo había visto como un hombre de carácter, dedicación y gran fe cristiana, pero cómo manejó las noticias que recibió hace unos años atrás me sorprendió aún más.

Quizá hayas escuchado su historia en el programa de ESPN *30 for 30*, o tal vez has leído su historia en el internet. Te animo a echarle un vistazo y ver el programa. Es inspirador. Pero el resumen es que, sin saberlo,

Sherman fue padre de un hijo justo antes de entrar a la universidad, pero nunca se lo dijeron.

La jovencita con la que Sherman había tenido relaciones íntimas en ese entonces había dado en adopción a su hijo. Ella se mudó a Pittsburgh para dar a luz para que nadie lo supiera. Pero ahora, unos cuarenta años después, Sherman recibió una llamada de un hombre al que conocía muy bien. Un hombre al que amaba como a un hijo. Un hombre al que había echado el ojo en la universidad, había fichado y entrenado él mismo. Un hombre del que otros habían dicho durante los años que parecía que podía ser su hijo. Un hombre que había mentoreado de manera activa y que lo admiraba como una figura paterna en su vida. Sherman había visto a este hombre jugar de manera destacada en la universidad, y terminó entrenando corredores en la NFL, igual que hizo Sherman. De hecho, entrenó a corredores para un equipo que también ganó el Súper Tazón, los Kansas City Chiefs.

Suena parecido a lo de "de tal palo, tal astilla".

Y es porque es así.

Sencillamente no lo sabían.

El nombre del hombre era Deland McCullough. Él había sido adoptado siendo un bebé. Cuatro décadas después, siendo adulto, se dispuso a encontrar a su mamá y su papá biológicos. Lo que descubrió fue algo que transformaría su vida. El hombre al que más había admirado, su entrenador, amigo y mentor, Sherman Smith, era de hecho su padre biológico.

Tras un tiempo de *shock* inicial y prueba de ADN para asegurarse, Sherman se alegró por la realidad de saber que ese joven al que amaba era su hijo. Sin embargo, incluso en el gozo, me dijo que luchaba con la culpabilidad. Saber que no había estado ahí para su hijo durante sus años de desarrollo le partía el corazón. Como hombre de familia amoroso, dedicado, este error por su parte, aunque no tenía manera alguna de saberlo en ese entonces, lo carcomía por dentro. La tristeza y la culpa querían robar la oportunidad de influenciar e invertir en el presente.

No fue hasta que Sherman tomó la decisión de soltar el pasado y perdonarse a sí mismo cuando fue capaz de abrazar el presente. Se inclinaba sobre la mesa mientras compartía esta historia con nosotros durante una cena, como para enfatizar esta poderosa verdad: "Supe que no podía deshacer el pasado o mis errores, pero también supe que podía comenzar ahora mismo a desarrollar una relación con él y con su familia, mis nietos, a partir de este momento. Tenía que tomar una decisión: quedarme atascado en el pasado, o empezar de nuevo".

Eso es sabiduría. Ese es un movimiento de un hombre del reino.

Hombres, aunque no pueden volver al pasado y corregir los errores o redimir el tiempo perdido, depende de ti decidir cómo irán las cosas a partir de ahora. Se trata de las decisiones que tomes ahora mismo. Suelta el pasado, pues solo existe para informar a tu presente, no para retenerte y no alcanzar un mañana mejor. Tu futuro depende de las decisiones que tomes ahora mismo.

Esto me recuerda a la historia de dos estudiantes universitarios que querían engañar a su profesor. Este profesor era conocido por ser muy inteligente y por tener siempre una respuesta para cada pregunta. Así que estos dos hombres se dispusieron a ver si podían dejarlo sin respuestas. Decidieron atrapar un pájaro y presentárselo en una de sus manos.

Acercándose al profesor, uno de los dos jóvenes dijo: "Profesor, tengo un pájaro en mi mano. ¿Está vivo o muerto?". Los dos hombres sabían que, si el profesor decía que estaba vivo, podían apretarlo para que ya no estuviera vivo. Si el profesor decía que el pájaro estaba muerto, lo único que tenían que hacer era liberarlo y dejarle volar. De cualquier forma, pensaban que dejarían mal al profesor.

Si nosotros, como hombres del reino, decidimos colectivamente seguir a Cristo, cultivar una relación con Él, y someternos a su gobierno, produciremos vida.

Pero este profesor era muy sabio, así que, cuando le hicieron la pregunta, él respondió rápidamente. Mirando la mano que tenía el pájaro, y después volviendo a mirar a los jóvenes, respondió: "Caballeros, ustedes me han hecho una pregunta, si el pájaro está vivo o muerto. La respuesta a la pregunta está en tu mano. Depende de lo que decidas".

Estamos ante una cultura que quiere engañarnos, hacernos tropezar y conseguir que tomemos malas decisiones o que demos respuestas equivocadas. Pero la respuesta a si experimentaremos vida o muerte en nuestro caminar como hombres está realmente en nuestras propias manos. Satanás solo busca ganar esta guerra en el mundo porque los hombres del reino le han entregado ilegítimamente la pelota. No es porque Satanás sea más poderoso, pues no lo es, y nuestro futuro y el futuro de nuestra familia, de nuestras iglesias, de nuestras comunidades y de nuestra nación, están en nuestras manos. Dependen de lo que nosotros decidamos.

Si nosotros, como hombres del reino, decidimos colectivamente seguir a Cristo, cultivar una relación con Él, y someternos a su gobierno, produciremos vida. Cualquier otro camino que sigamos resultará en más destrucción. La decisión es nuestra. El momento de tomar esa decisión es ahora.

Hombres, ya va siendo hora de que nos levantemos como una sola voz y un solo ejemplo para los demás, nuestras familias, nuestras iglesias, nuestras comunidades y nuestra tierra. Es el tiempo de tomar nuestras posiciones sobre el terreno de juego. Toma lo que tengas y úsalo, haz tus movimientos. Claro, tus oponentes quizá son altos, fuertes o incluso están programados para golpearte, pero tú conoces al que conoce el final desde el principio. El que te creó y te diseñó ya ha determinado que sus propósitos se llevarán a cabo. Como está escrito:

> *Yo anuncio desde un principio lo que está por venir; yo doy a conocer por anticipado lo que aún no ha sucedido. Yo digo: "Mi consejo permanecerá, y todo lo que quiero hacer lo haré".* (Isaías 46:10)

Dios lo hará. La victoria ya es suya. Tu función es caminar en su propósito establecido para tu vida. Es tu responsabilidad progresar hacia delante intencional y estratégicamente. Es tu momento de arrollar la oposición y declarar con valentía: "Coróname". Después, lidera el camino para que otros hagan lo mismo.

Es tu turno.

APÉNDICE A

DECLARACIÓN DEL REINO

1. Considerando que Dios creó al hombre para ser el principal responsable de avanzar la agenda de su reino.

2. Considerando que Dios ha posicionado a los hombres como cabezas de sus familias.

3. Considerando que Dios hace que los hombres rindan cuentas y sean responsables de mantener una relación íntima con Él.

4. Considerando que Dios exige que los hombres amen y lideren a sus esposas.

5. Considerando que Dios ha dado a los hombres la principal responsabilidad de criar a sus hijos.

6. Considerando que Dios ha determinado que los hombres supervisen el liderazgo y la dirección espiritual de la iglesia.

7. Considerando que Dios hace que los hombres rindan cuentas de la condición espiritual de la cultura.

8. Considerando que Dios hará que los hombres rindan cuentas en el tribunal de Cristo de cómo cumplieron su función y su responsabilidad divinamente asignadas.

Yo, _____, declaro hoy que dedicaré el resto de mi vida a cumplir mi llamado a operar como discípulo del reino en mi caminar con Dios, el liderazgo de mi familia, el compromiso con mi iglesia, y como influencia de mi comunidad.

Firma _____

Fecha _____

APÉNDICE B

LA ALTERNATIVA URBANA

The *Urban Alternative (TUA)* (La Alternativa Urbana) equipa, empodera y une a los cristianos para impactar *individuos, familias, iglesias y comunidades* mediante una cosmovisión profunda de la agenda del reino. Al enseñar la verdad, buscamos transformar vidas.

La causa principal de los problemas que enfrentamos en nuestra vida personal, nuestras casas, iglesias y sociedades, es espiritual; por lo tanto, la única forma de tratarla es espiritualmente. Hemos intentado agendas políticas, sociales, económicas e incluso religiosas.

Es tiempo de probar la **agenda del reino.**

La agenda del reino se puede definir como la manifestación visible del reino total de Dios sobre cada área de la vida.

El tema central unificador a lo largo de la Biblia es la gloria de Dios y el avance de su reino. El hilo conductor desde Génesis hasta Apocalipsis, desde el principio hasta el final, está enfocado en una cosa: la gloria de Dios mediante el avance del reino de Dios.

Cuando no reconoces ese tema, la Biblia se convierte en un conjunto de historias desconectadas entre sí que son geniales para inspirar, pero parecen no tener relación en cuanto a su propósito y dirección. Entender la función del reino en la Escritura aumenta la relevancia de este texto de varios miles de años para tu vida cotidiana, porque el reino no fue solo entonces, sino que es ahora.

La ausencia de la influencia del reino en nuestra vida personal, familiar, en nuestras iglesias y comunidades ha llevado a un deterioro en nuestro mundo de proporciones inmensas:

+ Las personas viven vidas segmentadas y compartimentadas porque les falta la cosmovisión del reino de Dios.

+ Las familias se desintegran porque existen para su propia satisfacción en lugar de para el reino.

+ Las iglesias están limitadas en el rango de su impacto porque no llegan a comprender que la meta de la iglesia no es la iglesia misma, sino el reino.

+ Las comunidades no tienen dónde acudir para encontrar soluciones reales para personas reales que tienen problemas reales porque la iglesia se ha dividido, se ha cerrado en sí misma, y es incapaz de transformar el panorama cultural y político de alguna forma relevante.

La agenda del reino nos ofrece una manera de ver y vivir la vida con una esperanza sólida, así como optimizar las soluciones del cielo. Cuando Dios ya no es el estándar final y autoritario bajo el cual cae todo lo demás, el orden y la esperanza se van con Él. Pero lo contrario es cierto también: mientras tengas a Dios, tendrás esperanza. Si Dios sigue estando en el cuadro, y mientras su agenda siga estando sobre la mesa, no se ha terminado aún.

Aunque las relaciones se derrumben, Dios te sostendrá. Aunque las finanzas mermen, Dios te mantendrá. Aunque los sueños mueran, Dios te revivirá. Mientras Dios y su gobierno sigan siendo el estándar global de tu vida, familia, iglesia y comunidad, siempre hay esperanza.

Hemos desarrollado un plan de tres partes para dirigirnos en la sanidad de las divisiones y esforzarnos por la unidad mientras avanzamos hacia la meta de ser verdaderamente una nación bajo Dios. Este plan de tres partes nos llama a unirnos a otros en unidad, a tratar los asuntos que nos dividen, y a actuar juntos para tener un impacto social. Siguiendo este plan, veremos individuos, familias, iglesias y comunidades transformados mientras seguimos la agenda del reino de Dios en cada área de nuestra vida. Puedes pedir este plan enviando un email a *info@tonyevans.org*, o puedes encontrar uno en el Internet en *tonyevans.org*.

En muchas grandes ciudades, suele haber una trayectoria circular que los conductores pueden tomar cuando quieren ir a algún lugar que está en el otro lado de la ciudad, pero no quieren atravesar necesariamente por el centro. Este desvío te deja lo suficientemente cerca de la ciudad para que puedas ver sus altos edificios y rascacielos, pero no lo suficientemente cerca para experimentarlos.

Esto es precisamente lo que nosotros, como cultura, hemos hecho con Dios. Lo hemos colocado en el "desvío" de nuestra vida personal, familiar, eclesial y de la comunidad. Está lo suficientemente cerca para alcanzarlo si lo necesitamos en alguna emergencia, pero lo suficientemente lejos para que no pueda ser el centro de quienes somos.

Queremos a Dios en el círculo, no como el Rey de la Biblia que viene al centro de la ciudad para estar en el centro de nuestros caminos. Dejar a Dios en el círculo tiene consecuencias directas, como hemos visto en nuestra propia vida y en otros. Pero cuando hacemos de Dios y de su gobierno la pieza central de todo lo que pensamos, hacemos y decimos, es cuando lo experimentamos como Él anhela que lo hagamos.

Él quiere que seamos un pueblo del reino con mentalidad de reino puesta en el cumplimiento de los propósitos de su reino. Él quiere que oremos, como hizo Jesús: *"Que no se haga mi voluntad, sino la tuya"*. Porque suyo es el reino, el poder y la gloria.

Hay solo un Dios, y nosotros no somos Él. Como Rey y Creador, Dios es quien lleva la batuta. Solo cuando nos alineamos bajo su mano extensa, tenemos acceso a todo su poder y autoridad en todas las esferas de la vida: personal, familiar, eclesial y gubernamental.

Cuando aprendemos a gobernarnos bajo Dios, después transformamos las instituciones de la familia, la iglesia y la sociedad usando una cosmovisión del reino bíblica.

Sometidos a Él, tocamos el cielo y cambiamos la tierra.

Para lograr nuestra meta, usamos varias estrategias, métodos y recursos para alcanzar y equipar a todas las personas posibles.

MEDIOS DE RETRANSMISIÓN

Millones de personas experimentan *The Alternative with Dr. Tony Evans* (La alternativa con el Dr. Tony Evans) a través de la retransmisión de radio diaria que se escucha en cerca de **1.400 estaciones de radio** y en más de **130 países**. La retransmisión también se puede ver en varias redes de televisión y está disponible en línea en *tonyevans.org*. También puedes escuchar o ver la retransmisión diaria descargando la *aplicación Tony Evans* de forma gratuita en *App store*. Más de 30 millones de descargas de mensajes o transmisiones se producen cada año.

ENTRENAMIENTO DE LIDERAZGO

The Tony Evans Training Center (TETC) (El centro de entrenamiento de Tony Evans) facilita una plataforma amplia de discipulado que personifica la filosofía de ministerio del Dr. Tony Evans expresada mediante la agenda del reino. Los cursos de entrenamiento se enfocan en desarrollo del liderazgo y discipulado en estas cinco ramas:

+ Biblia y teología

+ Crecimiento personal

+ Familia y relaciones

+ Salud de la iglesia y desarrollo de liderazgo

+ Estrategias de impacto de la sociedad y la comunidad

El programa TETC incluye cursos tanto para estudiantes locales como en línea. Además, la programación del TETC incluye trabajo de curso para asistentes que no sean estudiantes. Pastores, líderes de tiempo completo y laicos, tanto locales como a distancia, pueden conseguir el Certificado de la Agenda del Reino para un desarrollo personal, espiritual y profesional. Para más información, visita *tonyevanstraining.org*.

Kingdom Agenda Pastors (KAP) (Pastores de la agenda del reino) proporciona una red viable para *pastores afines en pensamiento* que abrazan la filosofía de la agenda del reino. Los pastores tienen la oportunidad de profundizar con el Dr. Tony Evans mientras reciben un mayor conocimiento bíblico, aplicaciones prácticas y recursos para influenciar individuos, familias, iglesias y comunidades. KAP da la bienvenida a *pastores principales y asociados* de todas las iglesias. KAP también ofrece una cumbre anual cada año que se celebra en Dallas con seminarios intensivos, talleres y recursos. Para más información, visita *kafellowship.org*.

Pastors' Wives Ministry, (Ministerio para las esposas de pastores) fundado por la Dra. Lois Evans, proporciona *consejo, ánimo y recursos espirituales* para esposas de pastores mientras sirven con sus esposos en el ministerio. Un enfoque principal de este ministerio es la Cumbre KAP que ofrece a las esposas de pastores principales un lugar seguro para *meditar, renovarse y relajarse* junto con entrenamiento en desarrollo personal, crecimiento espiritual, y cuidado de su bienestar emocional y físico. Para más información, visita *loisevans.org*.

IMPACTO DE LA COMUNIDAD DEL REINO

Los programas de alcance de la *Alternativa Urbana* buscan crear un impacto positivo en individuos, iglesias, familias y comunidades a través de varios ministerios. Vemos estos esfuerzos como necesarios para nuestro llamado como ministerio y esenciales para las comunidades a las que servimos. Con entrenamiento sobre cómo iniciar y mantener programas para adoptar escuelas, o proveer servicios a los sin hogar, o asociarnos para la unidad y la justicia con la delegación de la policía local, algo que crea una conexión entre la policía y nuestra comunidad, nosotros, como ministerio, vivimos la agenda del reino de Dios según nuestra Estrategia del Reino para la Transformación de Comunidades.

La Estrategia del Reino para la Transformación de Comunidades es un plan de tres partes que equipa a las iglesias para tener un impacto positivo en sus comunidades para el reino de Dios. También ofrece varias sugerencias prácticas para cómo este plan de tres partes se puede implementar en tu comunidad, y sirve como bosquejo para unificar iglesias en torno a la meta común de crear un mundo mejor para todos nosotros. Visita *tonyevans.org* para acceder al plan de tres partes.

Iniciativa Adopta una escuela de la Iglesia Nacional (NCAASI) prepara iglesias por todo el país para impactar comunidades usando las *escuelas públicas como el vehículo principal para efectuar un cambio social positivo* en la juventud urbana y en las familias. Líderes de iglesias, distritos escolares, organizaciones con una base de fe, y otras organizaciones sin fines de lucro, son equipados con el conocimiento y las herramientas para *forjar asociaciones y edificar fuertes sistemas de entrega de servicio social.* Este entrenamiento está basado en la extensa estrategia de impacto de la comunidad con base en la iglesia llevada a cabo por Oak Cliff Bible Fellowship. Trata algunas áreas como el desarrollo económico, la educación, hospedaje, revitalización de la salud, renovación familiar y reconciliación racial. Ayudamos a las iglesias a confeccionar el modelo para suplir las necesidades concretas de sus comunidades, mientras al mismo tiempo tratamos el marco espiritual y moral de referencia. Los eventos de entrenamiento se llevan a cabo anualmente en Oak Cliff Bible Fellowship. Para más información, visita *churchadoptaschool.org*.

Impacto del Atleta (AI) existe como un alcance en el campo de los deportes y a través de él. Los entrenadores pueden ser los individuos más influyentes en las vidas de los jóvenes, incluso más aún que los padres. Con el creciente aumento de falta de padres en nuestra cultura, cada vez más jóvenes están mirando a sus entrenadores en busca de guía, desarrollo de carácter, necesidades prácticas y esperanza. Después de los entrenadores en la escala de influencia están los deportistas. Los deportistas (ya sean profesionales o amateur) influencian a los atletas más jóvenes y a los niños dentro de sus esferas de impacto. Sabiendo esto, hemos puesto nuestra mirada en equipar y capacitar entrenadores y deportistas sobre cómo vivir y utilizar los roles que Dios les ha dado para el beneficio del reino. Buscamos hacer esto a través de nuestra aplicación *iCoach App* y también mediante recursos tales como *The Playbook: A Life Strategy Guide for Athletes* (El manual de estrategias: Una guía para la estrategia de vida para atletas). Para más información, visita *icoachapp.org.*

Tony Evans Films marca el comienzo para un cambio de vida positivo a través de cortometrajes atractivos, animación, y largometrajes. Buscamos edificar discípulos del reino a través del poder de la historia. Usamos varias plataformas para el consumo del espectador, y hemos tenido más de 100 millones de visualizaciones digitales. También fusionamos cortos y películas con materiales relevantes de estudio bíblico para llevar a la gente al conocimiento salvador de Jesucristo y para fortalecer al cuerpo de Cristo en todo el mundo. *Tony Evans Films* presentó su primer largometraje, *Los hombres del reino se levantan,* en abril de 2019 en más de 800 cines en toda la nación, en asociación con *LifeWay Films.* El segundo estreno, *Journey With Jesus* (Viaje con Jesús), es en asociación con *RightNow Media.*

DESARROLLO DE RECURSOS

Estamos fomentando asociaciones de aprendizaje para toda la vida con las personas a las que servimos y proveemos varios materiales publicados. El Dr. Tony Evans ha publicado más de 125 títulos que responden a más de 50 años de predicación, incluyen libritos, libros y estudios bíblicos. También tiene el honor de escribir y publicar el primer comentario de toda la Biblia y una Biblia de estudio realizada por un afroamericano, que se publicó en 2019. Esta Biblia está permanentemente expuesta como algo histórico en El Museo de la Biblia en Washington, DC.

Para más información, y un ejemplar de cortesía del boletín informativo devocional del Dr. Evans, llama al (800) 800-3222, escribe a TUA en P.O. Box 4000, Dallas TX 75208, o visítanos en línea en *www.tonyevans. org.*

NOTAS

CAPÍTULO UNO: ESCOGIDO PARA EL DESAFÍO

1. "The Legacy of a Man", Oak Cliff Bible Fellowship, consultado en línea 28 de septiembre de 2020, https://www.ocbfchurch.org/weekly-devotion/adam-where-you-at/the-legacy-of-a-man/.

2. Jonathan Adams, "Shaquem Griffin: 5 Fast Facts You Need to Know", Heavy, 3 de marzo de 2018, https://heavy.com/sports/2018/03/shaquem-griffin-hand-how-loss-arm-why/.

3. Adams, "Shaquem Griffin".

4. Como se cita en Adams, "Shaquem Griffin".

5. Barrett J. Brunsman, "P&G Kicks Off NFL Ad Campaign with One-Handed Player", Cincinnati Business Courier, 11 de septiembre de 2018, https://www.bizjournals.com/cincinnati/news/2018/09/11/p-g-kicks-off-nfl-ad-campaign-with-one-handed.html.

6. Bob Condotta, "Analysis: Call to Shaquem Griffin Gives Seahawks' Draft One Indelible Moment", Seattle Times, 28 de abril de 2018, http s://www.seattletimes.com/sports/seahawks/analysis-call-to-shaquem-griffin-gives-seahawks-draft-one-indelible-moment/.

7. Kevin Bonsor, "How the NFL Draft Works", HowStuffWorks, consultado en línea 21 de septiembre de 2020, htt ps://entertainment.howstuffworks.com/nfl-draft4.htm.

8. "Shaquem Griffin Reacts to Being Drafted by the Seattle Seahawks | ESPN", video, 28 de abril de 2018, https://www.youtube.com/watch?v=QSFmuI-DAK4.

9. "Shaquem Griffin Reacts", video.

10. "Kingdom Church", Tony Evans Training Center, consultado en línea 28 de septiembre de 2020, https://tonyevanstraining.org/courses/KC.

11. Frank Newport, "In U.S., Estimate of LGBT Population Rises to 4.5%", Gallup, 22 de mayo de 2018, https://news.gallup.com/poll/234863/estimate-lgbt-population-rises.aspx.

12. "In U.S., Decline of Christianity Continues at Rapid Pace", Pew Research Center, 17 de octubre de 2019, https://www.pewforum.org/2019/10/17/in-u-s-decline-of-christianity-continues-at-rapid-pace/.

CAPÍTULO DOS: LOS HUESOS SECOS PUEDEN BAILAR

1. Burfict to Roethlisberger, 9 de enero de 2016, AFC wildcard playoff; Steelers won 16–13. Ver Curt Popejoy, "Watch Vontaze Burfict Drive His Knee into Ben Roethlisberger's Shoulder", SteelersWire, USAToday.com, enero de 2016, https://steelerswire.usatoday.com/2016/01/10/replay-shows-burficts-sack-of-roethlisberger-not-so-clean-after-all/.

2. Como se cita en "Ryan Shazier Gets Injured | Monday Night Football", video, 4 de diciembre de 2017, https://www.youtube.com/watch?v=1a-l4a-qgw.

3. Como se cita en "Steelers-Bengals Marred by Worrying Injuries on Brutal, Ugly Night for NFL", The Guardian, 5 de diciembre de 2017, https://www.theguardian.com/sport/2017/dec/05/steelers-bengals-ryan-shazier-injury-nfl.

4. "Ryan Shazier Injury: What Happened to the Steelers LB and How's His Recovery Going", SBNation, updated 9 de septiembre de 2020, https://www.sbnation.com/2018/1/14/16883184/ryan-shazier-inury-news-recovery-steelers.

5. Cassidy977, "Pittsburgh Steelers vs. Cincinnati Bengals: A Complete History of the Rivalry", 23 de noviembre de 2019, Behind the Steel Curtain, SBNation, https://www.behindthesteelcurtain.com/2019/11/23/20965187/pittsburgh-steelers-vs-cincinnati-bengals-a-complete-history-of-the-rivalry-week-12-nfl-news.

6. Alaa Abdeldaiem, "Watch: Ryan Shazier Returns to Paul Brown Stadium One Year After Spinal Injury", Sports Illustrated, 14 de octubre de 2018, https://www.si.com/nfl/2018/10/14/ryan-shazier-walks-paul-brown-stadium-one-year-after-injury.

7. Aditi Kinkhabwala, "Steelers LB Ryan Shazier Embraces What Makes Him Different", NFL.com, 17 de agosto de 2016, https://www.nfl.com/news/steelers-lb-ryan-shazier-embraces-what-makes-him-different-0ap3000000686243.

8. Dan Gartland, "Mike Tomlin Says Ryan Shazier Is 'in Really Good Spirits'", Sports Illustrated, 5 de diciembre de 2017, https://www.si.com/nfl/2017/12/05/ryan-shazier-steelers-mike-tomlin-injury-update.

9. Abdeldaiem, "Ryan Shazier Returns".

10. Parte del material en el resto de este capítulo adaptado de Tony Evans, *America: Turning a Nation to God* (Chicago: Moody, 2015), Capítulo 2. Usado con permiso.

CAPÍTULO TRES: HISTORIA DE DOS HOMBRES

1. "Yamuna River", Water Database, consultado en línea 21 de septiembre de 2020, https://www.waterdatabase.com/rivers/yamuna-river/.

2. Chloe Farand, "Floods in India, Bangladesh and Nepal Kill 1,200 and Leave Millions Homeless", Independent, 30 de agosto de 2017, https://www.independent.co.uk/news/world/asia/india-floods-bangladesh-nepal-deaths-millions-homeless-latest-news-updates-a7919006.html.

3. "Lalita Park Still on Shaky Ground", *Times of India*, actualizado 16 de mayo de 2017, https://timesofindia.indiatimes.com/city/delhi/lalita-park-still-on-shaky-ground/articleshow/58689598.cms.

4. "Lalita Park", *Times of India*.

5. "Lalita Park", *Times of India*.

6. "Lalita Park", *Times of India*.

7. "Lalita Park", *Times of India*.

CAPÍTULO CUATRO: EL SECRETO DEL ÉXITO

1. Elizabeth Hudson, "Secession Fever, 87 Years Old, Is on the Rise in Texas Neighborhood", The Washington Post, 23 de noviembre de 1990, https://www.washingtonpost.com/archive/politics/1990/11/23/secession-fever-87-years-old-is-on-the-rise-in-texas-neighborhood/c692b9ed-2bed-4fe6-8095-90b58032e2aa/.

2. Steve Pickett, "All-White Dallas Country Club Admits First Black Member", DFW CBS Local, 14 de febrero de 2014, https://dfw.cbslocal.com/2014/02/14/all-white-dallas-country-club-admits-first-black-member/.

3. Jared Staver, "How Does Speed Affect Car Accident Damages", Staver Legal Blog, consultado en línea 21 de septiembre de 2020, https://www.chicagolawyer.com/speed-affect-car-accident-damages/.

4. "The Top 10 Causes of Death", Organización Mundial de la Salud, 24 de mayo de 2018, https://www.who.int/news-room/fact-sheets/detail /the-top-10-causes-of-death.

5. Nikola Djurkovic, "How Many People Die in Car Accidents?", 17 de abril de 2020, PolicyAdvice, htt ps://policyadvice.net/car-insurance/insights/how-many-people-die-in-car-accidents/.

6. Adaptado de "Day 1", Kingdom Disciples: A 6-Day Reading Plan by Tony Evans, Bible.com, consultado en línea 29 de septiembre de 2020, https://www.bible.com/reading-plans/15939-kingdom-disciples-with-tony-evans/day/1.

CAPÍTULO CINCO: LEVÁNTATE

1. Cita adaptada de Rocky V, dirigida por John Avildsen, escrita por Silvester Stallone (1990; Los Angeles, CA: MGM, 2004), DVD.

2. Rocky V, DVD.

CAPÍTULO SEIS: SUPÉRALO

1. Parte del material de este capítulo adaptado de Tony Evans, *30 Days to Overcoming Addictive Behavior* (Eugene, OR: Harvest House, 2017) y de Tony Evans, *It's Not Too Late* (Eugene, OR: Harvest House, 2012), Introducción. Usado con permiso.

2. *The Tony Evans Bible Commentary* (Nashville, TN: Holman Bible Publishers, 2019), s.v. "freedom", 16.

3. *Strong's Concordance*, Greek G1097, s.v. "ginosko".

4. *Blue Letter Bible*, lexicon, Mateo 1:25, blueletterbible.org.

CAPÍTULO SIETE: CONTINÚA

1. Números 25:9.

CAPÍTULO OCHO: LLÉVATE BIEN

1. Esta sección y la que sigue, "El poder de la unidad" adaptadas de Tony Evans, *Oneness Embraced: Reconciliation, the Kingdom, and How We Are Stronger Together* (Chicago: Moody, 2015), Capítulo 2.

CAPÍTULO NUEVE: PREPARAR EL ESCENARIO

1. "Major Hurricane Harvey – August 25-29, 2017", National Weather Service, consultado en línea 21 de septiembre de 2020, https://www.weather.gov/crp/hurricaneharvey.

2. Eric S. Blake y David A. Zelinsky, National Hurricane Center Tropical Cyclone Report: Hurricane Harvey, 9 de mayo de 2018, https://www.nhc.noaa.gov/data/tcr/AL092017Harvey.pdf.

3. Mark Fischetti, "Hurricane Harvey: Why Is It So Extreme?", Scientific American, 28 de agosto de 2017, https://www.scientificamerican.com/article/hurricane-harvey-why-is-it-so-extreme/.

4. Bekki Poelker, "Call in the Storm", the Chicken Wire, Chick-fil-A.com, 31 de agosto de 2017, https://thechickenwire.chick-fil-a.com/lifestyle/call-in-the-storm-how-a-houston-chick-fil-a-helped-in-a-hurricane-harvey-rescue.

5. Conversación imaginada basada en información de Eric Mandel, "Elderly Houston Couple Rescued by Call to Chickfil-A", Charlotte Business Journal, Business Journals, 31 de agosto de 2017, https://www.bizjournals.com/charlotte/bizwomen/news/latest-news/2017/08/elderly-houston-couple-rescued-by-call-to-chick.html.

6. "#thelittlethings - The Story Behind Rising Above", Chickfila, video, 13 de noviembre de 2019, https://www.youtube.com/watch?v=OzuB4v5sPC0&feature=embtitle.

7. "White Allergies? – Uncomfortable Conversations with a Black Man - Ep. 2 w/ Matthew McConaughey", Emmanuel Acho, video, 10 de junio de 2020, https://www.youtube.com/watch?v=CwiY4i8xWIc.

8. The NAS Old Testament Hebrew Lexicon, "'akal", Bible Study Tools, https://www.biblestudytools.com/lexicons/hebrew/nas/akal.html.

CAPÍTULO DIEZ: IMPULSAR EL FUTURO

1. Para leer más sobre el tema de la paternidad, por favor consulta el libro del Dr. Tony Evans *Raising Kingdom Kids*, Focus on the Family Publishers.

CAPÍTULO ONCE: IDENTIFICAR PERSONAS DE INFLUENCIA CLAVE

1. Adam Kilgore, "Branching Out: Mapping the Roots, Influences and Origins of Every Active Head Coach", the Washington Post, 12 de octubre de 2018, https://www.washingtonpost.com/graphics/2018/sports/nfl-coaching-trees-connecting-every-active-coach/.

2. Como se cita en Ian O'Connor, "Andy Reid's Super Bowl LIV Win Is the Capper on a Hall of Fame Career for Chiefs Coach", ESPN, 2 de febrero de 2020, https://www.espn.com/nfl/story//id/28621830/andy-reid-super-bowl-liv-win-capper-hall-fame-career-chiefs-coach.

3. Como se cita en O'Connor, "Andy Reid's Super Bowl".

4. Como se cita en O'Connor, "Andy Reid's Super Bowl".

5. Pete Grathoff, "Andy Reid Gave Patrick Mahomes a Kiss on the Cheek Before Final Series of Super Bowl", Kansas City Star, 5 de febrero de 2020, https://www.kansascity.com/sports/spt-columns-blogs/for-petes-sake/article239983253.html.

6. Pete Sweeney, "Andy Reid's Quote about Patrick Mahomes Tells You Everything You Need to Know about Super Bowl LIV", Arrowhead Pride, SB Nation, 1 de febrero de 2020, https://www.arrowheadpride.com/2020/2/1/21118102/andy-reids-quote-about-patrick-mahomes-tells-you-everything-you-need-to-know-about-super-bowl-liv.

CAPÍTULO DOCE: COMENZAR LA TRANSFERENCIA

1. Gary Belsky, "A Checkered Career", Sports Illustrated, 28 de diciembre de 1992, https://vault.si.com/vault/1992/12/28/a-checkered-career-marion-tinsley-hasnt-met-the-man-or-machine-that-can-beat-him-at-his-game.

2. Alexis C. Madrigal, "How Checkers Was Solved", the Atlantic, 19 de julio de 2017, https://www.theatlantic.com/technology/archive/2017/07/marion-tinsley-checkers/534111/.

3. "Checkers Solved", Science NetLinks, transcripción, consultado en línea 21 de septiembre de 2020, http://sciencenetlinks.com/science-news/science-updates/checkers-solved/.

4. Dan Lewis, "Meet History's Best Checkers Player", Now I Know, 11 de julio de 2017, ttp s://nowiknow.com/meet-historys-best-checkers-player/.

5. Madrigal, "How Checkers Was Solved".

6. Como se cita en Belsky, "Checkered Career".

7. Como se cita en Madrigal, "How Checkers Was Solved".

8. Como se cita en Madrigal, "How Checkers Was Solved".

9. Madrigal, "How Checkers Was Solved".

10. Madrigal, "How Checkers Was Solved".

11. Lisanne Renner (Orlando Sentinel), "You Know How to Play Checkers. But…", Chicago Tribune, 14 de mayo de 1985, https://www.chicagotribune.com/news/ct-xpm-1985-05-14-8501300238-story.html.

12. Esta sección adaptada de Tony Evans, *Raising Kingdom Kids: Giving Your Child a Living Faith* (Carol Stream, IL: Focus on the Family, publicado por Tyndale, 2014), Capítulo 11.

13. Indiana Jones y la última cruzada, dirigida por Steven Spielberg, escrita por Jeffrey Boam y George Lucas (1989; Hollywood: Paramount, 2008), DVD.

ACERCA DEL AUTOR

El Dr. Tony Evans es uno de los líderes más respetados del país en los círculos evangélicos. Es pastor, autor de éxitos de ventas, y orador frecuente en conferencias bíblicas y seminarios por toda la nación.

El Dr. Evans ha servido como pastor principal de la iglesia Oak Cliff Bible Fellowship por más de cuarenta años, siendo testigo de su crecimiento desde diez personas en 1976 hasta más de 10.000 asistentes y más de 100 ministerios en la actualidad.

El Dr. Evans también sirve como presidente de *Urban Alternative* (Alternativa Urbana), un ministerio nacional que intenta restaurar la esperanza y transformar vidas mediante la proclamación y la aplicación de la Palabra de Dios. Su retransmisión radial diaria, *The Alternative with Dr. Tony Evans* (La alternativa con el Dr. Tony Evans), se puede oír en más de 1.400 estaciones de radio en todos los Estados Unidos y en más de 130 países.

El Dr. Evans tiene el honor de escribir y publicar el primer comentario completo de la Biblia y Biblia de estudio hecha por un afroamericano. La Biblia de estudio y el comentario han vendido más de 225.000 ejemplares en el primer año.

El Dr. Evans es el excapellán de los Dallas Cowboys y los Dallas Mavericks.

Mediante su iglesia local y su ministerio nacional, el Dr. Evans ha puesto en acción una filosofía del ministerio de agenda del reino, que enseña el gobierno completo de Dios sobre cada área de la vida demostrado a través de la persona, la familia, la iglesia y la sociedad.

El Dr. Evans estuvo casado con Lois, también su compañera y compañera en el ministerio, por más de cincuenta años, hasta que Lois partió a la gloria a finales de 2019. Son padres orgullosos de cuatro hijos, abuelos de trece nietos y bisabuelos de tres bisnietos.